Manfred Wilke
Die Funktionäre

In alter Verbundenheit!

17.4.85

Manfred Wilke

Die Funktionäre

Apparat und Demokratie
im Deutschen Gewerkschaftsbund

R. Piper & Co. Verlag
München Zürich

Widmung

In diesem Buch stecken nicht nur meine Erfahrungen; ich hatte Lehrer und Freunde, die mir halfen, die Arbeiter- und Gewerkschaftsbewegung zu verstehen, und für die diese Bewegung Inhalt und Sinngebung ihres Lebens war und ist:
Adolf Brock, Karl Grigat, Karl Kuba, Herbert Kuehl, Horst Kynast, Karl Ludwig, Georg (Jörg) Schäfer (2. 12. 1921–13. 8. 1978).

ISBN 3-492-02507-2
© R. Piper & Co. Verlag, München 1979
Gesetzt aus der Garamond-Antiqua
Gesamtherstellung Clausen & Bosse, Leck
Printed in Germany

Inhalt

Vorwort von Theo Pirker 9
Zum Buch 15

I. Gewerkschaftspolitik

1. Wir fordern! 17
2. Gesellschaftliche Voraussetzungen von
   Gewerkschaftspolitik 20

II. Die Organisationsstruktur der DGB-Gewerkschaften

1. *Der Betrieb* 28
   Betriebsräte und Vertrauensleute
1.1. Der Betriebsrat 28
1.2. Die Vertrauensleute 36

2. *Verwaltungsstelle und DGB-Kreis* 46
2.1. Die Verwaltungsstelle der Einzelgewerkschaften 47
2.2. Der DGB-Kreis 53

3. *Die Bezirke der Einzelgewerkschaften und die
   Landesbezirke des DGB* 57
3.1. Die Bezirke der Einzelgewerkschaften 57
3.2. Bezirksvorstand und Bezirkskonferenz 58
3.3. Der Bezirksleiter 60
3.4. Die Tarifkommission 66
3.5. Die Landesbezirke des DGB 71

4.	*Die Bundesebene*	72
4.1.	Die Zentralisation steht am Anfang der Organisationsgeschichte	73
4.2.	Vorstände und Gewerkschaftstage der Einzelgewerkschaften	77
4.3.	Der Gewerkschaftsvorstand	79
4.4.	Der Beirat	85
4.5.	Gewerkschaftstag und Kontrollausschuß	87
4.6.	DGB-Bundesvorstand	96
4.7.	Der Bundesvorstand eines Repräsentationsverbandes	96
4.8.	Der DGB-Bundesausschuß	106
4.9.	Der DGB-Bundeskongreß – »Parlament der Arbeit« oder »Aktionärsversammlung«	107
5.	*Die Personengruppen*	110
6.	*Das Eigengewicht der Organisationsebenen der Gewerkschaften*	111

III. Das Organisationsproblem

1.	*Der Mythos von der »Einheitsgewerkschaft«*	114
1.1.	Die Ideologie der Einheitsgewerkschaft	114
1.2.	Der gewerkschaftliche Neubeginn 1945 – das Streben nach der Einheitsgewerkschaft	116
2.	*Aktuelle Organisationsprobleme der Gewerkschaftspolitik*	126
3.	*Die theoretische Diskussion der gewerkschaftlichen Organisationsprobleme*	131
3.1.	Zwei Konzeptionen über die Funktion der Vertrauensleute..	132
3.2.	Die Vergewerkschaftlichung der Betriebsräte	135
3.3.	Die Bedeutung der Vertrauensleute für eine »konfliktorische« Gewerkschaftspolitik	137
3.4.	Die Vertrauensleute aus der Sicht der Gewerkschaftszentrale	141

4.	*Ursachen der Zentralisierung und das Problem der Willensbildung in der sozialwissenschaftlichen Gewerkschaftsdiskussion der 20er Jahre*	143
4.1.	Die Arbeitgeberverbände	144
4.2.	Das gewerkschaftliche Beamtentum	146
4.3.	Der Zweckcharakter der Organisation	148
5.	*Die theoretische Debatte um die DGB-Reform 1971*	153
6.	*Das Problem der gewerkschaftlichen Autonomie*	159
6.1.	Autonomie als Problem gewerkschaftlichen Handlungsspielraums	159
6.2.	Die Beziehung von Mitgliedern und Funktionären – »Subalternität« und »Kompetenz«	163
6.3.	Innerverbandliche Probleme der gewerkschaftlichen Autonomie	168
6.3.1.	Das gewerkschaftliche Informationswesen	170
6.3.2.	Gewerkschaften und Parteien	171
6.3.3.	Die Kompetenz der Organisationsebenen	173
6.3.4.	Die Berufsstruktur der Mitgliedschaft	177
6.3.5.	Die Zukunft der Gewerkschaften	179

IV. Funktionärsverband Gewerkschaft

1.	*Der Funktionär: Repräsentant und Organisator*	181
2.	*Funktionärsverband Gewerkschaft?*	185
2.1.	Funktionäre und ehrenamtliche Aktivisten	187
2.2.	Zentralistische Entscheidungsstrukturen und ihre Vorbilder	188
2.3.	Willensbildung im Funktionärsverband	191
2.4.	Das »Führerproblem« in den Gewerkschaften	196
2.5.	Funktionärsverband Gewerkschaft	199
3.	*Der Funktionär – der Mann ohne Eigenschaften*	201
3.1.	Funktionär oder Funktionsträger	201
3.2.	Funktionär = »Bonze«	206

3.2.1. Die Funktionärskritik in der Arbeiterbewegung   206
3.2.2. Die Bonzenhetze der Nazis   208
3.2.3. Das Feindbild »DDR-Funktionär«   209
3.2.4. Das Feindbild Gewerkschaft   210

4.   *Der Funktionär – Beschreibung eines Berufsbildes*   214
4.1.   Herkunft und Qualifikation   215
4.2.   Kenntnisse und Fertigkeiten des Gewerkschafts-
       funktionärs   217
4.3.   Funktionärsvorbild Manager   221
4.4.   Der Funktionär: Verwalter und Manager   230

V.   **Kampf um den Funktionärsstaat?**   232

Anhang: Rückblick in die Zukunft   239

Anmerkungen   246

Vorwort

Dieses Buch ist ein Glücksfall, und dies in mehrfacherer Hinsicht. Es erscheint zum richtigen Zeitpunkt, es räumt mit einer Legende auf. Und es ist ein Dokument für eine neue Entwicklung in der Erforschung der Geschichte der deutschen Arbeiterbewegung.

Es erscheint zum richtigen Zeitpunkt. Vordergründig muß hier an den 30. Jahrestag der Gründung des DGB im Jahre 1949 gedacht werden. Das Festprogramm dafür steht bereits fest. Viele Reden werden gehalten werden und eine Welle von Berichten, Sendungen und Analysen werden durch die Medien gehen. Dieses Buch hat das Glück, vielleicht gerade aus diesem Anlaß schnell einen Verleger gefunden zu haben, aber es wurde, und dies ist hervorzuheben, nicht dieses Anlasses wegen geschrieben. Es ist auch nicht anzunehmen, daß ein Buch im Zusammenhang mit den Feiern zur Gründung des DGB im Oktober 1979 in München innerhalb der Gewerkschaften große Beachtung finden wird. Wenn auch in den deutschen Gewerkschaften in der Vergangenheit – also vor 1933 – nicht viel gelesen wurde, insbesondere keine wissenschaftlichen und politischen Schriften, und nach 1945 und gar nach der Gründung des DGB noch weit weniger, wenn also wissenschaftliche und politische Schriften in den Gewerkschaften kaum einen Markt finden, so ist doch zu hoffen, das die zeitgeschichtlichen Ereignisse im Zusammenhang mit der Gründung des DGB im Jahre 1949 bzw. die Erinnerung daran die Leselust und den Kaufdrang bei den Mitgliedern und Funktionären des DGB – und schließlich handelt es sich um Zigtausende von Funktionären und Millionen von Mitgliedern – gestärkt wird.

Und wenn auch vielleicht nicht die Leselust, so doch die Kauflust oder der Automatismus des Einstellens von Literatur in die Bilbiotheken der Gewerkschaftshäuser. Der erste Glücksfall an diesem

Buch besteht also darin, daß es auf diesen sozusagen Nationalfeiertag des DGB hin eben gerade *nicht* geschrieben worden ist. Das vorliegende Buch ist das Nebenprodukt eines Forschungsprojekts, das sich Manfred Wilke und Reinhard Crusius vor Jahren vorgenommen haben und das von der Deutschen Forschungsgemeinschaft unterstützt worden ist – allein dies ist schon wieder mehr als ein Glücksfall! – und das sich mit der Frage auseinandersetzt: »Warum konnte und kann der DGB und die in ihm vereinigten Industriegewerkschaften keine schlüssige und wirksame Berufspolitik führen?«. In der Beantwortung dieser Frage wurden Wilke und Crusius immer stärker auf Probleme der Gewerkschaftsorganisation und der Gewerkschaftsstruktur gedrängt, d. h. also weg von der vordergründigen aktuellen und der scheinbar hintergründigen ideologischen Kritik. Die Fragestellung selbst und ihre Ausweitung führte zwangsläufig zu einer Auseinandersetzung mit den sozialpolitischen und sozialgeschichtlichen Wirkungen der Berufspolitik in der Entwicklung des deutschen Kapitalismus und damit verbunden mit der geschichtlichen Dimension gewerkschaftlicher Organisationen, Strukturen und deren zwingenden politischen Auswirkungen. Das gerade ist in der Gewerkschaftsliteratur ein außerordentlicher Glücksfall, denn es geht hier nicht um das Wahre oder Falsche einer politischen Ideologie, um das Gute oder Schlechte dieser oder jener politischen Orientierung, um die Schuld oder Unschuld dieser oder jener politischen Richtung in den Gewerkschaften: es geht in diesem Buch um die Gewerkschaften in Deutschland selbst, um die Wirkungen ihrer Geschichte in der Gegenwart. Es geht also um die Sache.

Zum richtigen Zeitpunkt erscheint dieses Buch noch aus einem anderen Grunde. Es stellt einen wichtigen Beitrag in der laufenden inner- und außergewerkschaftlichen Auseinandersetzung um die Geschichte der Gewerkschaften in Deutschland in den letzten hundert Jahren dar, die durch die Publikation des Buches von Deppe u. a. »Geschichte der deutschen Gewerkschaftsbewegung« 1977 ausgelöst worden ist. Aber auch für diese Auseinandersetzung wurde dieses Buch nicht geschrieben. Es ist zuerst einmal aufzufassen als ein Beitrag gegen die sich ausbreitende Hofgeschichtsschreibung in den Gewerkschaften des DGB und des DGB selbst, die sich durch systematisches Vergessen oder Herunterspielen der Bedeutung entscheidender Ereignisse in der Geschichte der Gewerkschaften auszeichnet, wie z. B. die Rolle der Gewerkschaften in der Kriegswirtschaft von 1915 bis 1918, der Zentralen Arbeitsgemeinschaft von 1918, im Kapp-Putsch, während der Weltwirtschaftskrise von 1929 bis 1933, in der Periode des Besatzungsdiktats von 1945 bis 1949, in der Auseinandersetzung um die Mitbestimmung in den Jahren 1951/52, im Kampf gegen die Wiederaufrüstung im gleichen Zeitraum usw. Gleichzeitig wendet sich das vorliegende Buch über die Gewerkschaften sozusagen von selbst, beinahe ungewollt, gegen die zunehmende Flut kommunistischer und kommunistisch orientierter Gewerkschaftsgeschichte. Die Schreiber solcher Geschichten gehen von dem einfachen Axiom aus, daß die Geschichte der Gewerkschaften in Deutschland vor 1933 und nach 1945 anders verlaufen wäre, hätten die Gewerkschaften nur das richtige politische Bewußtsein gehabt. Da in der Anschauung dieser Autoren das richtige politische Bewußtsein von der richtigen Theorie, also vom Marxismus-Leninismus, abhängt, reduziert sich die Geschichte der deutschen Gewerkschaften auf die »donnernde« Frage, warum die Gewerkschaften bzw. Gewerkschaftsfunktionäre diese richtige Theorie nicht angenommen haben bzw. wenn sie sie angenommen haben, nicht befolgten. Bei dieser Art von Geschichtsbetrachtung wird unterschlagen, daß die Marxisten aller Richtungen in ihren theoretischen Ausführungen herzlich wenig über die Gewerkschaften selbst aussagen und zu aktuellen Fragen der gewerkschaftlichen Praxis entweder kaum oder intellektuell zu hoch angesiedelt Stellung bezogen haben. Wo sie sich in die Gewerkschaftspolitik begaben, wie z. B. im Falle der RGO-Politik (Rote Gewerkschaftsopposition), und sozusagen richtige Gewerkschaftspolitik aus dem reinen Geiste des Marxismus-Leninismus heraus zu betreiben versuchten, waren die Auswirkungen sowohl auf die Gewerkschaften als auch auf die Arbeiterbewegung gleich Null.

Die gegenwärtige kommunistisch orientierte Geschichtsschreibung über die Gewerkschaften leidet an einem unauflösbaren Dilemma. Einerseits muß sie am Primat der marxistischen Theorie festhalten und andererseits muß sie nachweisen, daß jeder fortschrittliche Mensch, koste es, was es wolle, in der Gewerkschaft sein und bleiben müsse. Die geschichtliche Fundamentalkritik an den Gewerkschaften verbindet sich dabei nahtlos mit der Fundamentaltaktik des Bündnisses mit den Funktionären nach dem Motto: »Je höher, desto besser!«

Das vorliegende Buch über die deutschen Gewerkschaften folgt weder einer Theorie der Gewerkschaften noch einer Taktik. Es sieht die Gewerkschaften ihrer Geschichte nach als ein etwas seltsames und vielfältiges Gebilde der Interessenorganisationen der Arbeitnehmer, als Ausdruck der ebenso vielfältigen seltsamen, schwer erfaßbaren und kaum verständlichen Interessen der Arbeitnehmer unter den jeweils sich vielfältig ändernden wirtschaftlichen, politischen und kulturellen Bedingungen der Gesamtgesellschaft in Deutschland in den letzten hundert Jahren.

Dieses Buch ist aber auch ein Glücksfall, weil es mit einer Legende aufräumt, von der die Gewerkschaftsfunktionäre zwar nicht leben, aber von der sie viel reden. Diese Legende hat zum Inhalt, daß den Gewerkschaften im Deutschland vor 1914, in der Weimarer Republik und in Westdeutschland und der Bundesrepublik nach 1945 eine Art demokratisches Erstgeburtsrecht zustehe. Aus dieser Legende vom demokratischen Erstgeburtsrecht schließen gewerkschaftlich orientierte Intellektuelle und Akademiker »messerscharf,« daß die Gewerkschaften sozusagen von Natur aus fortschrittlich seien bzw. fortschrittlich sein müßten. Dabei wird übersehen, nicht gewußt oder verdrängt, daß die Gewerkschaften zwar immer periodisch die Forderung nach einer fortschreitenden Demokratisierung der Gesellschaft erhoben haben, aber sich kaum an die Aufgabe einer fortschreitenden Demokratisierung ihrer eigenen Organisationen gemacht haben. Dieser Mangel ist nicht im falschen gesellschaftlichen Bewußtsein der Funktionäre und Mitglieder der deutschen Gewerkschaften begründet, sondern vielmehr in den so vielfältigen Interessenlagen der Arbeitnehmer selbst.

Die vielfältigen Interessen der Arbeitnehmer können zwar – und dies nur sehr allgemein und mit logischer Gewalt – dieser oder jener Bestimmung von Arbeiterklasse zugeordnet, zugeteilt oder umgekehrt von dieser oder jener Bestimmung der Arbeiterklasse abgeleitet werden, an der Sache der Widersprüchlichkeit, ja Irrationalität dieser Interessen der Arbeitnehmer ändert sich hierbei nichts. Die Marxisten wurden und werden mit der einfachen Erfahrung in der Geschichte nicht fertig, daß es tatsächlich keine Arbeiterklasse gibt, sondern nur arbeitende Klassen mit den vielfältigsten, widersprüchlichsten kaum artikulierten und kaum bewußten Interessenlagen. Damit aber wird der Anspruch auf das demokratische Erstgeburtsrecht der Gewerkschaften hinfällig und selbstredend auch der damit verbundene Anspruch, daß jede gewerkschaftliche Forderung und Aktion von Natur aus fortschrittlich sei bzw. zu sein habe.

Im Grunde wird damit nur die zweideutige Rolle der Gewerkschaften in der kapitalistischen Entwicklung Deutschlands deutlich. Diese Zweideutigkeit stellt sich bei näherer Betrachtung als doppeldeutig heraus. Zum einen schleppen die Gewerkschaften ihre Entstehung aus den Zünften immer noch mit sich; zum anderen sind sie so groß und so stark geworden, daß sie zu den Monopolen in der Wirtschaft gezählt werden müssen. Diese Mischung von Zünftelei und Monopol ergibt das, was eine kleine Gruppe von Sozialwissenschaftlern, die sich mit der Geschichte und der Soziologie der Gewerkschaften beschäftigen, richtig als Korporativismus bezeichnet. Das Wort ist zwar ein Fremdwort, aber es trifft die Lage in den Beziehungen der Gewerkschaften in Wirtschaft, Staat und Gesellschaft genauer und richtiger als jedes andere. Es bedeutet nichts anderes als die Vorherrschaft der großen Gruppeninteressen und die freiwilligen, erzwungenen und aus den Strukturen und Organisationen der Interessenverbände sich ergebenden Koalitionen dieser Gruppeninteressen in bestimmten Wirtschafts- und Gesellschaftsbereichen gegenüber den Interessen kleinerer Gruppen oder einem kaum zu bestimmenden und bestimmbaren Allgemeinwohl.

Das vorliegende Buch ist nicht zuletzt deshalb ein Glücksfall, weil es von jemandem geschrieben wurde, für den die Gewerkschaften zuerst einmal nicht Gegenstand akademischer Forschung sind, d. h. ein Gegenstand, der eben nach den Regeln dieser akademischen Forschung distanziert und – wie es so schön heißt – objektiv zu betrachten sei, sondern für den die Gewerkschaften zuerst einmal Erfahrung sind. Diese Erfahrung, die für den Autor sowohl Individualerfahrung als auch Kollektiverfahrung darstellt, wird im Vollzuge wissenschaftlicher Forschung nicht verdrängt, sondern sie wird im Gegenteil von

Schritt zu Schritt dieser Forschung deutlicher. Gerade das selbstverständliche Ernstnehmen solcher Erfahrung hat aus diesem Buche ein äußerst lesbares Buch gemacht, dessen Zweck nicht darin liegt, noch eine weitere akademische Abhandlung über dieses doch etwas exotische Gebilde Gewerkschaften zu schreiben, sondern dessen Zweck und Sinn es ist, dieses fremde Gebilde Gewerkschaften in seinen Strukturen, Organisationsformen und Problemen allen in der Bundesrepublik Deutschland Interessierten, Deutschen wie Ausländern, gewerkschaftlich Organisierten und nicht Organisierten, allen, die tagtäglich in den Betrieben, Unternehmen und Verbänden, in den Ministerien und Parlamenten mit Gewerkschaften zu tun haben, Studenten und Lehrern auf den verschiedenen Bildungsstufen und nicht zuletzt den Funktionären der Gewerkschaften selbst verständlicher zu machen. Mit diesem Buch wird ganz entschieden eine wenn auch nicht neue, so doch für die weitere Entwicklung der Gewerkschaftsforschung entscheidende Position vertreten, die in Zukunft nicht nur von der Gewerkschaftsforschung, sondern viel mehr noch von der Öffentlichkeit beachtet werden muß. Und dies ist in der Tat ein Glücksfall, der in einer Periode des Skeptizismus, was die Entwicklung der Gewerkschaften in der Bundesrepublik betrifft, zu Hoffnungen berechtigt.

München, im Juni 1979   Theo Pirker

Zum Buch

Dieses Buch ist aus dem Abschlußbericht eines Forschungsprojekts der DFG (Deutsche Forschungsgemeinschaft) entstanden. Für das Buch wurde ein thematischer Schwerpunkt des Abschlußberichts zur Veröffentlichung überarbeitet. Das Thema des Forschungsprojektes lautet: »Die gewerkschaftliche Berufsbildungspolitik von 1945–1975«. Es wurde von Reinhard Crusius und mir bearbeitet.
  Der Abschlußbericht besteht aus zwei Teilen:
  1. *Manfred Wilke:* Beschreibung und Analyse der gewerkschaftlichen Organisationsstruktur, ihres Zusammenhangs mit der Berufsstruktur der abhängig Beschäftigten und der daraus folgenden allgemeinen Richtung gewerkschaftlicher Berufs- und Berufsbildungspolitik.
Titel dieses Teils: »Gewerkschaft und Beruf«.*
  2. *Reinhard Crusius:* Beschreibung und Analyse des Zusammenhangs von gewerkschaftlicher Berufsbildungs- und Jugendpolitik. Überprüfung der Hypothese vom Zusammenhang von der Organisationsstruktur und den Inhalten gewerkschaftlicher Jugend- und Berufsbildungspolitik anhand der Ergebnisse dieser Politik.
Titel dieses Teils: »Gewerkschaftliche Berufsbildungs- und Jugendpolitik von 1945 bis heute«.
  Beide Teile wurden jeweils selbständig erarbeitet, aber in ihnen stecken, abgesehen vom sachlichen Zusammenhang des Themas, die Ergebnisse einer nunmehr über zehnjährigen gemeinsamen Arbeit zwischen Reinhard Crusius und mir. Dieser Forschungsbericht ist eine Bilanz unserer politischen und wissenschaftlichen Beschäftigung mit dem Thema »Gewerkschaftliche Berufsbildungspolitik«, die für

---

* Dieser Teil ist auch Gegenstand meines Habilitationsverfahrens für das Fach Soziologie am Fachbereich 11 der FU Berlin.

uns 1969 mit unserer Beteiligung an der »Lehrlingsbewegung« begann.

An dieser Stelle sei der DFG für die gewährte materielle Hilfe gedankt. Danken möchte ich besonders auch Brigitte Hector für ihre Arbeit während der gesamten Dauer des Projekts und Diana Reiter für die Fertigstellung des Manuskripts. Für ihre Kritik und Hilfe bedanke ich mich schließlich bei Adolf Brock, Wolfgang Lempert, Theo Pirker und Wilfried Voigt.

Im Verlauf dieser Untersuchung führten Reinhard Crusius und ich viele Gespräche mit Gewerkschaftsfunktionären, Verbandsfunktionären von Arbeitgeberverbänden und Industrie- und Handelskammern, und wir baten Archive und Bibliotheken der Verbände um Material. Fast alle Angesprochenen halfen uns großzügig, erteilten uns Auskünfte und beschafften uns Material. Dies sei hier noch einmal ausdrücklich dankend hervorgehoben.

Berlin im Juli 1979   Manfred Wilke

I. Gewerkschaftspolitik

1. Wir fordern!

Die Formel »Wir fordern!« kann geradezu als öffentliches Markenzeichen von Gewerkschaftspolitik gelten. Wenn die Medien über die Gewerkschaften berichten, fällt mit Sicherheit der Satz, »Die Gewerkschaften fordern . . .«. Grundsatz- und Aktionsprogramme beginnen oder enden gleichfalls mit diesen Worten. Gefordert wird immer von *anderen*. Unternehmer, ihre Verbände und vorzugsweise der Staat werden aufgefordert, im Interesse der Arbeiter, Angestellten, Beamten, berufstätigen Frauen und arbeitsloser Jugendlicher Veränderungen durchzuführen.

Diese Art, die eigene Politik zu formulieren und vorzutragen, verführt geradezu, das eigene Tun aus solcher Forderungspolitik auszublenden. Zumindest optisch entsteht der Eindruck, die einen fordern und die anderen handeln und verantworten.

Beginnen wir also mit Aufbau, Sprache und Inhalten solcher »Forderungsproklamationen«. Ein aktuelles Beispiel ist die Warnung eines Gewerkschafters vor der »Aushöhlung der Rechte Jugendlicher« im Bereich Jugendarbeitsschutz und Berufsbildung. Der Pressedienst der IG Metall berichtete:

»Angesichts der vergeblichen Bemühungen vieler Jugendlicher, einen Ausbildungsplatz zu finden, müsse der Staat in die berufliche Bildung planend und lenkend eingreifen. Dies forderte das geschäftsführende Vorstandsmitglied der IG Metall, Georg Benz, auf einer Tagung der hauptamtlichen Jugendsachbearbeiter seiner Gewerkschaft am Dienstag in Kehl-Kork.

Benz warf den Unternehmern vor, die Lage der Jugendlichen mit dem Ziel auszunutzen, die berufliche Bildung ausschließlich den kurzsichtigen einzelbetrieblichen Interessen unterzuordnen. Dabei nähmen sie keine Rücksicht auf die grundgesetzlich garantierten Rechte der freien Entfaltung der Persönlichkeit und der freien Berufs-, Ausbildungs- und Arbeitsplatzwahl.

Als weiteren Schlag gegen die Berufsbildung führte Benz den auf Betreiben der Unternehmer gefaßten Beschluß des Bundesrates, sogenannte ausbildungshemmende Vorschriften zu beseitigen, an. Dieser Beschluß forderte, daß auch ungeeignete Betriebe wieder ausbilden dürfen, unabhängig davon, ob sie dazu befähigt seien oder nicht. Auch die Ausbildungsvergütung wollten die Unternehmer abbauen oder öffentlich subventionieren lassen.

Energisch wandte sich Benz auch gegen Tendenzen zur Aushöhlung des Jugendarbeitsschutzes, etwa durch die Unternehmerforderung nach Wiedereinführung der Nacht- und Wochenendarbeit. Dabei trage das Jugendarbeitsschutzgesetz vom 1. Mai 1976 vor allem in Ausnahmeregelungen bereits eindeutig die Handschrift der Unternehmerinteressen. Hier komme es vor allem darauf an, daß wenigstens die geltenden Bestimmungen in allen Betrieben angewandt werden. In kleinen Industriebetrieben und im Handwerk könne man davon ausgehen, daß nach wie vor gegen die Bestimmungen des Jugendarbeitsschutzgesetzes verstoßen wird.

Eine umfassende Information über die Bestimmungen des Jugendarbeitsschutzgesetzes bei den Betroffenen sei erste Voraussetzung zur Einhaltung des Gesetzes, betonte Benz im Hinblick auf die verbreitete Unkenntnis der Jugendlichen über ihre eigenen Rechte.« (Metall-Pressedienst, 20. 12. 1977)

Nachdem wieder einmal der Staat aufgefordert wird endlich einzugreifen, wendet sich Benz den an der Jugendarbeitslosigkeit Schuldigen zu: den Unternehmern. Sie sind in seiner Darstellung reine Egoisten, die aus »niederer Gewinnsucht« auf das Grundgesetz pfeifen und die Jugendlichen lediglich ausnutzen wollen. Marktkonkurrenz der Einzelbetriebe, Kosten für die Ausbildung, technologische Veränderungen der Arbeitsorganisation werden als wirkliche Gründe für die unternehmerische Ausbildungspolitik im Rahmen des »dualen Systems« nicht genannt. Da dies unterbleibt, kann natürlich auch nicht über ein gewerkschaftliches Alternativkonzept beraten werden, mit dem man gegen diese Folgen unternehmerischen Handelns angehen könnte. Benz sieht als einzige Alternative: Der Staat möge den »Grundrechtverletzern« endlich das

Handwerk legen. Da er aber gleichzeitig beschreibt, wie der Staat dem Druck der Unternehmer erliegt, fragt man sich unwillkürlich, was dieser Appell an den Staat soll, wenn der sich sein Handeln sowieso von den Unternehmern diktieren läßt. Die Rede von Georg Benz ist in einem Punkt bemerkenswert, weil er sich immerhin noch auf das eigene Tun besinnt, wenn es heißt: »Für seine Gewerkschaft sieht Benz vor allem die Notwendigkeit, diesen Angriffen der Unternehmer Widerstand zu leisten und die Forderungen im Bereich der Berufsausbildung in Betriebsvereinbarungen und Tarifverträgen durchzusetzen, um damit den Weg zu ebnen für gesetzliche Reformen.«

Georg Benz benennt zwar die Instrumente, mit denen Gewerkschaft und Betriebsräte gegen die Verletzungen des Jugendarbeitsschutzes selbst angehen können und mit denen sie selbst ein Stück Berufsbildungsreform durchsetzen könnten, aber seine Ausführungen gipfeln dann doch wieder in der Forderung nach »gesetzlicher Reform«. Unterbleiben dann die geforderten gesetzlichen Reformen, so kann man auf Gewerkschaftskonferenzen Klagen hören, wie die von Gert Lütgert, damals Mitarbeiter der Abteilung Jugend beim Vorstand der IG Metall, auf der 8. IG Metall-Jugendkonferenz 1968:

»Über unsere Forderungen, liebe Kolleginnen und Kollegen, gibt es Akte um Akte mit Presseausschnitten. Was es aber nicht gibt, das sind Gesetze, die diesen unseren Forderungen Rechnung getragen hätten. Von Jugendmonat zu Jugendmonat und von Jugendkonferenz zu Jugendkonferenz schleppen wir Anträge und Entschließungen mit, die diejenigen, die dazu aufgefordert sind, nicht verwirklichen.«

Gelegentlich wird dieses Politikverständnis der deutschen Gewerkschaften auch mal von Politikern kritisiert, so z. B. am 14. 6. 1968 in einem ZEIT-Interview des damaligen Fraktionsvorsitzenden der SPD im deutschen Bundestag, Helmut Schmidt:

»Langfristig glaube ich, daß unsere Gewerkschaften das, was sie gesellschaftspolitisch und im engeren Sinne sozialpolitisch erstreben, weniger ausschließlich als bisher vom Staat – vom Gesetzgeber, von der Regierung – verlangen sollten, sondern stärker als bisher selber durch kollektiven Vertrag mitzuschaffen sich bemühen müssen. . . . Die Verwirklichung der eigenen Forderung von der Obrigkeit zu erwarten, scheint mir einer demokratischen Gesellschaft nicht angemessen.«

Diese Sätze verweisen auf die Frage nach den gesellschaftlichen Voraussetzungen gewerkschaftlicher Politik.

2. Gesellschaftliche Voraussetzungen von Gewerkschaftspolitik

Gewerkschaften sind Verbände von Lohnabhängigen. Sie nehmen Einfluß auf die Höhe des von den Arbeitgebern zu zahlenden Lohns, auf die Dauer der Arbeitszeit, auf die Gestaltung der betrieblichen Arbeitsordnungen, auf Arbeitstempo und -intensität, auf die sozialen Sicherungen der Lohnabhängigen im Falle von Arbeitslosigkeit, Alter und Krankheit, und ebenso beeinflussen sie die Art und Weise der Ausbildung des Arbeitskräftenachwuchses.

In einer kapitalistischen Wirtschaftsordnung mit politischer Demokratie sind Gewerkschaften ein Interessenverband und keine politische Partei. Die direkte Verfügung über den Staatsapparat ist das Monopol der Parteien. Politische Macht im Sinne der direkten Verfügung über den Staatsapparat kann also nicht das Ziel gewerkschaftlicher Politik sein.

Vergegenwärtigen wir uns, welche Merkmale Gewerkschaften von anderen wirtschaftlichen Interessenverbänden der Arbeitenden unterscheiden, so gilt in der politischen, juristischen und sozialwissenschaftlichen Diskussion das Merkmal der Bereitschaft zum Arbeitskampf oder mindestens einer entschlossenen Interessenwahrnehmung als das wichtigste Kriterium. Die Lohnabhängigen und ihre Gewerkschaft können mit dem Mittel des Streiks den Einsatz ihrer Arbeitskraft verweigern. Die Verweigerung ist *ihr Veto*. Sie bringen ihr gesellschaftliches Gewicht dadurch zum Ausdruck, daß sie nicht gewillt sind, zu den bestehenden Bedingungen ihre Arbeitskraft den »Arbeitnehmern« zur Verfügung zu stellen.

Der Vetocharakter gewerkschaftlicher Politik muß erläutert werden, denn die Möglichkeit zum Veto ist von zentraler Bedeutung für Gewerkschaftspolitik. Jürgen Seifert hat die Gewerkschaften unter Berufung auf ihre Entstehung als »Selbsthilfe- und Widerstandsorganisation«, als *Gegenmacht* umschrieben und dies in zweierlei Hinsicht. Zum einen ist die Gewerkschaft der soziale Gegenspieler des Kapitals und in dieser Eigenschaft ist sie ein Machtfaktor, mit dem

Regierung und Parteien rechnen müssen. Zum zweiten ist die gewerkschaftliche Politik gerichtet »gegen die bestehende Machtverteilung«, d. h. gewerkschaftliche Politik ist potentiell immer auf »Neuordnung zielende Macht«.[1]

Der »Veränderungscharakter« gewerkschaftlicher Politik kommt bei jeder Tarifverhandlung erneut zum Vorschein: sei es, daß die Gewerkschaften mehr Lohn fordern oder ein Rationalisierungsschutzabkommen oder einen Tarifvertrag über die Vorverlegung der Altersgrenze, ab der man Rentner werden kann, aushandeln oder daß sie mehr Urlaub verlangen. Alle diese Forderungen beinhalten Veränderungen bestehender Zustände, unter denen bislang Gruppen von Arbeitern und Angestellten bereit waren, ihre Arbeitskraft der Verfügungsgewalt der Kapitalfunktionäre anzubieten. Bei jeder Tarifverhandlung geht es um ein Stück Verfügungsgewalt des Unternehmers über »seine Arbeiter und Angestellten«.

Jürgen Seifert knüpft in seiner Charakterisierung der Gewerkschaften als »Gegenmacht« an ihre Gründung als Selbsthilfe- und Widerstandsorganisation gegen die unumschränkte Herrschaft der Kapitalfunktionäre über »ihre Arbeiter« an. Er erinnert damit an den langen opfervollen und konfliktreichen Weg, der bis zu dem Zeitpunkt durchgehalten wurde, an dem die deutschen Gewerkschaften als gleichberechtigter Vertretungsverband für die Lohnabhängigen von Unternehmern und Staat akzeptiert wurden.

»Wer Politik treibt, erstrebt Macht.«[2] Bei der Durchsetzung der Gewerkschaften als Organisation und bei der Beurteilung ihrer Politik ist es notwendig, sich dieser Definition von Max Weber zu erinnern, denn nur Macht verschafft jene Chance, »innerhalb einer sozialen Beziehung den eignen Willen auch gegen Widerstreben durchzusetzen«.[3]

Obwohl es eine Binsenweisheit ist, daß zur Durchsetzung von Interessen in einer wie auch immer verfaßten Staats- und Gesellschaftsordnung Macht gehört, ist es wichtig, von dieser Politik-Definition auszugehen, um genauer bestimmen zu können, welche Macht die Gewerkschaft anstrebt und zu welchem Zweck sie eingesetzt werden soll. Siegfried Braun hat das Bild der Gewerkschaften als Gegenmacht sehr plastisch verdeutlicht, indem er sie als den »Knüppel in der Hand der Arbeiter und Angestellten« bezeichnet hat und in diesem Zusammenhang die Rolle von Betriebsräten und Gewerkschaften als »Nein-

Sager« im Sinne einer Vetoinstanz gegenüber dem Management beschreibt:

Dies bedeutet keineswegs »eine subalterne Rolle der Gewerkschaften oder Betriebsräte, sie haben vielmehr, falls sie ein umfassendes und ›hartes‹ Vetorecht im vorgeschlagenen Sinne innehaben, im Rahmen einer anderen Perspektive, die institutionell garantiert ist, die gleichen Aufgaben wie die Betriebsleitung. Es würde dadurch erreicht, daß erstens die Betriebsleitung sich in allen wesentlichen Fragen von vornherein der Zustimmung der Belegschaft und ihrer Vertreter versichern müßte, die dann die Bedingungen der Zusammenarbeit festlegen könnten; zweitens würde die Betriebsleitung zu einer professionellen Fachinstanz und ihres Herrschaftscharakters entkleidet, da sie sich verantworten muß und drittens würden die Belegschaft und ihre Vertreter gezwungen, die technisch-ökonomischen Bedingungen für die Realisierung ihrer Ansprüche und Wünsche ernstzunehmen, ohne vor ihnen zu kapitulieren.«[4]

Dieses Verständnis von Vetopolitik führt das handelnde Kollektiv oder den politischen Aktivisten als *Macher von Politik* in die Analyse ein. Im Gegensatz zu der bloßen Forderungsproklamation, die sich davor hütet anzugeben, wer was wo wann und wie machen soll, fordert Siegfried Braun die Auseinandersetzungen um die anstehenden Sachfragen im Arbeits- und Produktionsprozeß, gewissermaßen »vor Ort«, als entscheidende Ebene gewerkschaftlicher Vetopolitik.

In der Frühzeit der kapitalistischen Produktionsweise war der Kampf um das Recht der gewerkschaftlichen Verbandsbildung für die Arbeiter verknüpft mit dem Kampf um Schutzgesetze für die Arbeiterklasse. Im Mittelpunkt stand dabei die Begrenzung der täglichen Arbeitszeit, die oftmals bis zu 16 Stunden betrug. Kein Geringerer als Karl Marx hat die Bedeutung gerade dieses Kampfes hervorgehoben. Ging es dabei doch darum, ein »übermächtiges gesellschaftliches Hindernis« zu errichten, das die Arbeiter einzeln und kollektiv daran hindert, sich auf dem Arbeitsmarkt »in Tod und Sklaverei zu verkaufen«, also um ein unumstößliches Veto gegen die totale Verfügung der Kapitalfunktionäre über »ihre« Arbeiter:

»Man muß gestehen, daß unser Arbeiter anders aus dem Produktionsprozeß herauskommt, als er in ihn eintrat. Auf dem Markt trat er als Besitzer der Ware ›Arbeitskraft‹ anderen Warenbesitzern gegenüber, Warenbesitzer dem Warenbesitzer. Der Kontrakt, wodurch er dem Kapitalisten seine Arbeitskraft verkaufte, bewies sozusagen schwarz auf weiß, daß er frei über sich selbst verfügt. Nach beschlossenem Handel wird entdeckt, daß er ›*kein freier Agent*‹ war, daß die Zeit, wofür es ihm *freisteht*, seine Arbeitskraft zu verkaufen, die Zeit ist, wofür er *gezwungen* ist, sie zu verkaufen, daß in der Tat sein Sauger nicht losläßt ›solange noch ein Muskel, eine Sehne, ein Tropfen Bluts auszubeuten‹. Zum ›Schutz‹ gegen die Schlange ihrer Qualen müssen die Arbeiter ihre Köpfe zusammenrotten und *als Klasse* ein Staatsgesetz erzwingen, ein übermächtiges *gesellschaftliches* Hindernis, das sie selbst verhindert, *durch freiwilligen Kontrakt mit dem Kapital* sich und ihr Geschlecht in Tod und Sklaverei zu verkaufen. An die Stelle des prunkvollen Katalogs der ›unveräußerlichen Menschenrechte‹ tritt die bescheidene *Magna Charta* eines gesetzlich beschränkten Arbeitstages, die ›*endlich klarmacht, wann die Zeit, die der Arbeiter verkauft, endet und wann die ihm selbst gehörige Zeit beginnt*‹.«⁵

Auf dem Hintergrund dieses Kampfes der frühen Arbeiterbewegung werden auch die an den Staat gerichteten Forderungen verständlich, mittels Gesetz die Lage und die Lebensbedingungen der Arbeiter zu verbessern.

Den Zusammenhang von gewerkschaftlicher Politik und staatlichem Handeln hat Paul Umbreit, Redakteur des »Correspondenzblatt«, des von der Generalkommission der freien Gewerkschaften herausgegebenen Wochenblatts, anhand der Erfahrungen von 25jähriger Gewerkschaftsarbeit in den Jahren 1890 bis 1915 beschrieben, als die Gewerkschaften ihre Existenzberechtigung im und gegen den preußisch-deutschen Obrigkeitsstaat durchsetzen mußten:

»Bei der Propaganda ließen es die Gewerkschaften nicht bewenden, sie betätigten sich auch unmittelbar in der Sozialpolitik durch die Schaffung von Rechtsbüros und Arbeitersekretariaten, Bauarbeiterschutz- und Kinderschutzkommissionen sowie Unterrichtskursen und statistischen Büros und die Generalkommission rief ein Zentralarbeitersekretariat für Vertretung von Arbeiteransprüchen bei dem Reichsversicherungsamt sowie Bezirksarbeitersekretariate an den Spitzen der Oberversicherungsämter ins Leben und eine sozialpolitische Abteilung erhielt die Aufgabe, sozialpolitische Materialien zu sammeln und sozialpolitische Forderungen der Gewerkschaften den gesetzgebenden Körperschaften sowie den Parteivertretungen einzureichen.

Aus diesem Zusammenhang wirtschaftlicher und sozialpolitischer Betätigung ergab sich für die Gewerkschaften die weitere Erfahrung, daß auch die sozialpolitische Praxis ohne die gewerkschaftliche Vorarbeit wirkungslos bleibt. Ohne gewerkschaftliche Arbeitszeitverkürzung gibt es keine gesetzliche Arbeitszeitregelung, ohne gewerkschaftliche Lohnregelung keine staatliche Lohnpolitik, ohne praktischen Gesundheitsschutz keine gesetzliche Arbeitshygiene. *Erst müssen die Arbeiterorganisationen vorhanden sein und auf die bestehenden Mißstände hinweisen, die Möglichkeit ihrer Beseitigung demonstrieren, ehe der Gesetzgeber eingreift.* (Hervorhebung von M. W.) Das gewerkschaftliche Unterstützungswesen ergänzt ebenfalls die Arbeiterversicherung und weist ihr zum Teil neue Wege, wie in der Arbeitslosenunterstützung. Und nicht minder bedarf es der Gewerkschaftsarbeit, um der Sozialgesetzgebung die wirksame Durchführung zu sichern, den Widerstand der Unternehmer zu überwinden und den Boden für weitere Fortschritte zu ebnen. So eilt die Gewerkschaftsarbeit auf vielen Gebieten dem Gesetzgeber voraus und schafft erst die Möglichkeit für eine gedeihliche Sozialpolitik.«[6]

In den Sätzen von Paul Umbreit wird der Weg sichtbar, den die Gewerkschaften eingeschlagen haben, um durch Eigeninitiative auf unterschiedlichen Gebieten staatliche Politik und staatliches Eingreifen herauszufordern und zu erzwingen. Eine an den Staat gerichtete Forderungspolitik ist also keinesfalls unsinnig oder überflüssig. Dies ist sie nur dann, wenn die Gewerkschaften glauben oder den Glauben verbreiten, daß die erhobenen Forderungen bereits genügten, um menschengerechtere Arbeits- und Lebensbedingungen für die Arbeitenden durchzusetzen, und daß eigenes gewerkschaftliches Handeln sich auf das Fordern beschränken könne. Es ist aber ebenfalls nicht zu übersehen, daß es in vielen gewerkschaftlichen Forderungen erst einmal um die Abschaffung konkret angebbarer Belastungen geht, die sich aus Arbeits- und Lebensbedingungen ergeben. Viele Forderungen weisen darauf hin, daß die in den Betrieben beschäftigten Arbeitskräfte Menschen sind, um deren Gesundheit und Wohlergehen es geht. Man könnte diesen Teil der gewerkschaftlichen Forderungen als »reines Veto« fassen, das nur darauf aufmerksam machen will, daß Menschen nicht »untragbaren« Bedingungen in ihrer Arbeit unterworfen werden sollten. Der nächste Schritt wäre, und da genügt ein solches »reines Veto« nicht mehr, daß Gewerkschaftspolitik bewußt Alternativen zu bestehenden Verhältnissen durchsetzen will, sei es bei Arbeitszeit, Arbeitsbedingungen, Berufsausbildung oder seien es gar neue Formen der gesellschaftlichen Arbeitsorganisation, sprich des Wirtschaftens. In solchen Fällen geht die Vetopolitik in konstruktive Gesellschaftspolitik über; Beispiel für eine solche Politik ist die Durchsetzung der Arbeitslosenversicherung. Es mag befremden, wenn ich hier den Begriff des »Vetos« so strapaziere für die Charakterisierung der Gewerkschaftspolitik. Das ist aber notwendig, um gewissermaßen idealtypisch den Schutzcharakter gewerkschaftlicher Politik als der eines Interessenverbandes abhängig Beschäftigter deutlich zu machen. Dies bedingt geradezu den Forderungscharakter gewerkschaftlicher Politik.

Das Vorbild all solcher Verbände von Abhängigen sind in Europa die Volkstribunen der römischen Republik, die ein Einspruchsrecht (»Veto = ich verbiete«) hatten gegen Maßnahmen der Konsuln, die das Volk von Rom betrafen.

Die Volkstribunen und die Volksversammlung waren aber nicht nur Formen des kollektiven Freiheitsschutzes des römischen Volkes, durch sie wirkte es auch mit an der Gestaltung der römischen Politik. Die Tribunen hatten das Recht, Gesetzesvorschläge einzubringen. Eingerichtet zum Schutz der römischen Massen vor Willkürakten der ökonomischen und politischen Obrigkeit, wurden sie als Vetoinstanz einbezogen in die politische Willensbildung. Das römische Tribunat war eine geniale Leistung römischen Staatsdenkens, Interessengegensätze wurden nicht unterdrückt, sondern institutionalisiert und offen ausgetragen. Rudolf Schottlaender schreibt, daß »das Berufungs- und das Vetorecht, von ihren römischen Schöpfern zum Schutz der Unterdrückten eingeführt, Ergebnisse der Selbsthilfe des freien, aber rechtlich und wirtschaftlich benachteiligten Teils der Bürgerschaft waren«.[7]

Goetz Briefs, einer der Klassiker der deutschen Gewerkschaftssoziologie, hat einmal die grundsätzlichen »Vetos« gewerkschaftlicher Politik den Verwertungsinteressen des Kapitals gegenübergestellt. Wenn ich auch von »Interessen« statt von »Ideen« sprechen würde, die sich hier gegenüberstehen, so kommt doch der Vetocharakter gewerkschaftlicher Politik in dieser Gegenüberstellung sehr gut zum Ausdruck und das Aufgabengebiet des »Gegenmanagements Gewerkschaft« (Siegfried Braun) zeichnet sich ebenso klar ab, wie der unvermeidliche Kompromißcharakter gewerkschaftlicher Politik:

»Gegen die objektiv im Lohnsystem liegende Idee der Arbeit als Ware erhebt die Gewerkschaft die Idee des Menschseins des Arbeiters; gegen die Kostenidee der Arbeit erhebt sie die Wertung der Arbeit als Faktor der Bedarfsdeckung und des Menschen als Subjekts der Wirtschaft, gegen die Betriebsstoffidee die Idee des gesellschaftlichen Wertes und der sittlichen Würde der Arbeit; gegen die Idee, daß der Lohn sich rein marktmäßig zu bilden habe, erhebt die Gewerkschaft die Idee der Koalitionsverfassung der Arbeit, die Idee des Lohnes zum Leben und darüber hinaus die Idee des Anteils am Ertrage oder auch der Aufsaugung aller arbeitslosen Einkommen durch den Lohn. Gegen das reine Akkumulationsinteresse des Kapitals erhebt sie die Erwägung, daß der Verbrauch der entscheidende Sinn aller Wirtschaft sei; gegen den Zwang der bedingungslosen Unterstellung der Arbeit unter den technischen und kapitalistischen Betriebszweck erhebt die Gewerkschaft die Idee des Schutzes des Arbeiters als Person und Staatsbürger gegen »betriebsfeudale« Tendenzen; gegen die restlose Fremdbestimmung und Kommandoverfassung der Arbeit erhebt sie die Idee der Mitbestimmung und Mitverantwortung.

In allen diesen Richtungen sucht die Gewerkschaft ihr leitendes Wertsystem zu verwirklichen: daß der Lohnarbeiter als Verbraucher menschenwürdig leben könne, sittliche Person und d. h. Selbstzweck sei, und in seinen staatsbürgerlichen Rechten gesichert werde.«[8]

Wenden wir uns nun der zentralen Frage dieses Buches zu: Wer ist »die Gewerkschaft«? Da die gewerkschaftliche Anrede bis heute »Kollege« ist, was nach Rudolf Schottlaender wörtlich *»Mitverfüger sein«* (S. 57) heißt, wollen wir fragen, wer wirklich über den Verband Gewerkschaft verfügt. Beginnen wir mit der Analyse der Organisationsstruktur, ist sie doch gewissermaßen das Gehäuse, das die Politik und das Denken jedes Gewerkschafters bestimmt, vor allem dann, wenn diese Organisationsstruktur kein Gegenstand der gewerkschaftlichen Debatte mehr ist.

II. Die Organisationsstruktur der DGB-Gewerkschaften

Eine Analyse der deutschen Gewerkschaften muß sich heute auf den Deutschen Gewerkschaftsbund (DGB) und seine 17 Einzelgewerkschaften konzentrieren. Außer den Standesorganisationen »Beamtenbund« und »Deutsche Angestelltengewerkschaft« (DAG) haben alle anderen Verbände, wie z. B. der Christliche Gewerkschaftsbund (CGB), keine größere Bedeutung. Zur Erklärung der Strukturprinzipien der deutschen Gewerkschaftsverfassung beziehe ich mich ausschließlich auf die Organisationsgeschichte der DGB-Gewerkschaften und der sozialdemokratischen »Richtungsgewerkschaften« des Kaiserreichs und der Weimarer Republik. Die »freien Gewerkschaften« und der »Allgemeine Deutsche Gewerkschaftsbund« (ADGB) waren immer die gewichtigste Strömung der deutschen Gewerkschaftsbewegung. Deswegen können die anderen politischen Richtungen unter den Gewerkschaftsverbänden, die der Christen, der Liberalen und der Kommunisten, vernachlässigt werden.

Die deutschen Gewerkschaften haben eine differenzierte innere Struktur entwickelt, die sich in verschiedene Ebenen aufgliedert. Jede dieser Ebenen ist für ihren Bereich »die Gewerkschaft«: Dies gilt angefangen von den Gewerkschaftern eines Betriebs mit ihren Vertrauensleuten, die als selbständige Ebene im formalen Gewerkschaftsaufbau gar nicht vorkommen, bis hin zum Bundesvorstand des DGB. Will man Gewerkschaftspolitik verstehen, so müssen all diese Ebenen mit ihrem spezifischen Gewicht in der Organisation jeweils berücksichtigt werden.

Beginnen wir unten, beim Betrieb:

1. Der Betrieb – Betriebsräte und Vertrauensleute

1.1. Der Betriebsrat

Die Konflikte im kapitalistischen Betrieb um Lohn und Leistung, um Herrschaft und Selbstbestimmung über die Arbeitsvollzüge sind der Ausgangspunkt der gewerkschaftlichen Organisation bis zum heutigen Tag. Dennoch ist nicht *der Betrieb*, sondern der Ortsverband die erste Stufe des formalen Gewerkschaftsaufbaus. Die betriebliche Interessenvertretung der Lohnabhängigen wird in der Bundesrepublik in Betrieben mit über 20 Beschäftigten und mehr als fünf Jugendlichen von Betriebsräten und Jugendvertretern wahrgenommen. Sie sind Organe der Betriebsverfassung, deren Aufgaben gesetzlich geregelt sind und deren Politik nicht der gewerkschaftlichen Willensbildung unterliegt. Diese Aussage gilt auch dann, wenn mehr als zwei Drittel der Betriebsräte und Jugendvertreter Gewerkschaftsmitglieder sind und wenn im betrieblichen Alltag die Belegschaft Betriebsräte und Gewerkschaften miteinander identifiziert. Der betriebliche Funktionär der Gewerkschaften ist der Vertrauensmann. Die Vertrauensmänner bzw. -frauen werden zusammengefaßt im Vertrauenskörper, der sich eine Leitung wählt. Dies gilt vornehmlich für Großbetriebe. Da die meisten Gewerkschaften in ihren Satzungen ihre organisierten Betriebsratsmitglieder qua Amt zu gewerkschaftlichen Vertrauensleuten erklären, sitzen in der Regel in der Leitung der Vertrauenskörper auch Betriebsräte. Wenn es auch in einer Reihe von Großbetrieben Auseinandersetzungen um die Trennung von Vertrauenskörperleitung und Betriebsrat gibt und eine Tendenz unübersehbar ist, die Vertrauenskörper als »Betriebsgewerkschaftsgruppe« in ihrer Politik von den Betriebsräten unabhängig zu machen, ja durch die Vertrauensleute die Betriebsräte indirekt zu kontrollieren und ihre Politik damit der gewerkschaftlichen Willensbildung zu unterwerfen, so dürfte doch in der Mehrzahl der Betriebe die gesetzlich vorgeschriebene und festgelegte Betriebsratspolitik mit der der gewerkschaftlichen Vertrauensleute übereinstimmen.

Es war gerade die vom Betriebsverfassungsgesetz von 1952 gewollte »Neutralität« des Betriebsrates als der gewählten Interessenvertretung aller Beschäftigten eines Betriebes und seine damit vom Gesetzgeber gewollte Unabhängigkeit von der Gewerkschaft, die besonders die IG Metall veranlaßte, seit Mitte der fünfziger Jahre in den Großbetrieben ein Netz gewerkschaftlicher Vertrauensleute aufzubauen.

Leitbilder des Betriebsverfassungsgesetzes (BetrVG) von 1952, waren die »Unternehmerautorität«, die »Autonomie des Betriebs« und »die ›Betriebsgemeinschaft‹, zu der sowohl der Unternehmer und seine Delegierten wie auch die Arbeitnehmer nach dieser Auffassung gehörten«. So war es, fährt Theo Pirker fort, aus dieser Sicht nicht einzusehen, »wieso die ›Betriebsgemeinschaft‹ . . . überhaupt der Mitwirkung oder gar der Mitbestimmung der Gewerkschaften innerhalb ihrer betrieblichen Ordnung bedurften. Die Gewerkschaften waren – von diesem Standpunkt aus gesehen – ganz einfach ›betriebsfremd‹«.[9]

Trotz aller Proteste der Gewerkschaften gegen diesen Zustand, ist er durch das Gesetz der sozialliberalen Koalition von 1972 fortgeschrieben worden. Die Zugangsmöglichkeiten der Gewerkschaftsfunktionäre zu den Betrieben sind begrenzt: Besuche müssen vorher beim Arbeitgeber oder seinem Vertreter angemeldet werden (§ 2,2 BetrVG 1972), auf Antrag von mindestens ¼ der Betriebsratsmitglieder können sie an Betriebsratssitzungen (§ 31) und außerdem beratend an Betriebs- oder Abteilungsversammlungen teilnehmen (§ 46). Selbst dann, wenn Unternehmer die Wahl eines Betriebsrates hintertreiben, kann die Gewerkschaft nur in Verbindung mit dem Arbeitsgericht die Einsetzung eines Wahlvorstandes erzwingen (§ 17,3).

Der Betriebsrat ist ein Repräsentativorgan, seine Amtszeit wurde immer wieder verlängert. Nach dem Betriebsrätegesetz (BRG) von 1920 betrug sie ein Jahr, nach dem BetrVG von 1952 zwei Jahre und nach dem von 1972 drei Jahre. In der Verlängerung der Amtszeit wird auch die Verfestigung des Organs Betriebsrat als Teil des sozialen Managements von Groß- und Mittelbetrieben (von 500 Beschäftigten aufwärts) sichtbar. Während seiner Amtszeit unterliegt der Betriebsrat keinerlei legislativer Kontrolle durch seine Wähler, die Betriebs- und Abteilungsversammlungen (§ 42–46) haben nur beratenden Charakter. Allerdings wurden im BetrVG von 1972 Anhörungs- und Beschwerderechte des einzelnen Betriebsangehörigen neu ins Gesetz aufgenommen (§ 82–86), die zumindest eine unmittelbarere Kommunikation zwischen Belegschaft und Betriebsräten befördern könnten.

Als »Organ der Betriebsgemeinschaft« war der Betriebsrat nach dem Gesetz von 1952 zum Wohl des Betriebes zum vertrauensvollen Zusammenwirken mit dem Arbeitgeber verpflichtet (§ 49,1). Daraus folgerte sowohl das Verbot von Arbeitskampfmaßnahmen (§ 49,2) als auch die Schweigepflicht der Betriebsräte über »Betriebs- und Geschäftsgeheimnisse« (§ 55), in den §§ 2,1, 74,2 und 79 des Gesetzes von 1972 sind auch diese Grundsätze über die Betriebsratstätigkeit fortgeschrieben worden.

Da dem Betriebsrat eine direkte Mobilisierung der Belegschaft zur Durchsetzung seiner oder ihrer Forderungen ausdrücklich verboten ist, bleibt ihm nur der Weg der Verhandlung mit der Unternehmensleitung, um betriebliche Konflikte zu lösen. Dies führt zwangsläufig zu einer auch juristischen Spezialisierung der einzelnen Betriebsratsmitglieder auf dem Gebiet des Kündigungsrechts, der Arbeitssicherheit, der Berufsausbildung und der sozialen Angelegenheiten, bei denen die Betriebsräte ein Mitbestimmungs- bzw. Mitwirkungsrecht haben. Insgesamt führt dies zur Professionalisierung der Betriebsratstätigkeit; die bekannten »Berufsbetriebsräte« sind die unvermeidliche Folge dieser gesetzlichen Regelung der betrieblichen Vertretung der Belegschaftsinteressen. Diese Entwicklungstendenz der Institution Betriebsrat hat bereits Brigl-Matthiaß 1926 prognostiziert. Er verband dabei das Problem der spezialisierten Betriebsrätetätigkeit mit der Fragestellung, inwieweit Betriebsräte als »Führer« der Belegschaft deren Willen angemessen zum Ausdruck bringen:

»Das demokratische Prinzip fordert eine möglichst weitgehende Identität von Führer- und Massenwillen, fordert Laienverwaltung und ehrenamtliche nichtberufliche Besetzung der Führerstellen. Ideologisch sollen diese Prinzipien im Betriebsrätewesen verwirklicht sein und der Betriebsrat soll, in seinem eigentlichen Arbeitsverhältnis und in unmittelbarer Fühlung mit der Belegschaft verbleibend, der Gefahr einer hierarchisch-bürokratischen Gestaltung, wie sie das Berufsführertum der Gewerkschaften aufweist, entgehen. Tatsächlich jedoch haben sich die Betriebsräte dieser Gefahr häufig nicht entziehen können, und selbst zur Überwindung der kapitalistischen Verwaltungsbürokratie bestimmt, sind auch sie den diesbezüglichen Rationalisierungstendenzen unterlegen. Die Feststellung Max Weber's, daß ›die Beherrschten sich einer bestehenden bürokratischen Herrschaft normalerweise nur erwehren können durch Schaffung einer eigenen, ebenso der Bürokratisierung ausgesetzten Gegenorganisation‹, und daß man sich durch alle scheinbar antibürokratischen Instanzen, wie kollegiale Interessenvertretung und anderes nicht darüber täuschen lassen dürfe, daß *jede kontinuierliche Arbeit durch Beamte in Büros erfolge,* hat im Betriebsrätewesen ihre erneute, typische Bestätigung gefunden. Naturgemäß zunächst und am schärfsten ausgeprägt in Großbetrieben, ist der Betriebsrat durch seine wachsende Arbeitslast, durch die Mannigfaltigkeit der zu lösenden Aufgaben, durch die Erfordernis des Fachwissens und durch die Notwendigkeit, kontinuierliche Arbeit zu leisten, dazu gezwungen worden, sich arbeitsteilig bürokratisch zu organisieren. Je nach dem Entgegenkommen der Werksleitung ist in großen und mittleren Betrieben der gesamte Betriebsausschuß oder ein Teil seiner Mitglieder von der produktiven Arbeit ganz freigestellt. Diese Mitglieder üben ihr Amt dann gleichsam hauptberuflich aus und auch der Umstand, daß sie betriebstechnisch und lohntechnisch weiter in ihrem alten Arbeitsverhältnis geführt werden, vermag an dem hauptberuflichen Charakter ihrer Tätigkeit nichts zu ändern.«[10]

Die Frage nach der Identität von »Führer- und Massenwillen« verweist auf die Rätebewegung, die wichtigste Wurzel der Institution Betriebsrat, die 1926, als Brigl-Matthiaß dies publizierte, noch im allgemeinen Bewußtsein war.

Die Novemberrevolution von 1918, die vor allem von der Arbeiterklasse getragen wurde, brachte nicht nur die erste deutsche Republik, sie setzte auch die Anerkennung der Gewerkschaften seitens der Großindustrie und ihrer Verbände durch. Auf betrieblicher Ebene bildeten sich Arbeiterräte, sie waren die direkt gewählten Organe einer spontanen Massenbewegung, die 1918/19 Millionen von Industriearbeiter in Berlin, dem Ruhrgebiet und den Industriezentren Sachsens erfaßte und in der die Sozialisierung der Schlüsselindustrien und eine wirtschaftliche Räteverfassung gefordert wurden. Mit diesen Forderungen stand die »Rätebewegung« auch im Gegensatz zur Politik der Gewerkschaftsvorstände, die im November 1918 mit den Unternehmerverbänden ein »Arbeitsgemeinschafts-Abkommen« geschlossen hatten, durch das die Gewerkschaften glaubten, eine gleichberechtigte »paritätische Beteiligung« am Neuaufbau und der Neuordnung der deutschen Wirtschaft nach dem Ersten Weltkrieg erreicht zu haben. Dies erwies sich als Illusion. Immerhin war die

»Rätebewegung« so stark, daß sie mit Massenstreiks eine gesetzliche Verankerung der Betriebsräte erzwang. Das Ergebnis war das Betriebsrätegesetz (BRG) von 1920, das diese Bewegung juristisch kanalisierte und den Aufgabenbereich der Betriebsräte auf die Kontrolle der Tarifverträge und die Schlichtung betrieblicher Konflikte beschränkte.[11]

Bereits in der Weimarer Republik hat die unternehmerische Betriebsrätepolitik die betriebsbezogene Schlichtungsfunktion der Institution Betriebsrat bewußt gefördert. Eine spezifische Betriebsrätepolitik hat der Wirtschaftspublizist Josef Winschuh im Rahmen seiner Konzeption einer »Werks-(Arbeits-)politik« entwickelt, die er 1923 publizierte. Winschuh behandelte alle Fragen der Betriebsratstätigkeit im Zusammenhang mit den praktischen Aufgaben unternehmerischer Arbeitspolitik, dazu gehören:

– die Zurückdrängung einer dem Unternehmer nicht zusagenden Gewerkschaftsrichtung im Betrieb »mit Hilfe eines ihm genehmen Betriebsrates«. (S. 257)

– Einschieben eines »Fachmannes als Instanz, als Sieb- und Auffangapparat zwischen die Werksleitung und den Betriebsrat« (S. 275). Winschuh nennt diesen Fachmann »Sozialsekretär«, dessen Aufgabe es ist, sich systematisch um die Betriebsräte zu kümmern und vor allem den Vorsitzenden stets genau zu kennen und sachlich mit ihm umzugehen. Winschuh legt großen Wert auf das korrekte und »tadellose Behandeln von Arbeitern im persönlichen Umgang«, er sieht klar den Zusammenhang von Verhandlungsstil und Verhandlungsinhalten (S. 276).

– »Es ist zweckmäßig, den Betriebsratsvorsitzenden in Betrieben von bestimmter Größe von der Arbeit freizustellen. Es hat keinen Wert, hierbei streng nach dem Buchstaben des Gesetzes . . . zu verfahren. Ein Betriebsratsvorsitzender, der produktiv tätig sein muß, läuft ja doch dauernd von seiner Arbeit weg. Er stört den Produktionsprozeß, vorzüglich in der Kolonnenarbeit und ist verärgert und nervös, was die Verhandlungen ungünstig beeinflußt. Dagegen wird eine glatte Trennung der Funktionen, die Freistellung von der Arbeit, in den meisten Fällen vom Betriebsratsvorsitzenden als etwas Persönlich-Angenehmes empfunden, das er sich nicht durch allzugroßen Radikalismus, der eventuell eine Klage der Firma auf Erlöschen seiner Mitgliedschaft im Betriebsrat wegen gröblicher Verletzung seiner

Pflichten nach sich zieht, verscherzen möchte. Es hat keinen Zweck, an dieser Stelle zu knickern.« (S. 277f.)[12]

Die Gewerkschaften, genauer gesagt ihre Vorstände, bekämpften die Rätebewegung auf das Entschiedenste und versuchten mit allen Mitteln, die gesetzliche Verankerung der Betriebsräte als einer von den Gewerkschaften unabhängigen Betriebsvertretung der Arbeiter und Angestellten zu verhindern. Carl Legien als Vorsitzender der »Generalkommission der Gewerkschaften Deutschlands« empfand auf einer Vorständekonferenz im Februar 1919 kein Bedürfnis nach einem Rätesystem. Diese Ablehnung bezog sich natürlich in erster Linie auf den Betriebsrat als dem von der Belegschaft direkt gewählten Organ »proletarischer Betriebsführung« in einer sozialisierten Industrie, wie er in der Rätebewegung des Jahres 1919 gefordert wurde, schloß aber bereits die Form der bloß betrieblichen Interessenvertretung ein. Carl Legien sah klar die Probleme und Gefahren des Betriebsegoismus, der sich durch die Betriebsräte »naturwüchsig« Geltung verschaffen würde; denn »das Rätesystem sei überhaupt keine und jedenfalls keine leistungsfähige Organisation, ferner zersplittere es die Einheit des Berufszweiges und mache entgegen allen Gewerkschaftsanschauungen, den Lohn vor der Rentabilität des Einzelbetriebes abhängig. Alle bisherigen Gesetze der Solidarität, des Eintretens gerade für die Schwächeren und ungünstiger Gestellten hörten hier auf: Jeder nimmt für sich, was er kriegen kann. Ein Bedürfnis für das Rätesystem liege nicht vor, und auch eine organisatorische Eingliederung in den bisherigen Aufbau der Organisationen und Vertretungen der Arbeiter sei kaum denkbar.«[13]

Als die Gewerkschaften die Einführung der Betriebsräte nicht mehr verhindern konnten, setzten sie im Betriebsrätegesetz Sicherungen durch, die der Gefahr ihrer Verdrängung aus den Betrieben durch die Betriebsräte vorbauten (Kontrolle der Tarifverträge durch Betriebsräte z. B.). Sie ergriffen darüber hinaus eine ganze Reihe von Maßnahmen, um über die »Vergewerkschaftlichung des Betriebsrätewesens«[14] die Betriebsräte »in den Griff« zu bekommen. Hierzu gehörten die Erfassung der Betriebsräte durch die Gewerkschaften und die Zulassung nur einer Gewerkschaftsliste zur Betriebsratswahl.

Dennoch konnten die Gewerkschaften nicht verhindern, daß sich eine Dualität in der Interessenvertretung der Arbeiter und Angestellten entwickelte, die darauf hinauslief, daß in den Betrieben die Betriebsräte die Interessenpolitik für die Betriebsbelegschaften wahrnahmen und überbetrieblich die Gewerkschaften für die Gestaltung des Tarifvertragswesens zuständig blieben.

Ernst Fraenkel hat 1930 in seinem Aufsatz »10 Jahre Betriebsrätegesetz« die Herausbildung dieser Dualität als Folge unternehmerischer Betriebsrätepolitik beschrieben.

»Das Betriebsrätegesetz enthält zahlreiche Sicherungsbestimmungen der Gewerkschaften dagegen, daß die Organisationen durch die Betriebsräte verdrängt oder in ihrem Aufgabenkreis beeinträchtigt werden. War bei Erlaß des Betriebsrätegesetzes die Front dieser Vorschriften gegen die damals drohende Gefahr einer selbständigen Betriebsrätebewegung in erster Linie gerichtet, so haben auch diese Gesetzesnormen in den 10 Jahren ihres Bestehens einen bemerkenswerten Bedeutungswandel erlebt. In dem Maße, in dem die selbständige Betriebsrätebewegung nachließ, ein beachtenswerter politischer Faktor zu sein, wuchs das Bestreben des Unternehmertums, durch Verhandlungen mit den Betriebsräten die Gewerkschaften auszuschalten.«[15]

Diese Tendenzen der Entwicklung des »Betriebsrätewesens« in der Weimarer Republik haben sich nach 1945 verfestigt. Die mit der Freistellung begonnene unternehmerische »Anreizpolitik« für eine betriebliche Integrationspolitik der Betriebsräte wurde besonders in der Großindustrie planmäßig fortgeführt. Verständlicherweise gibt es über diese unternehmerische Betriebsrätepolitik wenig Material.

Ich kann hier nur eine Betriebsvereinbarung zwischen dem Vorstand der Volkswagen AG und dem Gesamtbetriebsrat von 1970 zitieren, nach der ab dem 1. 7. 1970:
- die Betriebsräte aller Werke freigestellt wurden,
- sie Monatslohnempfänger wurden und
- ihr Grundlohn damals ausnahmslos auf 1850,- DM festgelegt wurde, der sich dann noch nach Betriebszugehörigkeit und Funktion innerhalb des Betriebsrates differenzierte, außerdem wurden pro Monat pauschal 17 Überstunden vergütet, und die Betriebsratsspitze erhielt darüber hinaus eine zusätzliche Leistungszulage von 10%.

»Die Wertigkeit bzw. Lohneinstufung wird gemeinsam von dem Betriebsratsvorsitzenden und dem Leiter der Sozialabteilung ausge-

handelt. ⅔ aller Betriebsräte kommen somit sofort von ca. 1200,-
DM Brutto auf 2035,- DM. Insgesamt liegt die Lohnerhöhung der
Betriebsräte auf Anhieb zwischen 450,- DM und ca. 1000,-
DM.«[16]
Wichtig sind bei dieser Betriebsvereinbarung nicht die Zahlen über
die Einkommensverbesserungen der Betriebsräte, sondern der in dieser Einkommenssteigerung zum Ausdruck kommende Aufstieg vieler
Betriebsräte in die Ebene der unteren Vorgesetztenentlohnung.

Die Gewerkschaften haben die Aufspaltung ihres ursprünglich
einheitlichen Vertretungsanspruchs für die Lohnabhängigen in eine
betriebliche Interessenvertretung durch die Betriebsräte und in ihre
überbetrieblich ansetzende Tarifpolitik hingenommen. Unterbrochen durch die 12 Jahre der Nazidiktatur hat sich seit 1920 eine
Arbeitsteilung zwischen Betriebsräten und Gewerkschaftsfunktionären herausgebildet, bei der beide »Parteien« ihre wechselseitigen
Interessensphären respektieren. Da auch die Betriebsräte die Gewerkschaften bei ihrer Arbeit brauchen, z. B. in Form des außerbetrieblichen organisatorischen und politischen Rückhalts, als Träger von Schulungskursen oder als juristischen und sonstigen Beratungsdienst sind sie zu ca. 80 % selbst Gewerkschaftsmitglieder.
Aufgrund ihrer Stellung im Betrieb sorgen sie auch dafür, daß
möglichst viele Belegschaftsangehörige Gewerkschaftsmitglieder
sind und werden. Hinzu kommt, daß vor allem die freigestellten
Betriebsräte über genügend Zeit verfügen, sich aktiv an der innergewerkschaftlichen Willensbildung zu beteiligen und ehrenamtliche
Funktionen in der Gewerkschaft zu übernehmen. Deshalb können
auch nachfolgende Ergebnisse aus einer Untersuchung der »Sozialforschungsstelle Dortmund« über die Präsenz von Betriebsräten in
den Gremien der Verwaltungsstellen der IG Chemie–Papier–Keramik nicht weiter verwundern. In den Ausführungen der Dortmunder Kollegen wird das spezifische Gewicht der Betriebsräte in der
gewerkschaftlichen Organisation und Politik deutlich, das uns auch
weiterhin begegnen wird:

»Die Ergebnisse unserer eigenen Erhebung zeigen, daß in allen
Verwaltungsstellen, in denen wir betriebliche Erhebungen vorgenommen haben, die Funktionen im Verwaltungsstellenvorstand weitgehend von Betriebsräten besetzt waren und von da aus von ihnen
entscheidender Einfluß auf die Politik der Gewerkschaft am Ort aus-

geübt werden kann. Weiter kann festgestellt werden, daß die Betriebsräte, die die führenden Positionen in der Verwaltungsstelle innehaben, i. d. R. aus den Großbetrieben am Ort kommen und – meist langjährig – freigestellte Betriebsräte sind. In den meisten Verwaltungsstellen hat sich so ein Verhältnis zwischen Betriebsräten und hauptamtlichen Funktionären herausgebildet, indem sich beide Seiten bei ihren verschiedenen bürokratischen Verwaltungsaufgaben ergänzen und die wechselseitigen Machtfaktoren akzeptieren. Von ihrer dominierenden Position in den Verwaltungsstellen ausgehend, verlagert sich dann der Einfluß der Betriebsräte in die verschiedenen Organisationsinstanzen hinein. Betriebsratsvorsitzende oder Betriebsratsmitglieder wichtiger Großbetriebe haben hier – meist mehrere – Funktionen im Bezirksvorstand, in Tarifkommissionen und bezirklichen Ausschüssen. Auch der Beirat der IG Chemie–Papier–Keramik und die Mitglieder des ehrenamtlichen Hauptvorstandes rekrutieren sich aus diesem Personenkreis. Schließlich wird auch auf Gewerkschaftstagen der weit überwiegende Teil der ehrenamtlichen Delegierten von Betriebsratsmitgliedern gestellt.«[17]

1.2. Die Vertrauensleute

»Die Vertrauensleute repräsentieren die IG Metall im Betrieb, sie stellen die Verbindung der Gewerkschaftsmitglieder untereinander und zur Ortsverwaltung her.« So steht es in den »Richtlinien für die Vertrauensleutearbeit« des Vorstandes der IG Metall von 1973. Der Vertrauensmann oder die Vertrauensfrau werden von den Gewerkschaftsmitgliedern im Betrieb gewählt, organisieren sich im Vertrauenskörper und bilden, denselben Richtlinien zufolge, »im Betrieb das gewerkschaftliche Fundament«. Von der Wahl der Vertrauensleute kann dann abgesehen werden, wenn sie »aus organisatorischen Gründen noch nicht möglich« ist. Ist das der Fall, »werden Vertrauensleute für bestimmte Wirkungsbereiche von der Ortsverwaltung berufen« (Richtlinien der IG Metall für Vertrauensleutearbeit). Nach Angabe des für die Vertrauensleutearbeit zuständigen Vorstandsmitglieds Lutz Dieckerhoff in »Metall«, Heft 8/1979, wurden 1976 90,7 % der Vertrauensleute gewählt und 9,3 % ernannt.

Wenn ich mich im weiteren Verlauf meiner Arbeit bei den Einzelgewerkschaften vor allem auf Material aus dem Bereich der IG Metall stütze, so deshalb, weil die IG Metall die mit Abstand größte Gewerkschaft des DGB ist.

Bei der Vertrauensleutearbeit kommt hinzu, daß die IG Metall damit als erste Gewerkschaft nach 1952 im großen Stil begonnen hat. Da es in anderen Gewerkschaften Abweichungen vom Status der Vertrauensleute im Organisationsgefüge gibt, können die Aussagen über die IG Metall nicht einfach übertragen werden. Gemeinsam ist nur die Grundkonstellation, aus der heraus die Gewerkschaften den Aufbau ihrer Vertrauensleuteorganisation in den Betrieben betreiben. Um das Verständnis dieser Grundkonstellation soll es vor allem gehen.

Die Aufgaben der Vertrauensleute lassen sich kurz skizzieren: sie haben die Gewerkschaftsmitglieder im Betrieb über Tarifverträge, Betriebsvereinbarungen und allgemeine Fragen der Gewerkschaftspolitik zu informieren, Mitglieder zu werben und Austritten entgegenzuwirken. »Sie vertreten in ihrem Wirkungsbereich die Politik der IG Metall und sind die Verbindung zwischen Organisation und Mitgliedern« (Richtlinien). Dieser Informationsstrang von der Organisation zum Mitglied, dessen Endpunkt der Vertrauensmann bzw. die Vertrauensfrau ist, ist gekoppelt mit der Funktion eines Seismographen, die die Vertrauensleute haben: »Sie tragen Meinungen, Anregungen und Forderungen der IG-Metall-Mitglieder ihres Wirkungsbereiches der Vertrauenskörperleitung, dem Betriebsrat und der Ortsverwaltung vor« (Richtlinien). Die Vertrauenskörperleitung bündelt all diese betrieblichen Aktivitäten, »unterbreitet den Mitgliedern ... Vorschläge für die Wahl der Mitglieder zur Vertreterversammlung«, »unterstützt die Ortsverwaltung bei Tarifbewegungen und sonstigen Maßnahmen der IG Metall«, und schließlich hat der Vertrauenskörper ausdrücklich »unter Leitung der Ortsverwaltung den Wahlvorschlag der IG Metall zur Betriebsratswahl und zur Wahl der Jugendvertretung aufzustellen und zu beschließen« (Richtlinien).

Wenn auch die Gewerkschaftsmitglieder unter den Betriebsräten und Jugendvertretern automatisch als Vertrauensleute von der Gewerkschaft akzeptiert und verstanden werden, so ist die bewußte Trennung des Betriebsrats als Institution der Betriebsverfassung von der Gewerkschaft durch das BetrVG von 1952 der eigentliche Grund für den Aufbau betrieblicher Vertrauenskörper durch die IG Metall.

Dies läßt sich auch sehr gut anhand der Debatten aus den Jahren 1955/56 nachzeichnen. So hat Fritz Strothmann, für die Betriebsräte zuständiges Vorstandsmitglied, auf der 1. Bundes-Betriebsräte-Konferenz der IG Metall 1955 in Frankfurt beklagt, »daß die Tätigkeit vieler Betriebsräte nicht immer primär auf die Gewerkschaft gerichtet war und auch heute noch nicht immer auf sie gerichtet ist. Daraus ergibt sich die Folgerung, die Betriebsräte, die nur in Verbindung mit der Gewerkschaft wirken können, in Verbindung mit der Organisation zu halten und sie gewerkschaftspolitisch zu beeinflussen. Die Betriebsräte, losgelöst von den Gewerkschaften oder nur in einer mangelhaften Bindung zu diesen, öffnen dem Betriebsegoismus Tür und Tor. Das Unternehmertum versucht, diese Tendenz durch eine auf den Betrieb bezogene Sozialpolitik noch zu fördern. . . . Dieses Betriebsverfassungsgesetz ist die harte Begrenzung für die gewerkschaftspolitische Tätigkeit unserer Betriebsratskollegen. Es ist daher dringend erforderlich, daß wir bei der Zusammenarbeit zwischen Vertrauensleuten und Betriebsräten diese Begrenzungen nicht nur erkennen, sondern auch berücksichtigen. Es besteht kein Zweifel, daß im Gesamt-Betriebsgeschehen der Betriebsrat im Mittelpunkt steht, weniger die Vertrauensleute. Die Frage, ob dem Vertrauenskörper in jedem Fall gewerkschaftlich der Vorrang einzuräumen ist, möchte ich ohne Einschränkung bejahen. Die Grundlage der Gewerkschaftsarbeit ist der Betrieb, und Träger dieser Gewerkschaftsarbeit im Betrieb sind die gewerkschaftlichen Vertrauensleute, denen auch die organisierten Mitglieder des Betriebsrats zuzuzählen sind.« (Niederschrift, Seite 87 f.)

Um diese Aussagen richtig bewerten zu können, muß man sich vergegenwärtigen, daß diese Sätze vor gewerkschaftlich organisierten Betriebsräten ausgesprochen wurden. Ihnen wurde damit begründet, warum es die IG Metall für nötig hält, wenn auch in Zusammenarbeit mit ihnen – »im Mittelpunkt des Betriebsgeschehens steht der Betriebsrat« – die betriebliche Vertrauensleutearbeit zu verstärken. Es geht darum, einen von den Betriebsräten »unabhängigen« Informationsstrang von den Verwaltungsstellen zu den Betrieben zu bekommen. Dieses unabhängig muß in Anführungszeichen stehen, weil Strothmann in seinen Ausführungen immer wieder deutlich macht, daß nichts gegen die Betriebsräte unternommen werden soll, was faktisch, nachdem das BetrVG von 1952 da war, auch nur schwer möglich gewesen wäre. Trotzdem schafft natürlich der Aufbau eines gewerkschaftlichen Organisationsnetzes neben dem Betriebsrat im Betrieb Rivalitäten, Konflikte und Kompetenzstreitigkeiten.

Welche die unterschiedlichen Aufgaben von Betriebsräten und Vertrauensleuten sind, hat Heinz Dietrich auf der 2. Bundes-Betriebsräte-Konferenz der IG Metall 1958 in Mühlheim so ausgedrückt: »Die Quelle der Tätigkeit des Betriebsrates ist das Gesetz, die Quelle der Tätigkeit der Vertrauensleute aber ist die Organisation mit ihren Zielen und Forderungen. Das entscheidende Problem ist die organisatorische Festigung der Gewerkschaft im Betrieb.« (Niederschrift, S. 69)

Der Schwerpunkt der Vertrauensleutearbeit der IG Metall liegt und lag immer auf den Betrieben mit mehr als 500 Beschäftigten, in denen nach ihrem Geschäftsbericht 1974–1976 »nahezu 70% unserer Vertrauensleute arbeiten« (S. 566). Von den 121 595 Vertrauensleuten waren 6 492 in Betrieben mit 1–99 Beschäftigten, 30 463 in denen mit 100–499, 20 253 in denen mit 500–999, 40 643 in denen mit 1000–4999 und schließlich 23 744 in denen über 5000 Beschäftigten. (Ebenda) 1976 hatte die IG Metall 2 581 340 Mitglieder, somit wurden statistisch 21 Mitglieder von einem Vertrauensmann oder einer -frau betreut (90,5% Männer, 9,5% Frauen). Diese Vergleichszahlen verdeutlichen das quantitative Gewicht der Vertrauensleute in der IG Metall, die 1973 beim Vorstand der IG Metall auch eine eigene Abteilung bekamen und aus der Abteilung »Betriebsräte-Betriebsverfassungsgesetz« herausgelöst wurden.

Mit der Gefahr des »Betriebsegoismus« für die Gewerkschaftspolitik hat sich Fritz Strothmann auf dem 4. Gewerkschaftstag der IG Metall 1956 in Dortmund auseinandergesetzt. Die nachfolgenden Ausführungen bekommen ihr besonderes Gewicht dadurch, daß Strothmann über die betriebliche Aushöhlung der gewerkschaftlichen Tarifpolitik spricht. Wenn es aber um die »Tarifhoheit der Gewerkschaften« geht, dann geht es für den Gewerkschaftsapparat um Bedeutung und Bestand der Organisation, diese Sorge kommt auch deutlich zum Ausdruck. Hinzu kommt, daß das Tarifrecht auch juristisch Stellung und Funktion der Gewerkschaften als Tarifpartei des Arbeitsmarktes absichert.

Bei alledem muß man außerdem noch den biographischen Hintergrund der damaligen IG Metall-Führung berücksichtigen: Die Novemberrevolution von 1918 hatte die Durchsetzung der Gewerkschaften als Tarifpartei auch gegenüber der Großindustrie gebracht. Um die »Herren von Stahl und Kohle« zur Anerkennung der Gewerkschaften als Verhandlungspartner zu bringen, waren erst ein verlorener Krieg und eine Revolution nötig. Anfang der zwanziger Jahre gingen diese Funktionäre in die Lehre. Sie erlebten, wie mit staatlicher Zwangsschlichtung und Weltwirtschaftskrise die Tarifautonomie und die Macht der Gewerkschaften auf dem Arbeitsmarkt auf kaltem Wege beseitigt wurden, bevor 1933 die Nazis die Tarifautonomie mitsamt Gewerkschaften und demokratischer Republik zerschlugen. Sie waren verfolgt worden. Nach dem Zweiten Weltkrieg hatten sie von vorn angefangen, die Gewerkschaften wieder aufgebaut; die wirtschaftliche Neuordnung mit umfassenden Mitbestimmungsrechten der Gewerkschaften war gescheitert. Obendrein war 1952 ein BetrVG verabschiedet worden, das die Gewerkschaften zu einer »betriebsfremden Einrichtung« machte. Sollte schon wieder die Tarifautonomie auf kaltem Wege beseitigt werden, diesmal durch die Kooperation von Unternehmensspitze und Betriebsrat im Rahmen der »Betriebsgemeinschaft«?

Konnte man 1920 die Überwachung der Tarifverträge durch die Betriebsräte noch ins BRG bekommen und die Frage der »Verselbständigung der Betriebsräte« noch durch eine »Vergewerkschaftlichung der Betriebsräte« zu lösen versuchen, so reichte dieser Weg diesmal nicht mehr aus, um die Betriebsräte auch organisatorisch zu zwingen, mit den Gewerkschaften zusammenzuarbeiten. Der Gewerkschaftsapparat brauchte dafür neben den Betriebsräten *Vertrauensleute* der Gewerkschaft im Betrieb: »Zwischen Gewerkschaft einerseits und Arbeitgeberverband anderseits bestehen schon seit langem rechtliche Beziehungen, die in dem Tarifvertrag ihren formalen Ausdruck finden. Das Vorhandensein dieser Verträge läßt eine dazwischen geschaltete Einrichtung, den Betriebsrat, vom Prinzip her nicht ohne weiteres zu.«

Strothmann wiederholt hier fast wörtlich die Gedanken Legiens von 1919 vor Schaffung der Institution Betriebsrat. Es geht hier eben um das *Prinzip des Vertretungsrechts der Gewerkschaften* als Tarifpartei auf dem Arbeitsmarkt; dies wird deutlich, wenn Strothmann auf die Reichweite der Tarifverträge eingeht: »Diese Verträge treffen grundsätzlich nur Mindestregelungen, geben also auf einzelne betriebliche Notwendigkeiten in den meisten Fällen keine konkrete Antwort. Sie müssen zwangsläufig in wesentlichen Teilen an den im Einzelbereich oder in Industriezweigen gegebenen Arbeitsbedingungen vorbeigehen. Der Tarifvertrag ist nicht mehr die entscheidende Rechtsquelle zur Regelung der betrieblichen Arbeitsbedingungen, in vielen Fällen noch nicht einmal mehr der angewandten Lohnsysteme und der betrieblichen Lohnermittlung.«

Diesen Umstand machen sich die Arbeitgeber zunutze:

»Die jeweiligen betrieblichen Verhältnisse geben dem Arbeitgeber durch den Umstand, daß der Tarifvertrag nur Mindestbedingungen enthält, genügend Möglichkeiten, der Belegschaft zusätzliche Leistungen anzubieten – vor allem in der Konjunktur. Diese Leistungen, um es nochmals zusammenzufassen, unter dem Begriff der ›freiwilligen betrieblichen Sozialleistungen‹, führen in diesem Zusammenhang dazu, die Bedeutung der Tarifverträge zu verschleiern bzw. zu entwerten. Damit wird aber die Bedeutung der Gewerkschaft im Bewußtsein der Arbeitnehmer herabgesetzt. Diese Situation bringt aber häufig den Kollegen Betriebsrat in einen Konflikt zur Gewerkschaft, als deren Vertretung im Betrieb er sich in der Regel fühlt. Der Zwiespalt in der Stellung des Betriebsrates kann nicht gelöst werden durch ständigen Appell an das mehr oder weniger stark ausgeprägte Gewerkschaftsgewissen des einzelnen Kollegen im Betriebsrat . . . Der Betriebsrat wird daher häufig, ob gewollt oder ungewollt, ob bewußt oder unbewußt, in Opposition zu Gewerkschaftsmaßnahmen kommen, deren Notwendigkeit und Berechtigung er als Person, als Gewerkschafter in der Regel einsieht, die für ihn aber als Mitglied der Institution ›Betriebsrat‹ nicht realisierbar sind.«

Fritz Strothmann spricht auch die möglichen Konflikte zwischen Betriebsrat und Vertrauenskörper an. Vorsichtig kleidet er sie in das Bild einer bloß »theoretischen Möglichkeit«:

»Theoretisch ist es dem *Vertrauenskörper* durchaus möglich, eine *Kontrollfunktion über den Betriebsrat* auszuüben. Wie weit es jeweils notwendig wird, hängt in der Praxis von der Haltung der Betriebsräte selbst ab. Es ist aber, wenn man es anders ausdrücken will, eine gewerkschaftliche *Selbstkontrolle*, weil ja die Betriebsräte Mitglieder unseres Vertrauenskörpers sind . . . In allen Betrieben, in denen wir über genügend gewerkschaftlichen Einfluß verfügen, sind die *Gefahren der Entfremdung* des Betriebsrates von der Gewerkschaft gering, wenngleich wir sie nicht leugnen dürfen.« (Protokoll des 4. Gewerkschaftstages der IG Metall 1956, S. 143 ff.)

Zwischen Ortsverwaltung, Betriebsrat und Mitgliedern erfüllt der Vertrauensmann eine ausgesprochene Prellbockfunktion. Seine Stellung drängt geradezu nach einer Antwort auf die Frage nach seiner innergewerkschaftlichen Stellung. Heinz Dietrich 1958 über den gewerkschaftspolitischen Anspruch der Vertrauensleute: »Er will aber nicht nur Werkzeug sein. Schon wegen des Ansehens der Gewerkschaft bei den Kollegen im Betrieb ist es notwendig, den Vertrauensmann als Gewerkschaftsfunktionär gleichberechtigt neben das Betriebsratsmitglied zu stellen.« (Niederschrift, der 2. Bundes-Betriebsräte-Konferenz, S. 70) Kein Werkzeug sein, weder das der Ortsverwaltung noch das der Betriebsräte, genau darum geht es beim Kampf der Vertrauensleute um ihren Status in der Organisation und darum gehen die Auseinandersetzungen in der Gewerkschaft. Wenden wir uns zunächst diesen innerverbandlichen Auseinandersetzungen zu.

Auf dem 10. Gewerkschaftstag der IG Metall 1971 in Wiesbaden wurde eine Gesprächsnotiz bekannt, die ein Gespräch zwischen den Arbeitsdirektoren der Stahlindustrie, also »Mitbestimmungsfunktionären«, und dem Vorstand der IG Metall vom März 1970 betraf, und in der es um das Verhältnis von Betriebsräten und Vertrauensleuten ging. Der »Dialog« zwischen dem Arbeitsdirektor Kübel, Hüttenwerke Oberhausen AG, der als Sprecher der Arbeitsdirektoren fungierte, und Fritz Strothmann, damals noch für Betriebsräte und Vertrauensleute zuständiges Vorstandsmitglied der IG Metall, verdeutlicht die Auseinandersetzungen zwischen gewerkschaftlichen und gesetzlichen »Mandatsträgern« im Betrieb:

»Kollege *Kübel* faßt noch einmal zusammen und stellt die Frage, wo soll das alles hinführen? Wir stellen die Vertrauensleute praktisch frei. Wir räumen ihnen Versammlungsmöglichkeiten ein, und dann agieren sie! Sie nehmen die Betriebsräte mehr und mehr zu ihrer Zielscheibe. Sie prägen kein neues Bewußtsein, im Gegenteil, man macht hier im Untergrund. Kollege Kübel schilderte Beispiele, wonach der Betriebsrat Forderungen vorträgt, gegen die er sich bewußt ausgesprochen hat, die er aber, durch den Druck der Vertrauensleute gezwungen, vortragen mußte. Einige Betriebsrätemitglieder hatten es im Herbst 1969 (während der spontanen Streiks vom September 1969, M. W.) sogar nicht mehr gewagt, in ihre Betriebe zu gehen.

Man sucht offensichtlich neue Wege. Man zwingt Arbeitnehmervertreter im Aufsichtsrat, die im Investitionsausschuß sind, ihnen ohne jegliches Recht Nachrichten und Informationen aus diesen Ausschuß-Sitzungen zu übermitteln. Wohin soll das alles noch einmal führen?

Kollege *Strothmann* sagte, daß auch, wenn der Betriebsrat durch die IG Metall beherrscht sei (ausnahmslos Mitglieder der IG Metall), dieser selbstverständlich als Institution nicht die IG Metall repräsentiert. Der Repräsentant der IG Metall im Betrieb ist und bleibt der Vertrauenskörper als unterste Organisationseinheit. In ihm spielen natürlich Betriebsratsmitglieder eine führende Rolle. Es müßte uns gelingen, die Vertrauensleute politisch und gewerkschaftlich mit unserem Willen zu durchdringen. Entartungserscheinungen, die zu Lasten der Mitbestimmung gehen, eine sich abzeichnende Politisierung der Vertrauenskörper und sichtbarer Mißbrauch dieser Vertrauenskörper durch gewisse Gruppen müssen von uns sorgfältig beobachtet werden.« (Wortlaut veröffentlicht im Gewerkschafts-Spiegel, 19/1971)

Strothmanns Erwiderung macht deutlich, daß sich die gesetzlichen Mandatsträger in den Betrieben und der IG Metall-Vorstand darin einig sind, daß sich das »Werkzeug« Vertrauensmann nicht gegen sie verselbständigen darf. Diese Sorge scheint auch auf der Ebene Ortsverwaltung bei manchen Gewerkschaftsfunktionären und Betriebsräten zu bestehen, denn auf der »9. Konferenz der IG Metall für Vertrauensleute« in Nürnberg 1976 (die vorige hieß noch »für Vertrauensleute und Betriebsratsmitglieder«) wurde Kritik daran geübt, daß »der Informationsfluß zwischen Verwaltungsstelle und dem Betriebsrat besser funktioniert, als zwischen Verwaltungsstelle und Vertrauenskörperleitung« (Protokoll, S. 257).

Bis jetzt haben alle Gewerkschaftstage der IG Metall die Verankerung der Vertrauensleute in der Satzung abgelehnt. Abgelehnt wurde die Konstituierung der Vertrauenskörper als »gewerkschaftliches Organ ... das auf der Ebene der Verwaltungsstelle, auf der Ebene des Bezirks und unter Umständen auch auf Bundesebene Wirkungsmöglichkeiten im organisatorischen Bereich erhält«, so der Delegierte Wolfgang Krauss auf dem 9. Gewerkschaftstag der IG Metall 1968 (S. 440 des Protokolls). Statt dessen wurde auf diesem Gewerkschaftstag in München ein Antrag des Vorstands angenommen, der die Ortsverwaltungen verpflichtet, in den Betrieben Vertrauenskörper zu bilden (§ 14,4b der Satzung von 1975).

Lutz Dieckerhoff, seit 1973 für die Vertrauensleutearbeit zuständiges Vorstandsmitglied, begründet auf der »8. Konferenz der IG Metall für Vertrauensleute und Betriebsratsmitglieder« in Travemünde 1973 die Ablehnung, die Vertrauensleute als »gewerkschaftliches Organ« in die Satzung aufzunehmen, mit dem drohenden Funktionsverlust der örtlichen Vertreterversammlung, »denn anders könnte es doch wohl nicht sein. Und dann stelle ich die bescheidene Frage, ob das nicht aus gewerkschaftspolitischer Sicht äußerst gefährlich ist ... wir haben heute schon den Tatbestand zu verzeichnen, daß in Vertreterversammlungen, wo ein großes Unternehmen das Übergewicht hat, schon mehr oder weniger Unternehmenspolitik und nicht Politik der IG Metall gemacht wird, und wenn wir jetzt dazu übergehen, diese Entscheidungsprozesse zum mindesten zum Teil noch in die Betriebe zu verlagern, dann würde das unserer Organisation auf keinen Fall zugute kommen« (Protokoll, S. 171f.). Abschließend verweist Dieckerhoff noch darauf, daß sich die Organisation auch um die Mitglieder in den Kleinbetrieben kümmern müsse, die bei einem solchen Verfahren erst recht benachteiligt würden. In den Vertreterversammlungen säßen zu 90–95 % sowieso Vertrauensleute. Auf einer anderen Ebene taucht unübersehbar die Sorge vor dem Betriebsegoismus wieder auf. Diesen zu bekämpfen, war doch die Vertrauensleutearbeit überhaupt intensiviert worden. Das wird durch einen weiteren Vorgang unterstrichen. Auf der »9. Konferenz für Vertrauensleute« hat der 1. Bevollmächtigte der Verwaltungsstelle Hamburg, Johannes Müllner, berichtet, wie man in Hamburg den Versuch gemacht habe, eine Empfehlung in das Ortsstatut aufzunehmen, daß bei der Wahl der Ortsverwaltung durch die Vertreterversammlung »der Vorsitzende des Ausschusses für Vertrauenskörper mit berücksichtigt werden sollte ... Die Organisationsabteilung des Vorstandes meint, durch eine solche Empfehlung werde ›Sonderrecht‹ geschaffen« (Protokoll, S. 182). Durch diese Empfehlung sollte die Vertrauensleutearbeit aufgewertet werden.

Schon auf dem 5. Gewerkschaftstag der IG Metall 1958 in Nürnberg wurde ein Antrag der Verwaltungsstelle München beschlossen, der den Vorstand beauftragte, »um eine weitgehende gesetzliche Sicherung für die Vertrauensleute in den Betrieben besorgt zu sein«

(Protokoll, S. 529). 1969 schloß die IG Metall mit dem Gesamtverband der metallindustriellen Arbeitgeberverbände einen Tarifvertrag über den Schutz der Vertrauensleute ab: »Unseren Vertrauensleuten darf aus ihrer gewerkschaftlichen Tätigkeit keine Benachteiligung durch den Arbeitgeber mehr erwachsen. Die Tarifvertragsparteien müssen hinzugezogen werden, wenn es trotz des Benachteiligungsverbotes zu Streitigkeiten oder Meinungsverschiedenheiten kommt.« (Geschäftsbericht 1968-1970, S. 183)
1974 wurde dieser Tarifvertrag gekündigt und über einen neuen verhandelt, die IG Metall forderte:
»Durchführung der Vertrauensleutewahlen im Betrieb und während der Arbeitszeit, die zeitweise Freistellung der Vertrauensleute für die Arbeit in ihren Wirkungsbereichen, Sitzung des Vertrauenskörpers während der Arbeitszeit im Betrieb, zusätzliche Freistellung für die Mitglieder der Vertrauenskörperleitung, Teilnahme an Bildungsmaßnahmen der IG Metall unter Fortzahlung des Arbeitsentgeltes, Erschwerung der Kündigung von Vertrauensleuten, ohne daß dabei ein erweiterter Kündigungsschutz angestrebt wird, wie er im Betriebsverfassungsgesetz geregelt ist.« (Geschäftsbericht 1974-1976, S. 568) Mittlerweile hat das Bundes-Arbeitsgericht (BAG) die Wahl von Vertrauensleuten im Betrieb untersagt.
Die Zahl und das betriebliche Gewicht der Vertrauensleute hat sich in sie betreffenden Betriebsvereinbarungen niedergeschlagen, die der Betriebsrat mit der Unternehmensleitung getroffen hat. Nach einer Befragung der IG Metall vom Frühjahr 1974 gab es in fast der Hälfte der davon erfaßten Betriebe eine Vereinbarung über zeitweise Freistellungen von Vertrauensleuten.
Die heutigen Vertrauensleute der Gewerkschaften werden in den Richtlinien und Broschüren, die über ihre Arbeit verbreitet werden, mit ihren Vorläufern, den »Werkstatt-Vertrauensmännern« aus der Gründerzeit der Gewerkschaften verglichen. Die Konstruktion einer solchen Kontinuität kann aber nur als Legendenbildung bezeichnet werden, denn die Vertrauensmänner aus der Gründerzeit warben für ihre Verbände im Betrieb nicht nur Mitglieder; bei betrieblichen Auseinandersetzungen waren sie die anerkannten Sprecher der Gewerkschaft. Sie repräsentierten für jedermann im Betrieb »den Verband«. Betriebsräte als Institutionen der Betriebsverfassung gab es nicht, die Interessenvertretung war noch nicht gespalten, Bezugspunkte für die

Tätigkeit der damaligen Vertrauensmänner waren die Belegschaft und der Verband. Aber heute dominiert im Betrieb der Betriebsrat; als betriebliche Interessenvertretung der Belegschaft und die Vertrauensleute stehen ihm aus der Konstellation heraus immer als »Diener« oder »Herr« gegenüber. Deshalb ist der Vergleich mit den »Ahnen« eher verwirrend als hilfreich für das Verständnis der Situation der Vertrauensleute. Nur in einem Punkt ist er zutreffend: Heute wie damals gehörte Verantwortungsbereitschaft, Hartnäckigkeit und Selbstvertrauen dazu, um als »Vertrauensmann« für die Interessen der Kollegen Zeit, Energie und Mut einzusetzen. Die »schwarzen Listen« der Unternehmer waren damals wie heute ein Ehrenplatz für gewerkschaftliche Vertrauensleute.

2. Verwaltungsstelle und DGB-Kreis

Auf der betrieblichen Ebene gilt seit 1945 der Grundsatz: »Ein Betrieb, eine Gewerkschaft«. Lohnabhängige, Unternehmer und Behörden haben es auf dieser Ebene also immer nur mit einer Einzelgewerkschaft zu tun. Wie bei jedem Prinzip gibt es auch hier Ausnahmen; eine findet sich z. B. an den Universitäten und Forschungsinstituten: Dort konkurrieren ÖTV und GEW um die Mitgliedschaft der Akademiker. Der DGB hat eine Abgrenzung der Organisationsgebiete (§ 2,4h der DGB-Satzung von 1971) noch nicht vorgenommen.

Die Verwaltungsstellen der Einzelgewerkschaften sind die satzungsmäßig unterste Organisationsebene. Sie werden durch ihren jeweiligen DGB-Kreis repräsentiert.

Die Gewerkschaften sind in ihrem Organisationsnetz abhängig von der Struktur der Arbeitsplätze und ihrer Konzentration in bestimmten Regionen bzw. oft sogar Städten. So liegt es auf der Hand, daß die Mehrheit der 326 000 Mitglieder der IG Bergbau und Energie an Ruhr und Saar organisiert sind. Diese »Regionalisierung« des Gewerkschaftsaufbaus wird auch deutlich, wenn man sich die Mitgliederverteilung auf die 9 Landesbezirke des DGB ansieht:

1976 hatte der DGB 7,4 Millionen Mitglieder, davon waren allein 2,349 Millionen = 33,9 % aller Mitglieder im Landesbezirk Nordrhein-Westfalen organisiert, es folgt Baden-Württemberg mit 1,101 Millionen = 14,8 % und Bayern mit 1,017 Millionen = 13,7 %. In nur 3 Landesbezirken leben und arbeiten also über 60 % aller Mitglieder der DGB-Gewerkschaften.

Folgen die DGB-Kreise vornehmlich der Kreiseinteilung der Bundesländer, so richtet sich das Netz der Verwaltungsstellen der Einzelgewerkschaften, wie bereits gesagt, nach den Standorten und der Größe der jeweiligen »Industrien« bzw. Branchen, die von dieser Gewerkschaft erfaßt werden.

2.1. Die Verwaltungsstelle der Einzelgewerkschaften

Die Verwaltungsstelle ist die unterste Organisationsstufe, die sowohl über eine hauptamtliche Administration als auch über eine ehrenamtliche Legislative der Mitglieder verfügt.

Noch in der Satzung der IG Metall von 1972 stand der Satz: »Für einheitliche Wirtschaftsgebiete werden Verwaltungsstellen errichtet« (§ 22,1). Diese Formulierung besagt schlicht: Wo genügend Mitglieder sind, gibt es eine Verwaltungsstelle. Daraus ergab sich auch die Existenz sogenannter »Ein-Mann-Verwaltungsstellen«, wo nur ein hauptamtlicher Funktionär – besonders auf dem flachen Lande – »seine wenigen Mitglieder« betreute. 1974 wurden auf dem 11. Gewerkschaftstag der IG Metall diese Verwaltungsstellen abgeschafft. Walter Kunstmann, Delegierter aus Neumünster, beschrieb in seinem Diskussionsbeitrag die Arbeitsbedingungen dieser Funktionäre: »In der Verwaltungsstelle Neumünster liegen in einem Umkreis von ca. 50 km viele kleine Betriebe und Handwerksbetriebe, von denen wir zur Zeit ca. 30 organisiert haben und betreuen müssen ... Unsere Mitgliederzahl in der Verwaltungsstelle Neumünster liegt im Augenblick bei ca. 4000. Es könnten aber auch 7000 bis 8000 sein, wenn nicht der Bevollmächtigte bei der Bewältigung aller hiermit verbundenen Aufgaben überlastet wäre.« (Protokoll, Bd. I, S. 716)

Da die Verwaltungsstellen autonom sind und ihre örtlichen Funktionäre, die sie selbst anstellen, auch bezahlen müssen, wofür sie einen Teil des Beitragsaufkommens – ca. 25 % – behalten, können sich solche Verwaltungsstellen zwei hauptamtliche Funktionäre nicht leisten. Eine Alternative wäre die Bezahlung des benötigten 2. Hauptamtlichen durch den Vorstand gewesen, um auch die Belegschaften solcher »strukturschwacher Regionen« (vor allem keine Großbetriebe) an der innergewerkschaftlichen Willensbildung zu beteiligen.

Die Frage der Verwaltungsstellen ist eine der innergewerkschaftlichen Demokratie vor Ort. Gerade bei diesen kleinen Verwaltungsstellen geht es nicht so sehr um die Mitgliederverwaltung, die kann von einer finanzkräftigeren Großverwaltungsstelle sogar besser erfolgen. Es geht um die Möglichkeit der Mitglieder, sich aktiv, d. h. »vor Ort«, an der gewerkschaftlichen Willensbildung zu beteiligen. Der Vorstand der IG Metall stellte bei seiner Satzungsreform 1974 das Prinzip organisatorischer Rentabilität über das der innerverbandlichen Mitgliederaktivierung. Heute heißt es in der Satzung lapidar: »Für vom Vorstand abgegrenzte und festgelegte Bereiche werden Verwaltungsstellen errichtet.« (§ 14,1)

Die Konzentration der Verwaltungsstellen auf Orte mit Mitglieder verheißender Großindustrie hat eine fatale wirtschaftspolitische Blickverengung der »Großgewerkschaften« zur Folge; sie verstärken den Druck auf die Wirtschaftspolitik, bevorzugt Großbetriebe zu fördern und in der Gewerkschaftspolitik vornehmlich großbetriebliche Probleme zu behandeln. Für andere Gewerkschaften, wie z. B. BSE oder Holz und Kunststoff gilt dies nicht, da sie ihr »Mitgliederaufkommen« aus Betrieben rekrutieren, die oftmals die IG Metall nicht eines Blickes würdigt, weil ihr der Aufwand, »eine Bude« mit 100 Beschäftigten zu organisieren, zu groß erscheint.

Untersuchungen von Wolfgang Streeck zeigen, wie die Einzelgewerkschaften in den letzten Jahren systematisch eine organisatorische Rationalisierungspolitik betrieben haben. Die Mitglieder wurden z. B. mit ihrem Beitragsaufkommen EDV-mäßig erfaßt, den Einzug der Beiträge übernahm die Bank. Für das Mitglied verlagerte sich seine Beitragszahlung vom Markenkauf bei seinem Kassierer auf den Bankabruf – Gas, Strom, Miete, Gewerkschaft . . . Neben dieser Umstellung auf EDV – diese Anlagen wurden nicht zentral beim DGB eingerichtet, sondern jede Gewerkschaft baute ihre eigene auf – wurde die Zahl der Verwaltungsstellen reduziert, der Personalbestand in den einzelnen Verwaltungsstellen aber gleichzeitig erhöht. Von 1960 bis 1974 verringerte zum Beispiel die IG Metall ihre Verwaltungsstellen von 186 auf 168, die HBV von rund 200 auf 49 (1975), die Gewerkschaft Textil und Bekleidung von 136 auf 79 (1975).[18]

Die Geschäftsführung der Verwaltungsstelle wird von hauptamtlichen Funktionären ausgeübt. Bei der IG Metall ist die Leitung der

Verwaltungsstelle die Ortsverwaltung mit einem ersten Bevollmächtigten an der Spitze. Diese Orts- und Verwaltungsfunktionäre werden von der Mitglieder- bzw. Delegierten- oder Vertreterversammlung gewählt, sie bedürfen aber z. B. bei der IG Metall (§ 14,2 der Satzung von 1975) der Bestätigung des Hauptvorstandes.

»Die Zusammensetzung der Verwaltungsstellenvorstände und die an die Kandidaten gestellten Anforderungen sind unterschiedlich. Die Größe des Vorstandes schwankt zwischen 5 und 13 Mitgliedern. Damit der Vorstand seiner Aufgabe als Führungs- und Integrationsorgan gerecht wird, müssen in ihm alle Mitgliedergruppen angemessen repräsentiert sein. Die Satzungen enthalten daher Bestimmungen, die sicherstellen sollen, daß alle Personen- und Fachgruppen im Vorstand vertreten sind.«[19]

Ist der Vorstand der Verwaltungsstelle die Exekutive der örtlichen Gewerkschaft (er wird in der Regel auf drei Jahre bestellt), so sind Mitglieder- bzw. Delegierten- oder Vertreterversammlungen die gewerkschaftliche Legislative. Mitgliederversammlungen dürften heute bei den Gewerkschaften nur noch in kleinen Verwaltungsstellen stattfinden. Die Verwaltungsstellen sind entweder aufgrund der Mitgliederzahl oder flächenmäßig zu groß. Üblich sind Delegierten- oder Vertreterversammlungen. Horst Föhr hat Zusammensetzung und Wahlmodus der Delegierten in den Verwaltungsstellen der Einzelgewerkschaften verglichen:

»Die Wahl der Delegierten erfolgt entweder in örtlichen Mitgliederversammlungen der Verwaltungsstellen, den Nebenstellen oder – so bei der IG Chemie – durch die gewerkschaftlichen Vertrauensleute der Betriebe. Im letzteren Fall sind die einfachen Mitglieder nicht nur von der Teilnahme an dem entscheidenden Willensbildungsorgan auf Ortsebene ausgeschlossen, sie können auch nicht die dort vertretenden Delegierten wählen (es handelt sich hierbei um die Delegierten für die Verbandstage der Einzelgewerkschaften, M. W.), sondern sind auf die Wahl der Vertrauensleute als Wahlmänner beschränkt. Eine ähnlich mittelbare Wahl liegt bei der IG Bergbau und Energie vor, wo die Geschäftsstellenkonferenz aus den von den Vorsitzenden der Arbeiterortsgruppen und den Wahlmännern der Angestellten gewählten Delegierten besteht. Die Delegierten werden für zwei bis vier Jahre gewählt. In der Praxis scheint aber nicht immer eine echte Wahl stattzufinden. In vielen Betrieben und Nebenstellen wird überhaupt nicht mehr oder nicht mehr richtig gewählt, sondern die verdienten Kollegen fahren hin, weil sie schon immer hingefahren sind. Abwahlmöglichkeiten sind meist nicht erwähnt, aber z. B. bei der Ortsverwaltung Frankfurt der HBV können die für zwei Jahre gewählten Delegierten jederzeit nach den gleichen Grundsätzen, nach denen sie gewählt wurden, auch wieder abgewählt werden. Die Mitglieder des Verwaltungsstellenvorstandes sind meist automatisch stimmberechtigte Teilnehmer der Delegiertenversammlung.«[20]

Wenn auch die Gewerkschaften *Mitgliederverbände* sind, d. h. die legislative Willensbildung nach der Satzung und dem offiziellen Selbstverständnis bei den Mitgliedern liegt, so wird in der Praxis dieses Mitgliederrecht von Betriebsräten und gewerkschaftlichen Vertrauensleuten wahrgenommen. Die IG Chemie-Papier-Keramik hat in ihrer Satzung (§ 35,5) den gewerkschaftlichen Vertrauensleuten der Betriebe das Recht eingeräumt, die Delegierten zur Hauptversammlung der Verwaltungsstelle zu wählen. »Dieses Recht haben in allen anderen Gewerkschaften nur die Mitglieder. Satzungsrechtlich – nicht gewerkschaftspolitisch – hat deshalb der gewerkschaftliche Vertrauensmann in der IG Chemie-Papier-Keramik eine andere Qualität, weil er bereits durch seine Wahl nach unserer Satzung Träger des Mitgliederwillens ist.« (IG-Chemie-Vorstandsmitglied Paul Plumeyer, Frankfurter Rundschau 31. 3. 1979, Dokumentation)

Über die Praktiken bei der Delegiertenauswahl der Verwaltungsstelle Frankfurt der IG Metall heißt es im Leserbrief von Ulrich Kühn am 12. 4. 1979 in der Frankfurter Rundschau: »Sie (die Verwaltungsstelle, M. W.) duldet auch wissentlich, daß zum großen Teil Delegierte überhaupt nicht gewählt, sondern von Betriebsräten untereinander ausgemauschelt werden. Einzelne Mitglieder, die von ihrem Wahlrecht Gebrauch machen wollten, bekamen von Betriebsräten die zynische Antwort, daß sie das dann schon gerichtlich gegenüber der IG Metall einklagen müßten.«

Wie wirksam ist nun die Vertreter- oder Delegiertenversammlung als Instrument der gewerkschaftspolitischen Willensbildung der Mitglieder in ihrer Verwaltungsstelle, und wie effektiv ist sie als Kontrollorgan gegenüber der von ihr gewählten hauptamtlichen Ortsverwaltung? Über diese Fragen gibt es so gut wie kein empirisches Material. Horst Föhr hat aber die Satzungsbestimmungen der

einzelnen Gewerkschaften miteinander verglichen, was schon einigen Aufschluß gibt:
»In allen Satzungen ist festgehalten, daß die Mitglieder- bzw. Delegiertenversammlung das höchste willensbildende Organ der Verwaltungsstelle ist und alle endgültigen Entscheidungen über Gewerkschaftsangelegenheiten im Rahmen der Verwaltungsstelle zu treffen hat. Der Verwaltungsstellenvorstand ist dagegen offiziell nur Verwaltungsorgan, dem Aufgaben obliegen wie die Führung der Kasse, die Einberufung und Durchführung der Versammlungen, wie der Vertrauensleute- und Betriebsratswahlen, die Durchführung von Agitationsmaßnahmen, die Förderung der allgemeinen örtlichen Gewerkschaftsbewegung, die Unterstützung, Schulung und Beratung der Mitglieder, die Überwachung der Tarif- und Arbeitsbedingungen und die Bildung und Unterhaltung von Arbeitskreisen bzw. Fach-, Frauen- und Jugendgruppen. In der Praxis sieht es jedoch oft so aus, daß die Mitglieder- und Delegiertenversammlungen nur in den satzungsmäßig vorgeschriebenen Fällen, nämlich ein- bis viermal im Jahr, einberufen werden. Außerordentliche Delegiertenversammlungen können vom Verwaltungsstellenvorstand oder von einem Drittel der Delegierten einberufen werden. Es ist fraglich, ob dabei die entscheidenden Willensimpulse aus den Reihen der Mitgliedschaft kommen können. Der Verwaltungsstellenvorstand wird aufgrund seines Informationsvorsprungs durch die kontinuierliche Gewerkschaftsarbeit meist in der Lage sein, die Willensbildung der Mitglieder bzw. Delegierten in seiner Richtung zu beeinflussen. Der große Abstand der Versammlungen macht es auch schwer, konkrete Anweisungen an den Vorstand zu erteilen sowie eine effektive Kontrolle durchzuführen. Dabei spielt eine nicht unerhebliche Rolle die Amtszeit von drei bis vier Jahren, innerhalb der Abwahlmöglichkeiten nicht vorgesehen sind. Die Gewerkschaften Leder und Textil verpflichten den Vorstand, obwohl die Neuwahlen auch nur alle zwei bis drei Jahre stattfinden, jährlich einen Geschäfts- und Kassenbericht zu erstatten, der bei Textil schriftlich vorgelegt werden muß. Es ist auch zu berücksichtigen, daß die hauptamtlichen Mitglieder des Verwaltungsstellenvorstandes eine Doppelstellung innehaben. Sie sind einerseits Vertreter der Verwaltungsstellen nach außen und gegenüber den höheren gewerkschaftlichen Gremien, andererseits als Angestellte des Hauptvorstandes, dessen Weisungen unterworfen und verpflichtet,

die Anordnungen bei der Mitgliederschaft durchzusetzen. Welchen dieser beiden Aufgaben das größere Gewicht beigemessen wird, hängt weitgehend von dem einzelnen Gewerkschaftsfunktionär und der Ausübung des Weisungsrechts durch den Hauptvorstand ab. In den Satzungen wird entscheidendes Gewicht auf die Durchführung der Beschlüsse und Weisungen des Haupt- bzw. Bezirksvorstandes und nicht der Mitgliederversammlung gelegt. Nach dem Geschäftsbericht des Vorstandes der IG Metall ›leitet die Ortsverwaltung die Verwaltungsstelle im Rahmen der Satzung und unter Beachtung der vom Vorstand aufgrund der Beschlüsse von Gewerkschaftstag und Beirat gegebenen Anweisungen und Vollmachten‹. Eine Berücksichtigung und Ausführung des sich im Rahmen der Beschlüsse der Gewerkschaftstage haltenden Mitgliederwillen des Ortsverbandes wird nicht in Betracht gezogen. ... Ein Eigenleben der Verwaltungsstellen wird durch die zur Verfügung stehenden Geldmittel entscheidend bestimmt. Der Anteil der Verwaltungsstellen schwankt in den einzelnen Gewerkschaften zwischen 12 bis 25%. Die jeweilige Höhe hängt von der Größe der Verwaltungsstelle ab und ist entweder bereits in der Satzung festgelegt oder wird vom Bundesvorstand im Einvernehmen mit dem Verwaltungsstellenvorstand bestimmt. Letztere Regelung gibt dem Bundesvorstand gewisse Einflußmöglichkeiten auf die in der Verwaltungsstelle durchzuführenden Maßnahmen.«[21]

Aufgaben und Zuständigkeiten von Ortsverwaltung und Delegiertenversammlung sind in diesem Satzungsvergleich deutlich geworden. Unübersehbar ist das Gewicht der übergeordneten Instanzen bei der Festlegung der Politik der Verwaltungsstelle. Das Gewicht einer anderen Einflußgruppe wird aber nicht sichtbar: das der Betriebsräte. Das kann auch nicht anders sein, denn sie werden als spezifische Einflußgruppen formal in keiner Gewerkschaftssatzung erwähnt. (Vgl. S. 80 ff.)

Die Aussagekraft eines Satzungsvergleichs ist notwendigerweise begrenzt, der Widerspruch zwischen Verfassung und Verfassungswirklichkeit gilt auch für Gewerkschaftssatzungen. Wie die Einflußfaktoren – allgemeine Politik des Vorstandes, politische Kultur der Mitglieder, Gewicht von Betriebsräten und Vertrauenskörpern und schließlich Popularität und politische Fähigkeit des Bevollmächtigten – jeweils in den einzelnen Verwaltungsstellen aufeinander wirken, dies muß von Fall zu Fall analysiert werden. Eine Satzungsanalyse kann nur allgemein die geregelte Mechanik des Aufeinandereinwirkens dieser Faktoren aufzeigen.

Bereits jetzt wird sichtbar, welches Eigengewicht die an der Formulierung und Durchsetzung beteiligten Personengruppen und Organisationsebenen »der Gewerkschaft« für deren Politik besitzen. Dies gilt für die »Außenpolitik der Verwaltungsstelle« ebenso wie für den Zustand der innerverbandlichen Willensbildung und der damit verbundenen Personalpolitik. Diese Eigeninteressen von Personengruppen und Organisationsebenen müssen berücksichtigt werden, will man gewerkschaftliches Verbandshandeln verstehen. Hemmend wirkt sich dieser »Organisationsegoismus« in jedem Fall auf die DGB-Politik aus; angefangen beim DGB-Kreis, dem wir uns jetzt zuwenden.

2.2. Der DGB-Kreis

Die Kreise sind die unterste Organisationsstufe des Dachverbandes mit eigener Administration und Legislative. In den Jahren 1975–1977 ist die Anzahl der DGB-Kreise weiter gesunken, von 232 auf 224. »Diese Verringerung ist eine Folge der immer noch nicht abgeschlossenen Gebietsreform in den Bundesländern. Da es nach einem Beschluß des Bundesvorstandes unterhalb der politischen Kreise keine DGB-Kreise geben soll, ist eine Reihe von DGB-Kreisen zusammengelegt worden. Der Schwerpunkt der Kreiszusammenlegungen lag im Berichtszeitraum im Landesbezirk Nordrhein-Westfalen. In vielen Fällen blieben nach dem Zusammenschluß die alten Kreisgeschäftsstellen als Zweigbüros der neuen DGB-Kreise erhalten.« (DGB-Geschäftsbericht 1975–1977, S. 428)

1977 waren von 1916 Beschäftigten des DGB, 212 = 11,1 % Kreisvorsitzende, 273 = 14,2 % Rechtsschutzsekretäre, 163 = 8,5 % Organisationssekretäre, 27 = 1,4 % Jugendbildungsreferenten (vornehmlich bei den Landesbezirken beschäftigt) und 822 = 42,9 % Verwaltungsangestellte und sonstige Beschäftigte in Landesbezirken und Kreisen (Geschäftsbericht, S. 416). Diese Zahlen machen deutlich, daß der größte Teil der DGB-Beschäftigten auf der Kreisebene eingesetzt wird, die Zahlen widerlegen aber auch nachdrücklich alle Spekulationen über den »mächtigen DGB«. Diese dünne Personaldecke von »1743 Vollzeitbeschäftigten« und 249 Teilzeitbeschäftigten dürfte kaum ausreichen, als allmächtiger Planungsstab »den Umsturz« der Wirtschaftsverfassung der Bundesrepublik zu dirigieren wie es die »Gewerkschaftsdebatte« suggerieren will.

1961 hatte der DGB-Bundesvorstand Richtlinien für die Arbeit der Ortskartelle verabschiedet, die seinen Willen ausdrückten, diese Arbeit zu intensivieren. Ortskartelle können von den DGB-Kreisvorständen »nach Bedarf« im Einvernehmen mit dem Landesbezirksvorstand dort gebildet werden (§ 12,11 DGB-Satzung 1971), wo nach den Richtlinien von 1961 »mehr als 200 Gewerkschaftsmitglieder wohnen« (Geschäftsbericht DGB 1959–1961, S. 68). Ortskartelle sollten vor allem in ländlichen Bezirken und kleinen Orten die gewerkschaftlichen Organisationsverhältnisse verbessern. Der DGB-Geschäftsbericht von 1969–1971 verzeichnet bereits einen Rückgang von 2299 Ortskartellen 1969 auf 2086 1971 (S. 79), 1977 sank die Zahl auf 1457 (Geschäftsbericht 1975–1977, S. 431). In Orten mit weniger als 200 Gewerkschaftsmitgliedern sollten nach den Richtlinien von 1961 DGB-Vertrauensleute bestellt werden. Der Geschäftsbericht 1969–71 verzeichnet noch 2166 Orte mit DGB-Vertrauensleuten (S. 79), der Geschäftsbericht 1975–77 enthält keine Angaben mehr über die Vertrauensleute.

Gründe für den starken Rückgang der Zahl der Ortskartelle werden nicht genannt, man begnügt sich mit der Feststellung, daß die Arbeit von Ort zu Ort unterschiedlich ist. »Neben den unterschiedlichen Unterstützungen durch die DGB-Kreise wird die Ortskartellarbeit entscheidend durch die Aktivitäten und das Selbstverständnis des Vorstandes bzw. des Vorsitzenden geprägt.« (Geschäftsbericht DGB 1975–77, S. 431) Außerdem dürfte die Finanzierung der Ortskartellarbeit eine wichtige Rolle gespielt haben, denn der Geschäftsbericht teilt mit, daß die Mittel für diese Arbeit 1974 auf 50000 DM gesunken waren und 1977 wieder auf 300000 DM erhöht werden konnten (S. 432). Auf dem 11. Bundeskongreß des DGB 1978 in Hamburg wurden zwei Anträge abgelehnt, die die Beteiligung der Ortskartellvorsitzenden bzw. -vorstände mit beratender Stimme an den DGB-Kreisdelegiertenkonferenzen vorsahen. Auch im Auf und Ab der DGB-Ortskartellsarbeit dürften sich die Rationalisierungsmaßnahmen in der Organisation auswirken, die im Namen der Effizienz die gewerkschaftliche Administration immer mehr konzentrieren.

Auf der Ebene des DGB-Kreises sind nun die »einfachen Mitglieder« der Einzelgewerkschaften weder an der Willensbildung noch an der Auswahl der DGB-Funktionäre beteiligt. Dies ist Angelegenheit der Hauptamtlichen der Einzelgewerkschaften und der aktiven Minderheiten in den jeweiligen Personengruppen. Laut Satzung des DGB soll für die Angestellten, die Arbeiter, die Beamten, die Frauen und die Jugend jeweils ein DGB-Kreisausschuß bestehen. Die Personengruppe »Arbeiter« ist 1971 vom 3. außerordentlichen Bundeskongreß des DGB eingerichtet worden, und zwar auf Antrag der Gewerkschaft ÖTV. 1972 gab es einen Entwurf der Richtlinien für diese Personengruppenarbeit, die bis heute nicht verabschiedet sind. 1975 wurde das Referat »Arbeiter« beim DGB-Bundesvorstand hauptamtlich besetzt (Geschäftsbericht 1975–77, S. 305).

Organe der Kreise sind die Kreisdelegiertenversammlung und der Kreisvorstand. Die Kreisvorstände setzen sich zusammen aus dem hauptamtlichen Vorsitzenden, der die Geschäfte führt, je einem Vorstandsmitglied der im Bereich des Kreises vertretenen Gewerkschaften, je einem Vertreter des Kreis-Angestellten-, Kreis-Arbeiter-, Kreis-Beamten-, Kreis-Frauen- und Kreis-Jugendausschusses und höchstens drei weiteren Mitgliedern ... Der Kreisvorsitzende und die weiteren Mitglieder werden von der Kreis-Delegiertenversammlung gewählt. Die Vorstandsmitglieder der im Kreis vertretenen Gewerkschaften werden von ihrer Gewerkschaft, die Vertreter der Personengruppenausschüsse von ihren Ausschüssen benannt (§ 12,8).

Die Kreis-Delegiertenversammlung als Wahlversammlung findet alle drei Jahre statt. Auf ihr werden der Kreisvorsitzende und drei weitere Mitglieder des Kreisvorstandes gewählt. Darüber hinaus gibt es jährlich eine Kreis-Delegiertenversammlung, auf der der DGB-Kreisvorstand Rechenschaft ablegen muß. Die Delegiertenversammlung setzt sich zusammen »aus gewählten Mitgliedern der Gewerkschaften. Dabei soll die Mitgliederstruktur berücksichtigt werden. Außerdem nehmen je drei Vertreter des Kreisangestellten-, Kreisbeamten-, Kreisfrauen- und Kreisjugendausschusses mit beratender Stimme an den Kreis-Delegiertenversammlungen teil« (§ 12,4).

Nach der Satzung beinhalten die Aufgaben des DGB-Kreises, grob gesprochen, die Wahrnehmung der allgemeinen Interessen der Arbeitnehmer dieses Kreises im Rahmen der Kommunal- und Landespolitik. Er soll durch Stellungnahmen usw. die Arbeitenden vertreten. Der fragliche Passus im § 12 der DGB-Satzung, der die Aufgaben

des Kreises – und dies ist bereits bezeichnend – als Aufgaben des Kreisvorstandes definiert, lautet:
»Ziffer 9 Aufgaben der Kreisvorstände sind:
a) den Bund im Kreis zu vertreten,
b) die Unterbreitung von Vorschlägen, Stellungnahmen und Forderungen zu örtlichen, regionalen und landespolitischen Fragen, die Arbeitnehmerinteressen berühren,
c) alle gemeinsamen gewerkschaftlichen und organisatorischen Aufgaben im Kreis zu behandeln und Anträge an den Landesbezirk und an den Bund zu stellen,
d) die Weisungen vom Bundesvorstand und Landesbezirksvorstand durchzuführen,
e) die Gewerkschaften bei der Erfüllung ihrer Aufgaben zu unterstützen.«

Dem DGB-Kreis zugeordnet sind die Rechtsstellen des DGB, die für die kleineren Einzelgewerkschaften – die größeren Einzelgewerkschaften verfügen in der Regel über eigene Rechtsschutzsekretäre – die Mitglieder bei arbeits- und sozialrechtlichen Auseinandersetzungen vor den Arbeitsgerichten vertreten.

Bereits für die Kreisebene gilt, was Rolf Seitenzahl als grundlegend für die Beziehungen zwischen Einzelgewerkschaften und DGB formuliert hat:

»Die – wenn man es so nennen will – Macht liegt bei den Einzelgewerkschaften, der DGB als übergreifende Dachorganisation ist dagegen mehr ein Repräsentationsorgan, also verhältnismäßig schwach. Das ist kein Geheimnis. Aber auch die verschiedenen Einzelgewerkschaften verfolgen aufgrund einer gewissen – schon wegen des Organisationsprinzips vorhandenen – Heterogenität teilweise, sicherlich zwangsläufig, verschiedene Einzelinteressen. Es gibt organisatorische Besitzstandsreibereien. Persönliche Rivalitäten und Publikumserfolgsneide kommen wie überall, auch hier vor. Selbst innerhalb einer einzelnen Gewerkschaft bzw. der DGB-Vorstandsverwaltung ist nicht auszuschließen, daß Interessendisparitäten aufbrechen (etwa Ressortegoismus, der dazu führt, daß Informationen abgeblockt werden).«[22]

Einen Beleg dafür sieht er im Verhalten der Einzelgewerkschaften untereinander bei Betriebs- und damit Organisationswechsel eines »ihrer Mitglieder«. Koordination gibt es nicht. Das unkoordinierte

Vorgehen gegen den Mitgliederschwund durch Fluktuation beispielsweise erklärt er damit, daß die Einheitsgewerkschaft ja keine »Einheitsbewegung« ist; denn »bei deren Vorhandensein wäre es nämlich belangloser, in welcher Einzelgewerkschaft jemand organisiert ist . . . Nicht von ungefähr wird von den Gewerkschaften des öfteren ein nicht unerheblicher Mitgliederverlust durch Orts-, Firmen- und Berufszweigwechsel von eigentlich gewerkschaftlich Organisierten beklagt. Die ›Überführung‹ eines Gewerkschafters von einem Organisationsbereich in einen anderen Organisationsbereich wird mitunter offenbar nur mangelhaft durchgeführt. Diejenigen lokalen und regionalen einzelgewerkschaftlichen Verwaltungseinheiten, aus deren Organisationsbereich ein Mitglied ausscheidet, scheinen manchmal dem Motto ›aus den Augen, aus dem Sinn‹ zu folgen, indem ihr Interesse an gewerkschaftlicher Mitgliedschaft des Arbeitnehmers dann erlischt, wenn er durch seine Mobilität organisatorisch einer anderen Einzelgewerkschaft ›begleitend‹ zugeführt werden müßte.«[23]

3. Die Bezirke der Einzelgewerkschaften und die Landesbezirke des DGB

3.1. Die Bezirke der Einzelgewerkschaften

Bei den Einzelgewerkschaften gibt es zwischen Verwaltungsstelle und Hauptvorstand als eigene Organisationsebene die Bezirke. Die Bezirke der Einzelgewerkschaften und die Landesbezirke des DGB sind räumlich nicht identisch. Sie folgen auch nicht immer den Landesgrenzen, sondern umfassen mehrere Länder. So ist die Bezirksleitung Hamburg der IG Metall beispielsweise zuständig für Hamburg, Schleswig-Holstein, Bremen und Teile von Niedersachsen. Es gibt jedoch auch mitunter mehrere Bezirke in einem Bundesland, so bei der IG Metall in Nordrhein-Westfalen mit den vier Bezirken Köln, Essen, Münster und Hagen. Für die Einzelgewerkschaften ist die Ebene der Bezirke organisationspolitisch von großer Bedeutung. Von den Bezirken aus werden die Tarifverhandlungen geführt, die über eine eigenständige Tarifkommission abgewickelt werden. Die Bezirke koordinieren und kontrollieren die Verwaltungsstellen ihres Bereichs.

3.2. Bezirksvorstand und Bezirkskonferenz

Bevor ich auf die innerorganisatorisch bedeutsamen Tarifkommissionen und den hauptamtlichen, vom Vorstand angestellten Bezirksleiter eingehe, seien die Ergebnisse von Horst Föhrs Satzungsanalyse über die Zusammensetzung der Bezirksvorstände mitgeteilt:

»Er besteht meist aus dem hauptamtlichen Bezirksleiter als Bezirksvorsitzenden, dessen ein bis zwei Stellvertretern und einer variierenden Zahl von ehrenamtlichen Mitgliedern, die zwischen 5 bis 15 schwankt. Bei der ÖTV beträgt die Anzahl der Beisitzer sogar je nach der Größe des Bezirks 25 bis 30. Vorsitzende oder Vertreter der Arbeiter-, Angestellten-, Beamten-, Frauen- und Jugendgruppen des Bezirks haben meist daneben Sitz und Stimme im Bezirksvorstand, wenn sie nicht bei den Beisitzern bereits berücksichtigt wurden ... Bei der IG Bau nehmen noch dazu die Mitglieder des Gewerkschaftsbeirates des Bezirks, die nicht in den Bezirksvorstand gewählt wurden, bei der IG Metall und der IG Chemie die Bezirkssekretäre mit Sitz und Stimme an den Bezirksvorstandssitzungen teil ... In den meisten Gewerkschaften wird der gesamte Bezirksvorstand ohne in der Satzung festgelegte Mitwirkung des Hauptvorstandes von der Bezirksversammlung gewählt und bedarf auch zur Amtsausübung keiner Bestätigung. In anderen Gewerkschaften hat der Hauptvorstand dagegen bei Bezirksleiter und Bezirkssekretär ein erhebliches Mitbestimmungsrecht, und teilweise bedarf sogar der gesamte Bezirksvorstand der Bestätigung des Hauptvorstandes ... Die Amtsdauer der Bezirksvorstände schwankt je nach dem Abstand der Gewerkschaftstage, nach denen sich auch die unteren Gliederungen ausrichten, zwischen drei und vier Jahren.«

Abschließend bemerkt Horst Föhr:

»Notwendig ist auch hier zu wissen, wie sich diese Bestimmungen in der Praxis auswirken, wie z. B. das Vorschlagsrecht ausgeübt wird, wie oft eine Bestätigung versagt wird, wie oft eine Wiederwahl stattfindet usw. Empirisches Material liegt jedoch nicht vor und konnte nicht im Rahmen dieser Arbeit erarbeitet werden.«[24]

Nach der Satzung der IG Metall (§ 16,2) besteht die Bezirksleitung aus »dem Bezirksleiter, der Bezirkskommission und den Bezirkssekretären«. Bei der IG Metall wird nur die Bezirkskommission von der Bezirkskonferenz gewählt. Sie hat die Aufgabe, neben der Beratung der Bezirksleitung, der Prüfung der Bezirkskasse und der Sicherung der Bewerbungen für die Stellen des Bezirksleiters und der Bezirkssekretäre vor allem auch »Beschwerden über die Tätigkeit des Bezirksleiters entgegenzunehmen, zu untersuchen und über das Ergebnis dem Vorstand Bericht zu erstatten. Die Entscheidung über die Beschwerde trifft der Vorstand« (§ 16,5c). Es findet sich in der Satzung und auch in sonstigen Publikationen der IG Metall, beispielsweise in dem »Handbuch für die Vertrauensleute der IG Metall«, in dem der organisatorische Aufbau der IG Metall dargestellt ist, kein Hinweis darauf, ob die fünf Mitglieder der Bezirkskommission ehrenamtliche Funktionäre sein müssen oder ob sie sich auch aus dem Kreis der Bevollmächtigten der Verwaltungsstellen des Bezirks zusammensetzen dürfen.

Dies vorausgeschickt kann man sagen, daß die Bezirks- bzw. Landesbezirksvorstände der Einzelgewerkschaften auf der Bezirkskonferenz oder dem Bezirkstag gewählt werden. Diese Konferenzen setzen sich zusammen aus den »in den Verwaltungsstellen gewählten Delegierten«. Ebenfalls stimmberechtigt ist teilweise der Bezirksvorstand, »während er in anderen Gewerkschaften nur beratend am Bezirkstag teilnimmt«. Bei der IG Metall nehmen beratend noch die Bezirksleiter, die Bezirkskommission, die Bezirkssekretäre sowie die gewählten Mitglieder des Beirates und die Vorsitzenden des Angestellten-, Frauen-, Handwerks- und Jugendausschusses an der Bezirkskonferenz teil (§ 17,5 der Satzung von 1975).

Interessant für die Beurteilung der innergewerkschaftlichen Willensbildung ist auch die Dauer des Mandats und die Repräsentation der Mitglieder des Bezirks durch die Delegierten. Der § 17,7, der die Zusammensetzung der Bezirkskonferenz in der Satzung der IG Metall regelt, enthält keine Bestimmungen darüber, ob als Delegierte zur Bezirkskonferenz hauptamtliche Funktionäre zugelassen sind oder nicht.

Die Dauer des Mandats richtet sich nach den Abständen, in denen ordentliche Gewerkschaftstage stattfinden. Die Delegierten nehmen während der Dauer dieses Mandats an allen Bezirkskonferenzen teil. Der Delegiertenschlüssel, nach dem in den einzelnen Verwaltungsstellen des Bezirks die Delegierten gewählt werden, wird in der Regel in der Satzung festgelegt. Die Bezirkskonferenz ist im wesentlichen ein Beratungsorgan, wo die Gewerkschaftspolitik für den Bezirk, besonders die Tarifpolitik diskutiert wird. Die Konferenz hat Antragsrecht an die Bezirksleitung und an den Vorstand. Die IG Metall benutzte die Bezirkskonferenzen in den letzten Jahren, um von Vorstandsmitgliedern referierte Schwerpunktthemen der Verbandspolitik auf den Konferenzen zur Sprache zu bringen (1974: »Gegen Unternehmerwillkür – für mehr Demokratie«, 1976: »IG Metall – Soziale Sicherheit durch Solidarität«, Geschäftsbericht 1974–1976, S. 265). Auf diese Weise nutzte der Vorstand die Konferenzen, um über bestimmte Themen, die er einer Schlüsselgruppe von Funktionären und ehrenamtlichen Aktivisten vortrug, die Verbandsmeinung zu bestimmten Fragen zu »vereinheitlichen«.

3.3. Der Bezirksleiter

Über die Bedeutung der Bezirksleiter für die Durchführung der Gewerkschaftspolitik gibt am besten die Satzung der IG Metall in § 16, 3 und 4 Auskunft:

Abschnitt 3: »Die Geschäftsführung in den Bezirken liegt bei den vom Vorstand angestellten Bezirksleitern. Zur Unterstützung der Bezirksleiter werden vom Vorstand Bezirkssekretäre und weitere Mitarbeiter angestellt. Die Stellen der Bezirksleiter und der Bezirkssekretäre können vom Vorstand zur allgemeinen Bewerbung ausgeschrieben werden.«

Abschnitt 4: »Die Bezirksleiter sind in den Bezirken die Beauftragten des Vorstandes, nach dessen Weisungen sie ihre Tätigkeit ausüben.«

Im Zusammenhang mit der Tarifbewegung 1978 der IG Metall hat deren Vorsitzender Eugen Loderer in einem SPIEGEL-Gespräch diese Funktionsbeschreibung der Bezirksleiter aus der Satzung noch einmal nachdrücklich unterstrichen:

»SPIEGEL: Herr Loderer, Ihr Kollege Franz Steinkühler, der Leiter des IG-Metall-Bezirks Baden-Württemberg, hat in den letzten Wochen eine überaus prominente und publikumswirksame Rolle gespielt. Manche Kritiker vermuten, daß Steinkühler und andere, jüngere Kollegen der Gewerkschaftsbewegung inzwischen den Kurs der IG Metall bestimmen und die Gewerkschaftsführung zu einer forschen Gangart zwingen. Was ist richtig an dieser Kritik?
Loderer: Nichts. Das ist eine grobe Fehleinschätzung der tatsächli-

chen Situation. Ein Gewerkschaftsvorsitzender kann sich doch nur freuen, wenn er Bezirksleiter hat – Bezirksleiter sind übrigens Angestellte des Vorstands –, die aktiv und erfolgreich für die Interessen der Organisation kämpfen. Und das tun sie alle.«[25]
Satzungsrechtlich ist der Bezirksleiter Angestellter des Vorstandes. Die Satzungsbestimmungen der IG Metall machen überdeutlich, welche ihre Funktion für die Arbeit des Gewerkschaftsapparates ist: Sie haben in ihren Bezirken sicherzustellen, daß die Vorstandspolitik umgesetzt wird und die Gewerkschaft in möglichst einheitlicher und geschlossener Form agiert.

Gewerkschaftspolitisch ist aber der Bezirksleiter nicht nur »nachgeordnete Verwaltungsinstanz« des Vorstands, in seine Kompetenz fällt auch die »Durchführung von Tarif-, Lohn- und Gehaltsbewegungen« (§ 16,4b der IG-Metall-Satzung). In der von ihm gebildeten Tarifkommission sitzen die gewichtigsten Betriebsräte und Leiter von Vertrauenskörpern seines Bezirks; sie konfrontieren den Vorstand mit den Forderungen und Stimmungen »der Basis«. Die wichtigste Aufgabe des Bezirksleiters ist es, aus den Forderungen von unten und der jeweiligen tarifpolitischen Konzeption des Vorstands die von oben und unten getragene bezirkliche Tarifpolitik zu formulieren. Die eingangs zitierten Satzungsbestimmungen schreiben nur verbindlich fest, daß bei schwerwiegenden Konflikten die Bezirksleiter den Weisungen des Vorstandes zu folgen haben: Im Zweifel gilt das vom jeweiligen Vorstand repräsentierte Gesamtinteresse der Organisation gegen jeglichen Bezirks- oder Lokalegoismus.

Um die Stellung des Bezirksleiters im formalen Aufbau der Gewerkschaften zu verstehen, muß man auf die Entstehung dieser Institution in den deutschen Gewerkschaften zurückgehen. Die Gründe für den Einbau der Bezirks-(Gau-)ebene in die gewerkschaftliche Organisationsstruktur und die Schaffung der »Gauleiter« als »besonderer Beamtengruppe« unter den Gewerkschaftsfunktionären finden sich in der historischen Entwicklung.

»Eine Eigenart der deutschen Gewerkschaften ist, daß sie von wenig Ausnahmen (Bergarbeiter, Solinger Metallarbeiter) abgesehen, keine Gewerkschaftsbildung für kleine Gebiete kannten, sondern von vornherein auf die einheitliche Organisation für das ganze Reich zusteuerten. Man wundert sich in gewerkschaftlichen Kreisen häufig selbst über diese Entwicklung, über diesen Zentralismus im dezentralisierten Deutschland. Er ist wohl daraus zu erklären, daß die deutsche Sozialdemokratie und damit das politische Denken der Arbeiterschaft von vornherein auf ein einheitliches Deutschland gerichtet war. Dadurch haben die Wirtschaftsgebiete in der deutschen Arbeiterschaft nie die große Rolle spielen können wie in England. Ferner dürfte auch hier, wie auf so vielen Gebieten der gewerkschaftlichen Entwicklung in Deutschland, die militärische Erziehung der deutschen Arbeiterschaft eine Rolle gespielt haben. Die Gewerkschaften fingen zeitig an, ihr Gebiet in Provinzen aufzuteilen. Um 1900 hatte sich das Prinzip der Gaueinteilung, wenn auch auf sehr verschiedene Weise, bereits überall durchgesetzt und damit auch das Prinzip, einen besoldeten Gauleiter anzustellen. Anders als die englischen Gewerkschaften, in denen der föderative Zusammenschluß selbständiger Organisationen bedeutsam ist, haben sich die deutschen Gewerkschaften nicht die Organisation des Reiches, sondern die des Staates zum Vorbild genommen und haben, ohne diese Ähnlichkeit selbst bewußt zu sehen, dem Gauleiter die typische Doppelstellung des preußischen Landrates gegeben, der bekanntlich sowohl Staats- als Kommunalbeamtenfunktionen wahrzunehmen hat. Ganz gleichgültig, ob der Gauleiter vom Gau gewählt und vom Vorstand bestätigt wird oder ob ihn die zentralen Verbandsinstanzen wählen, ist er zur gleichen Zeit Vertreter des Vorstandes des Gesamtinteresses in seinem Gau und Sprecher für die bezirklichen Interessen gegenüber der Zentrale. Die Verschiedenheiten der rechtlichen Abhängigkeit spielen kaum eine Rolle gegenüber dem Geist, der in dieser Beamtengruppe, die sich in jedem Verband als eine Einheit fühlt, lebt. Auch sind die Vorschriften in der Praxis für das Verhältnis zwischen dem Gauvorsteher und dem ihm beigegebenen Ausschuß, oft Gauvorstand genannt, unerheblich. Der oder die, häufig sind es zwei, Gauvorsteher haben als berufsmäßige Vertreter in Deutschland allgemein ein starkes Übergewicht über den ehrenamtlichen Gauvorstand, genau wie die besoldeten Hauptvorstandsmitglieder über die ehrenamtlichen.«[26]

Die Bezirksleitungen als die Schaltstellen zwischen Hauptvorstand und Verwaltungsstellen wurden eingerichtet von oben nach unten. Dieser Prozeß der Installierung der Bezirke und der Bezirksleiter seitens der jeweiligen Vorstände der Einzelgewerkschaften ist nur zu verstehen, wenn man berücksichtigt, daß die gewerkschaftlichen Ortsvereine sich am Anfang das ganze Deutsche Reich umfassende

Verbände schufen. Ortsverein und Verbandsspitze waren die ersten auch hauptamtlich besetzten Organisationsebenen. Als sich die Mitgliederzahlen der Verbände erhöhten, wurde die Abstimmung zwischen Ortsverein und Verbandsspitze immer zeitaufwendiger; dies galt natürlich auch umgekehrt. So wuchs das Bedürfnis nach einer Schaltstelle zwischen Verbandsspitze und Lokalorganisation. Es ging aber nicht nur darum, eine administrative Instanz einzurichten, sondern die Bezirksleiter sollten auch in ihren Bezirken als »Agitatoren« das Wachstum der Organisation fördern:

»Ursprünglich waren die Gauvorsteher im wesentlichen Agitatoren. In der Zeit des Zusammenschlusses der Mitglieder suchten die deutschen Gewerkschaften durch bezirkliche Agitationskommissionen alle Möglichkeiten für die Weiterausbildung der Organisationen, für die Gewinnung neuer Mitglieder, der Gründung neuer Zahlstellen zu nutzen. Die Überleitung des größeren Teiles dieser ehrenamtlichen Agitationsarbeit auf eine besoldete Kraft stellt in der zweiten Hälfte der 90er Jahre das Entstehen der Einrichtung des Gauvorstehers dar. Um dieselbe Zeit entwickelte sich der Tarifvertrag, und der Gauvorsteher wurde damit zugleich nicht nur Agitator, sondern auch *Spezialist für Lohnbewegungen*. Der Hauptvorstand braucht in dem Maße, wie Lohnbewegungen für die Verbandskasse wichtiger wurden, eine Persönlichkeit, die die Verhältnisse aus eigener Anschauung kannte und ihnen doch objektiv genug gegenüberstand, um eine nüchterne und sachgemäße Schilderung zu geben. Und man brauchte ferner Menschen, die nicht nur dieses sachliche Urteil abgeben konnten, sondern auch imstande waren, die Verhandlungen mit den Arbeitgebern besser zu führen als die örtlichen Vorstände, weil sie intellektuell höher standen und größere Erfahrung besaßen. So wurde der Gauvorsteher der Agitator und Lohnbewegungsspezialist für sein Gebiet und zugleich der Kommissar des Hauptvorstandes, der für Einheitlichkeit der Bewegung sorgte.«[27]

Die Doppelstellung des Bezirksleiters zwischen Hauptvorstand und Mitgliedern hat sich schon relativ früh gezeigt:

»Den Mitgliedern gegenüber ist der Gauleiter der Vertreter des Hauptvorstandes, von dem er seine Weisungen empfängt. Damit die Taktik des Verbandes sich nicht in Widersprüchen bewegt, der Hauptvorstand über die Stimmung in Mitgliederkreisen, der Gauleiter über die Absichten des Hauptvorstandes unterrichtet wird, sind entweder nach Bedarf oder regelmäßige Konferenzen der Bezirks- und Gauleiter vorgesehen.«²⁸

Der Bezirksleiter als Vertreter und Vertrauensmann des Vorstandes »vor Ort«, mit dem sich die örtlichen Funktionäre zunächst einmal in Verbindung setzen sollten, wenn sie irgendwelche Aktivitäten planten – das gehörte bereits 1914 zum Selbstverständnis »des Gewerkschaftsapparates« über die Funktionen des Bezirksleiters.

»Durch die Tätigkeit besoldeter Bezirksleiter soll den unbesoldeten Funktionären des Verbandes ihr Amt erleichtert werden. Daneben soll aber auch der Verbandsvorstand durch die Bezirksleiter eine Entlastung erfahren, d. h. ein Teil der beratenden, belehrenden, agitatorischen und organisatorischen Tätigkeit, die sonst der Verbandsvorstand auszuüben bzw. ausüben zu lassen verpflichtet war, fällt nunmehr den Bezirksleitern zu. Zumindestens haben sie aber alle diejenigen Vorarbeiten zu erledigen, die jene Tätigkeit des Verbandsvorstandes erleichtern und ihn in den Stand setzen, über die jeweilig in Betracht kommenden Verhältnisse ein richtiges Bild zu gewinnen. Soll der Bezirksleiter dieser Doppelstellung gerecht werden, so müssen die Funktionäre ihm mit Vertrauen entgegenkommen und sich zunächst an ihn wenden, wenn sie des Rates oder der Hilfe in Verwaltungs- einschließlich der Kassenangelegenheiten bedürfen, wenn Agitationsversammlungen arrangiert, Statistiken aufgenommen, Lohnbewegungen geplant, vorbereitet oder geführt werden sollen. Kurzum: in allen wichtigen Angelegenheiten wende man sich zuerst an den Bezirksleiter, da man dadurch sich selbst, dem Bezirksleiter und dem Verbandsvorstand viele doppelte Schreiberei erspart, weil bei anderer Handhabung sich erst der Verbandsvorstand an den Bezirksleiter auskunftsholend wenden muß. Bei wichtigen Anlässen, die eine Zustimmung oder ein schnelles Eingreifen des Verbandsvorstandes erfordern, soll und muß auch dieser dort benachrichtigt werden.«²⁹

In der Rolle und Funktion eines »Kommissars des Hauptvorstandes« wurde der Bezirksleiter zum Gegenstand innerverbandlicher Kritik in der ersten großen Organisationskrise der deutschen Gewerkschaften zwischen 1917 und 1920. Der links von der Mehrheitssozialdemokratie stehende Teil der deutschen Arbeiterbewegung verlangte im Zusammenhang mit dem notwendigen innerverbandlichen Umbau in den Gewerkschaften die Wahl der Bezirksleiter durch die Vertreter der Mitglieder, d. h. durch die Bezirkskonferenzen. Besonders nachdrücklich wurde diese Forderung im Deutschen Metallarbeiterverband (DMV) erhoben. Seither ist diese Forderung sporadisch immer wieder aufgetaucht.

1948 vereinigten sich die Industriegewerkschaften Metall der britischen und amerikanischen Zone. Auf dem Vereinigungs-Verbandstag wurde der Versuch unternommen, die Wahl der Bezirksleiter durch die Bezirkskonferenz in der Satzung zu verankern. Der Antragsteller, Fritz Strothmann aus Mülheim (Ruhr), begründete diese Forderung mit der Entwicklung von demokratischem Bewußtsein in der Organisation. »Je stärker wir in den Grundlagen unserer Organisation das demokratische Bewußtsein aller tätigen Mitarbeiter in der Organisation bei jedem einzelnen Mitglied entwickeln, desto größer sind die Sicherungen unseres Organisationslebens und damit auch die Erweiterung unseres politisch-wirtschaftlichen Wirkungsgrades.« Sein Antrag wurde abgelehnt. Der Berichterstatter der Antragskommission Hans Schnoor (Hamburg) begründete die Ablehnung:

»Ich weiß nicht, ob das eine demokratische Zukunftsmöglichkeit, wie sich der Vorredner ausdrückte, ist. Wir sind uns doch klar darüber, daß die Wahlangestellten unserer Organisation sich alle zwei Jahre nach dem Stande des Verbandstages zur Wahl zu stellen haben. Der Antragsteller hat nicht gesagt, ob auch die Bezirksleiter jetzt den Wahlangestellten zugerechnet werden können, d. h. daß sie ebenfalls alle zwei Jahre zu wählen sind. Bisher waren wir einheitlich in unserer Organisation der Auffassung, daß eine solche Maßnahme nicht tunlich sei. Bisher waren wir der Auffassung, daß die Bezirksleiter Angestellte des Vorstandes sind und daß der Vorstand für die Tätigkeit der Bezirksleiter hier Rechenschaft abzugeben hat. Wollen sie aber in Zukunft die Bezirkskonferenz verantwortlich machen, daß die Bezirksleiter auf Lebenszeit gewählt werden, dann ist das eine sehr kleine demokratische Zukunftsentwicklung. Darüber hat der Antragsteller sich ausgeschwiegen, ob es sich nun um eine einmalige Wahl der Bezirksleiter handelt oder ob die Periode auf dem Verbandstag ebenfalls für die Geschäftsführer und Bevollmächtigten alle zwei Jahre erfolgen soll. Kollegen! Ein solcher Antrag rüttelt an der bisherigen Struktur unserer Organisation. Bisher war die Struktur unserer Organisation, daß wir nur Ortsverwaltungen im Vorstande hatten. Der Bezirksleiter ist der Beauftragte des Vorstandes und hat gewissermaßen die gesamte Mitgliedschaft des Vorstandes, die nicht auf der jeweiligen Bezirkskonferenz anwesend ist, zu vertreten und deren Rechte wahrzunehmen. Die Kommission ist der Meinung, um einer Reihe von Wünschen der Mitglieder Rechnung zu tragen, daß der Bezirksleiter nur nach Vereinbarung und nach den Vorschlägen der Bezirkskommission angestellt werden kann, daß es aber nach wie vor Aufgabe des Vorstandes sein muß, den Bezirksleiter zu bestellen, sonst kommen wir von einer straffen zentralistischen Führung unserer Gewerkschaft ab, und das wird nach Auffassung der Kommission der Gewerkschaft die Schlag- und Stoßkraft nehmen.« (Niederschrift der Verhandlungen, Lüdenscheid, 19.–21. 10. 1948, S. 117f.)

Diese Ausführungen sind ein Beleg für die Kontinuität von Organisationsstrukturen, die auch dann im Bewußtsein der Mitglieder überleben, wenn die Organisation selbst, wie es bei den deutschen Gewerkschaften 1933 der Fall war, zerschlagen wird. Als man nach 1945 an den »Wiederaufbau« ging (bereits das Wort ist verräterisch) (vgl. III, 1.2.), gestaltete sich der Neubau der Organisation nach den bewährten Bauplänen von gestern. Die Mehrzahl der Beteiligten hatte vermutlich von den Ursachen der Entstehung dieser Baupläne keine Vorstellung mehr. Hierin liegt eine der Voraussetzungen für die Kontinuität von Organisationsstrukturen. Das oft gehörte Argument der »Macher« in solchen Organisationen, »das haben wir schon immer so gemacht«, kennzeichnet die unreflektierte Übernahme althergebrachter Muster. Auch auf dem 10. Gewerkschaftstag der IG Metall 1971 wurde die Umwandlung des Bezirksleiterpostens in ein Wahlamt abgelehnt. 1979 war die Forderung nach der Wahl des Bezirksleiters in der IG Metall wieder da. Nach dem verlorenen Streik der IG Metall in der Eisen- und Stahlindustrie 1978/79, in dem es um den Einstieg in die 35-Stunden-Woche ging, erhoben die Vertrauensleute der Duisburger Mannesmann-Hüttenwerke diese Forderung in einer Entschließung als eine der Konsequenzen aus der Niederlage im Streik.

3.4. Die Tarifkommission

Die Tarifkommission ist das Organ der gewerkschaftlichen Willensbildung bei Tarifverhandlungen und wird auf der Ebene der Bezirke gebildet. Sie spielt bei der Vorbereitung und Durchführung der Tarifverhandlungen eine wichtige Rolle. Die Tarifkommission hat jedoch *formal* im Organisationsgefüge der Einzelgewerkschaften kein besonderes Gewicht, ihre Kompetenzen und Aufgaben werden durch Richtlinien des Vorstandes festgelegt.

Die Bedeutung der Tarifkommission besteht darin, daß sie bei Tarifverhandlungen die lokalen und Brancheninteressen wahrnehmen und gleichzeitig bündeln soll. Die Tarifkommission hat die Funktion einer Schaltstelle zwischen dem Vorstand bzw. der Bezirksleitung und den Belegschaften des Bezirks. Da bei den Einzelgewerkschaften die Lohnpolitik vor allen sonstigen gewerkschaftspolitischen Aktivitäten den Vorrang hat, ergibt sich von daher das gewerkschaftspolitische Gewicht der Bezirkstarifkommissionen. Solange jedoch keine Kampfmaßnahmen beschlossen sind und bei Streik über das ausgehandelte Ergebnis die Urabstimmung der Mitglieder entscheidet, liegt die Entscheidungskompetenz beim Vorstand, die Tarifkommission kann nur Empfehlungen aussprechen. In der Tarifkommission wird die Tarifpolitik, wie sie vom Vorstand konzipiert wurde, mit den Forderungen und Wünschen der Mitglieder abgestimmt und gleichzeitig die Mobilisierung der Mitglieder des Bezirks für die beschlossenen Forderungen koordiniert.

Die empirischen Daten über die Zusammensetzung der Tarifkommissionen und ihr Zustandekommen sind dürftig. Für die IG Metall liegen Untersuchungsergebnisse aus den 60er Jahren vor:
»›Im Geltungsbereich der Tarifverträge werden für Industrie und Handwerk getrennte Tarifkommissionen gebildet. Die Zahl der Mitglieder ... richtet sich nach der Größe und Bedeutung des Tarifvertrags und wird vom Bezirksleiter im Einvernehmen mit der Bezirkskommission festgelegt.‹ (Kommentar zur IG Metall-Satzung, M. W.) Geltungsbereich der Lohn- und Gehaltstarifverträge ist bis 1963 in aller Regel ein Tarifgebiet, das identisch ist mit dem Gebiet, in dem ein Arbeitgeberverband der Metallindustrie die Unternehmen organisiert. Ein Bezirk kann – wie etwa Stuttgart – mehrere Tarifgebiete umfassen; die Verträge werden dann (formal) zwischen der IG Metall-Bezirksleitung (Stuttgart, Frankfurt, Hamburg, München etc.) und dem jeweiligen metallindustriellen Arbeitgeberverband abgeschlossen. Für jeweils ein Tarifgebiet – nicht Bezirk – wird eine Tarifkommission gebildet, um regionale Zuständigkeiten zu schaffen. Die Zahl der Mandate und ihre Aufteilung auf die Verwaltungsstellen legt der Bezirksleiter nach einer Konsultation mit der Bezirkskommission fest. Hierbei wird die Mitgliederzahl der einzelnen Verwaltungsstel-

len als Maßstab benutzt. Jede Verwaltungsstelle erhält jedoch mindestens einen Sitz in der für sie zuständigen Tarifkommission. Für die personelle Auswahl ist der Apparat der Verwaltungsstelle, die Ortsverwaltung, zuständig; die Entscheidung, wer die Verwaltungsstelle in der Tarifkommission vertritt, liegt also nicht bei der Mitglieder- oder Vertreterversammlung. In ihrer Entscheidung über die Person des Tarifkommissionsmitglieds ist die Ortsverwaltung jedoch nicht völlig frei. Einmal schreiben die Richtlinien vor, daß ein hauptamtlicher Funktionär – der erste Bevollmächtigte als Leiter der Ortsverwaltung – Sitz in der Tarifkommission hat, wenn auf die Verwaltungsstelle nur ein Tarifkommissionsmitglied entfällt. Werden der Verwaltungsstelle mehrere Sitze zugeteilt, so muß mindestens ein hauptamtlicher Funktionär – wiederum regelmäßig der erste Bevollmächtigte – darunter sein. Für die übrigen Tarifkommissionsmitglieder einer Verwaltungsstelle gilt lediglich die Vorschrift, daß sie Betrieben angehören müssen, ›die unter den Geltungsbereich des Tarifvertrags fallen, für den die Tarifkommission zuständig ist‹. Es ist jedoch als sicher anzunehmen, daß hierbei die führenden Betriebsfunktionäre (Betriebsratsvorsitzende oder deren Stellvertreter) der bedeutenden Unternehmen im Bereich der Verwaltungsstelle aufgrund des hohen Beschäftigtenanteils Anspruch auf einen Sitz in der Tarifkommission mit Erfolg geltend machen. Damit ist die Tarifkommission in ihrer Zusammensetzung eine aus Betriebs- und Apparatfunktionären bestehende Institution, wobei meist die Betriebsfunktionäre mehr als die Hälfte der Sitze einnehmen. Da die Betriebsfunktionäre aus Großbetrieben der Branchen der Metallindustrie kommen und zugleich die Apparatfunktionäre in der Tarifkommission versuchen, die örtlichen Divergenzen zwischen den Vorstellungen einzelner Branchen und Betriebe in ihren Verwaltungsstellen auszugleichen, entstehen nach Branchen oder Gebieten gegliederte informelle Gruppen. Innerhalb dieser einzelnen Gruppen herrschen zumeist ähnliche Auffassungen über die konkreten (Geld-, Urlaubs- oder Arbeitszeit-)Forderungen für den abzuschließenden Tarifvertrag. Die Zusammensetzung der Tarifkommission wird vom Apparat des Bezirks und der Ortsverwaltung initiiert und weitgehend festgelegt. Die Bestimmung, daß die Bezirkskonferenz die Mitglieder der Tarifkommission bestätigen muß, hat nur dekorative Bedeutung im Sinne verbandsinterner ›demokratischer‹ Legitimität durch Mehrheitsbeschluß. Entschieden wird in der Bezirkskonferenz über die Zusammensetzung der Tarifkommission nicht.«[30]

Wie sich die Tarifkommission der IG Metall im Bezirk Stuttgart aus Apparat- und Betriebsfunktionären zusammensetzt, belegt Claus Noé mit einer Aufschlüsselung der Mitglieder der drei Tarifkommissionen des Bezirks: Die erste Tarifkommission (Nord-Württemberg-–Nord-Baden) hatte 1963 57 Mitglieder, von denen 27 Betriebs- und 30 Apparatfunktionäre waren, die zweite Kommission (Süd-Württemberg–Hohenzollern) mit 23 Mitgliedern zählte neun erste Bevollmächtigte und 14 Betriebs- und Apparatfunktionäre, und bei der dritten (Süd-Baden) mit 18 Mitgliedern waren sechs erste Bevollmächtigte.[31]

Auch andere Autoren sehen die Tarifkommission als Gremium, das von dem Zusammenspiel des Gewerkschaftsapparates mit den Betriebsräten der Großbetriebe bestimmt wird. Die eigentlichen gewerkschaftlichen Betriebsfunktionäre, die Vertrauensleute, spielen in den Tarifkommissionen nur eine untergeordnete Rolle. Über die Politik der Betriebsräte in der Tarifkommission und ihr Gewicht schreiben Joachim Bergmann u. a.:

»Personell werden die Tarifkommissionen von den Betriebsräten, besonders den Betriebsräten der Großbetriebe majorisiert. Da sie die ›essentials‹ der Organisation – Mitglieder und Beiträge – sichern, verfügen sie über eine Schlüsselstellung in den lokalen Gremien, Delegiertenversammlungen und Verwaltungsstellenvorständen, die sich vermöge des generalisierten Wahlmechanismus auf die nächst höhere Organisationsebene überträgt. Zudem ist bei der Zusammensetzung der Tarifkommission aus einsichtigen Gründen die Branchen- und Betriebsgrößenstruktur zu berücksichtigen; die Betriebsräte, mit den betrieblichen Verhältnissen vertraut und als langjährige Mitglieder in den Verwaltungsstellenvorständen und den Bezirksdelegiertenkonferenzen aufgrund ›gewerkschaftlicher Verdienste‹ und ›langjähriger Erfahrungen‹, bieten sich als die geeigneten Mitglieder von Tarifkommissionen an. Die Vertrauensleute sind formell nicht in den tarifpolitischen Willensbildungsprozeß einbezogen; es besteht keine verbindliche Verpflichtung der Tarifkommissionen, ihre Entscheidungen vor den Vertrauensleuten und Mitgliedern zu rechtfertigen oder gar deren Forderungen zu übernehmen. Den Betriebsräten fällt folglich im Prozeß der Meinungsbildung in den Tarifkommissionen die entscheidende Rolle zu. Positionsbedingt neigen sie nicht zu einer militanten Lohnpolitik, die den Spielraum für eine eigenständige betriebliche Lohnpolitik einschränken und die Betriebsräte an den Rand der Auseinandersetzungen bringen würde. In den Tarifkommissionen tendieren sie daher zu ›maßvollem‹, d. h. an Durchschnittsraten des Produktivitätszuwachses orientierten Lohnforderungen. An einem niedrigen Tariflohnniveau sind freilich auch die Betriebsräte nicht interessiert. Nicht nur steht dies ihrem gewerkschaftlichen Selbstverständnis als ehrenamtliche Funktionäre entgegen, sondern, würde die Spanne zwischen Effektivverdiensten unverhältnismäßig anwachsen, dann nähme komplementär ihre Verpflichtung zu, die übertariflichen Lohnbestandteile auch in Rezessionsphasen zu sichern. Die Belegschaft würde sie mit Erwartungen konfrontieren, die sie nicht einlösen könnten.«[32]

Die Arbeitgeberverbände haben in den letzten Jahren versucht, die Tarifverhandlungen auf zentraler Ebene bundeseinheitlich durchzuführen. Dabei liefen die Verhandlungen auf Bezirksebene durchaus weiter nach dem Prinzip des Geleitzugs: bei einem Bezirk wird abgeschlossen, und die anderen schließen sich dann an. Hierbei spielt als Kompromißformel die durch die öffentliche Meinung vermittelte »Lohnleitlinie« der Wirtschaftspolitik der Bundesregierung und der verschiedenen Wirtschaftsinstitute die Rolle eines Orientierungswerts. Bei diesen Verhandlungen ist auf Arbeitgeberseite immer ein Berater von der Spitze des Arbeitgeberverbandes dabei, was bei dem »Paritätsbewußtsein« der Gewerkschaftsspitzen zu ähnlichem Verhalten führt. Durch diese Praktiken wird die bezirkliche Tarifkommissionssitzung zunehmend zur reinen Akklamationsveranstaltung.

Die diesem Verfahren entsprechende Verhandlungspraxis zwischen Tarifkommission, in der der Bezirksleiter oder sein Stellvertreter den Vorsitz hat, und Arbeitgebern zeigt folgenden Ablauf: »Aus der Großen Tarifkommission wird dann eine Verhandlungskommission gebildet, diese wiederum bildet eine weitere kleinere Verhandlungskommission, und diese Gruppe verhandelt dann mit den Unternehmern. Die Bestätigung eines eventuellen Verhandlungsergebnisses muß dann die ganzen Ebenen wieder zurücklaufen.«[33]

Die geschilderte Rolle der Tarifkommission bei der Umsetzung gewerkschaftlicher Tarifpolitik produziert in dem Moment innergewerkschaftliche Konflikte, wo die Mitglieder und Aktivisten aus den

Betrieben nicht mit dem ausgehandelten Ergebnis einverstanden sind, wie beim Stahlstreik der IG Metall 1978/79. Einen anschaulichen Bericht vom Eingreifen der Gewerkschaftsspitze in den Arbeitskampf geben die Mannesmann-Vertrauensleute in ihrer Entschließung vom 15. 2. 1979: »In diesem Arbeitskampf ist uns eine Lektion erteilt worden. Die Mitglieder der großen Tarifkommission, darunter die Bezirksleiter der vier Tarifbezirke im Einvernehmen mit den Kollegen Janzen, Mayr und Loderer, haben durch Mehrheitsbeschluß mitten im Arbeitskampf das ursprüngliche Streikziel fallengelassen.«

Sie fordern Konsequenzen und beginnen mit der Tarifkommission: »Konsequenzen für die Tarifkommission: Änderung der Zusammensetzung der großen Tarifkommission (Schlüssel der Vertretung, Anteil der hauptamtlichen Funktionäre, Art der delegierenden Betriebe); Protokoll über Sitzungen der großen Tarifkommission; Öffentlichkeit für IG Metall-Mitglieder, namentliche Abstimmung, gebunden an das Mandat.« (Die Zeit, Nr. 9/1979 vom 23. 2. 1979)

Sieht man in die »Richtlinien zur Bildung von Tarifkommissionen« der IG Metall von 1974, so versteht man die Forderung nach innerverbandlicher öffentlicher Kontrolle: »Die Diskussionen und Stellungnahmen in der Tarifkommission sind vertraulich zu behandeln, wenn der Bezirksleiter sie als vertraulich bezeichnet« (Richtlinien II, 9).

3.5. Die Landesbezirke des DGB

Der DGB hat neun Landesbezirke, die mit Ausnahme der Bezirke Nordmark (Schleswig-Holstein, Hamburg, Nordniedersachsen und Niedersachsen/Bremen) den Bundesländern entsprechen. Im Aufbau des DGB haben die Landesbezirke ähnliche Funktionen wie die Bezirke bei den Einzelgewerkschaften. Innerorganisatorisch ist der Landesbezirk die Schaltstelle zwischen DGB-Bundesvorstand und den DGB-Kreisen. Gegenüber den Landesbehörden und der regionalen Öffentlichkeit repräsentieren die Landesbezirke den DGB. Viele Landesvorstandsmitglieder des DGB sind Parlamentarier in den jeweiligen Landesparlamenten.

Die Organe des Landesbezirks sind der Landesbezirksvorstand und die Landesbezirkskonferenzen. Der Landesbezirksvorstand besteht »aus dem Landesbezirksvorsitzenden, zwei weiteren hauptamtlichen Mitgliedern, je einem Bezirksleiter der im Landesbezirk vertretenen Gewerkschaften, je einem Vertreter des Landes-Angestellten-, Landes-Arbeiter-, Landes-Beamten-, Landes-Frauen- und Landes-Jugendausschusses sowie höchstens fünf weiteren Mitgliedern« (Satzung des DGB, § 11,8).

Die Aufgaben des Landesbezirksvorstandes reichen innerverbandlich von der Durchführung der Weisungen des Bundesvorstandes im Landesbezirk über die Anleitung der Arbeit der DGB-Kreise und ihrer Überprüfung bis zu den Personalvorschlägen für die Wahl von Kreisvorsitzenden des DGB, die der Landesbezirksvorstand der Kreisdelegiertenversammlung unterbreitet. Der Landesbezirksvorstand muß außerdem die Mitglieder der Kreisvorstände bestätigen (§ 11,9i). In der Außenvertretung ist ausdrücklich der Landesbezirksvorstand von der Satzung zum landespolitischen Sprecher bestimmt worden. Er hat »Vorschläge für die Landesgesetzgebung zu unterbreiten und Stellung zu landespolitischen Fragen zu nehmen, die Arbeitnehmerinteressen berühren, sowie entsprechende Forderungen zu erheben« (§ 11,9b).

Im Unterschied zu der Bestellung der Bezirksleiter bei den Einzelgewerkschaften wird der Landesbezirksvorsitzende des DGB ebenso wie seine zwei hauptamtlichen Vorstandskollegen und die weiteren Vorstandsmitglieder von der Landesbezirkskonferenz gewählt. Die Bezirksleiter der Einzelgewerkschaften werden von diesen in den Vorstand delegiert. Dasselbe gilt für die Vertreter der Personengruppenausschüsse. Die Landesbezirkskonferenz findet alle vier Jahre, »aber spätestens drei Monate vor dem jeweiligen Bundeskongreß statt« (§ 11,4). Die Delegierten werden von den Einzelgewerkschaften gewählt, die Vorsitzenden der Kreisvorstände und die Vertreter der Personengruppen nehmen mit beratender Stimme an der Konferenz teil. Außer der Wahl des Landesbezirksvorstandes und der Beschlußfassung über Geschäfts- und Kassenbericht des Bezirks können Anträge an den Bundesvorstand gerichtet und Entschließungen zu landespolitischen Fragen gefaßt werden (§ 11,5).

4. Die Bundesebene

Das Bild von Theodor Cassau aufnehmend, der die Organisation der freien Gewerkschaften vor 1933 mit dem Aufbau des Staates verglichen hat, wenden wir uns jetzt der Organisationsebene der Gewerkschaften zu, die in der Öffentlichkeit in der Regel mit »den Gewerkschaften« identifiziert wird. Es ist dies die Ebene der Führung und Verwaltung der Gesamtorganisation mit ihren Organen Vorstand (und seiner Vorstandsverwaltung) und den Gewerkschaftstagen, die der Öffentlichkeit auch schon offiziell als »Parlamente der Arbeit« vorgestellt werden. Wenden wir uns zunächst der zentralen Ebene der Einzelgewerkschaften zu.

4.1. Die Zentralisation steht am Anfang der Organisationsgeschichte

Bevor wir daran gehen, das in den Satzungen der Gewerkschaften niedergelegte Selbstverständnis von den Aufgaben und der Arbeitsteilung der zentralen Organe der Gewerkschaften zu beschreiben und zu analysieren, wollen wir einen Schritt zurückgehen und uns den Ausgangspunkt dieser Einrichtungen in Erinnerung rufen, denn er bestimmt bis zum heutigen Tag den Aufbau der Gewerkschaften.

Die bereits bestehenden lokalen Berufsgruppen (z. B. Tischler, Maurer) entschlossen sich in den 90er Jahren des vorigen Jahrhunderts aus folgenden Gründen zur Errichtung von Zentralverbänden:

- Ein wesentlicher Punkt war die Verwaltung der von den Lokalorganisationen aufgebrachten Mitgliederbeiträge in einer zentralen Kasse. Nur eine solche Kasse ermöglichte es, in Form des Lastenausgleichs Streikkämpfe auf lokaler Ebene über einen längeren Zeitraum hinweg durchzuhalten – Zentralisierung der Mittel, um lokal oder regional kämpfen zu können.
- Mit der Streikkasse war der Aufbau eines Unterstützungswesens verbunden, das vom Sterbegeld über die Kranken- bis zur Arbeitslosenunterstützung reichte. Theo Pirker vertritt die These, daß der Kampf um eine anständige Beerdigung, die zur Voraussetzung ein ausreichendes Sterbegeld hatte, ein nicht zu unterschätzender Ausgangspunkt für die gewerkschaftliche Organisation gewesen ist, und zwar als Teil des Kampfes der Arbeiter um die Anerkennung ihrer Menschenwürde. Um die Bedeutung dieser Unterstützungskassen ermessen zu können, muß man bedenken, daß es damals gegen die Widrigkeiten und Notfälle der Arbeiterexistenz kein »soziales Netz« gab. Die Kassen waren das Zentrum, von dem aus die erste Generation der hauptamtlich besoldeten Gewerkschaftsbe-

amten die Expansion des Verbandes betrieb. Die Unterstützungskassen für kollektive (Streik) und individuelle Schicksalsschläge der Arbeiterexistenz wurden von den Gewerkschaftsbeamten benutzt, um die recht hohe Fluktuation der Mitglieder einzudämmen und die Mitglieder an die Organisation zu binden.
– Der Aufbau der Gewerkschaften wurde in den Betrieben von den Unternehmern aktiv bekämpft. Mit schwarzen Listen wurde versucht, die Betriebe »gewerkschaftsfrei« zu halten.
– Der Aufbau der Zentralverbände und der bei ihrer Expansion entstehende Bedarf an hauptamtlichen Funktionären bot im Verbund mit den Einrichtungen der SPD und der Genossenschaften eine individuelle Sicherung vor den Folgen gewerkschaftlichen Aktivismus in den Betrieben. Der Ortsverein, nicht die Betriebsgruppe, wurde die gewerkschaftliche Grundeinheit.
– Die sozialdemokratische Partei wurde im politischen Raum des preußisch-deutschen Obrigkeitsstaates nach 1890 als Partei der Arbeiter geduldet. Sie konnte sich an den Wahlen beteiligen, wurde aber nicht positiv im politischen Entscheidungsprozeß gefordert. Im Gegenteil: Die Sozialdemokraten wurden propagandistisch von der öffentlichen Meinung als »Reichsfeinde« geächtet. Wie die SPD waren auch die Gewerkschaften nur geduldete Verbände. Um sich aus dieser Duldung heraus als dauerhafte Organisationen zu behaupten, bedurfte es schon des Zusammenstehens und der Solidarität untereinander und der Zentralisation der Kräfte im eigenen Lager, um der Übermacht von Staat und Arbeitgebern und deren Vereinigungen standhalten zu können. Die Gewerkschaften waren Teil jenes Gettos der Arbeiterbewegung im preußisch-deutschen Obrigkeitsstaat, das sich als Gegenstruktur zur offiziellen Gesellschaft in ihr mit seinen »sozialdemokratischen Vereinen und Zeitungen« und dem Organisationsnetz der freien Gewerkschaften über das ganze Reich ausbreitete. »So war der sozialdemokratische Parteivorstand die heimliche Gegenregierung und August Bebel auf der Höhe seines Einflusses eine Art von Gegenkaiser.«[34]

Die erste Generation der Gewerkschaftsbeamten mit Carl Legien als ihrem herausragendsten Vertreter hatte aus dem »Nichts« in einigen Jahren die Gewerkschaften zu einer wirklichen Massenbewegung gemacht, die am Vorabend des Ersten Weltkrieges 1914 2 483 661 Mitglieder hatte (zum Vergleich: 1891 betrug die Mitgliederzahl

277659) und über einen Vermögensbestand von 81 415 535 Mark (Vermögensbestand der Zentralverbände 1891: 425 845 Mark) verfügte.[35]

Mit dem Aufbau der Gewerkschaften wuchs auch das gewerkschaftliche Funktionärskorps. Die Zahl der Gewerkschaftsbeamten stieg von 111 (1902) auf 2 261 (1914) an. Über die Verteilung der Beamten gibt eine Statistik der Generalkommission Auskunft: »In den Zentralverwaltungen 408 Beamte, in den Gauleitungen 429 Beamte, in den Zweigvereinen 1955 Beamte, in den Redaktionen 75 Beamte, insgesamt 2 867 Beamte.«[36]

Die Erhaltung und der Ausbau der Organisation bedeutete also gleichzeitig die Sicherung der Arbeitsplätze einer zunehmenden Zahl von Funktionären, die von der Organisation lebten und die auch den Ausbau und die Veränderungen im Organisationsgefüge und im Willensbildungsprozeß der Gewerkschaften aktiv mitbestimmten. Dennoch: Es geht nicht darum, die Entwicklung der Gewerkschaften und die damit zusammenhängende Zentralisierung des gewerkschaftlichen Entscheidungsprozesses nur als Ausfluß der Verselbständigungstendenzen des Gewerkschaftsapparates darzustellen.

Der Aufbau der Gewerkschaftsorganisation wurde im 19. Jahrhundert seitens des Gesetzgebers nur »geduldet«. Der Begriff der »Duldung« stammt aus einer Arbeit über die Rechtsstellung der deutschen Gewerkschaften, in der die Entwicklung ihrer Rechtsstellung, angefangen mit der Aufhebung des Koalitionsverbots (1861 in Sachsen, 1867 im Norddeutschen Bund) dargestellt ist. Bei der Aufhebung der Koalitionsverbote wurde von den Juristen argumentiert, daß man »unter der Herrschaft der freien Konkurrenz, wie sie sich einmal durch das Prinzip der Gewerbefreiheit und Freizügigkeit« durchgesetzt habe, schlechterdings »Verbindungen zum Zwecke der Erlangung bestimmter Lohnsätze« nicht mehr unter Strafe stellen könne.

»Damit wurde zum erstenmal in der Geschichte der deutschen Arbeitnehmerkoalition der Gedanke der Duldung ausgesprochen. Er hat die Haltung des Reiches und der Länder bis 1918 beherrscht und fand seinen gesetzlichen Niederschlag in den §§ 152 und 153 der Gewerbeordnung des Norddeutschen Bundes und des Kaiserreichs vom 21. Juli 1869/1872. Damit war trotz der negativen Ausdrucksweise des Gesetzes die Koalitionsfreiheit im Bundes- bzw. Reichsgebiet

Wirklichkeit geworden. Hob die Gewerbeordnung alle Verbote und Strafbestimmungen wegen Verabredung und Vereinigung zur Erlangung günstiger Lohn- und Arbeitsbedingungen, insbesondere mittels Einstellung der Arbeit oder Entlassung der Arbeiter auf, so versagte jedoch § 152 Gewerbeordnung (GewO) Koalitionsverträgen die Klagbarkeit, und § 153 GewO stellte wieder unter dem individualistischen Gedanken des Schutzes der nichtorganisierten Arbeitnehmer den Zwang zur Teilnahme an einer Koalition und die Behinderung von Arbeitswilligen unter Strafe. Ebenso blieben die landesrechtlichen Verbote der Verbindung verschiedener Vereinigungen untereinander bestehen. Sie wurden erst durch das Reichsgesetz vom 11. Dezember 1899 aufgehoben. Die Koalition hat also, trotz der Erklärung der Koalitionsfreiheit, nur eine geduldete, nicht aber eine gesetzlich anerkannte oder geschützte Existenz erlangt. Bei der schmalen Grundlage, welche die Gesetzgebung den Koalitionen gewährte, war diese Existenz weitgehend von der jeweiligen Haltung des Staates und den politischen Strömungen abhängig.«[37]

Bei dieser Ausgangskonstellation der Entwicklung der deutschen Gewerkschaften sozialdemokratischer Richtung ergab sich die »Notwendigkeit der Zentralisation« in zweierlei Hinsicht: Einmal nach innen, um die vorhandenen Ressourcen an Geld, an mobilisierbaren Aktivitäten und an Organisations- und Führungstalenten zu konzentrieren; zum zweiten nach außen, um auf der politischen Ebene unmittelbar, massiv und geschlossen reagieren und agieren zu können, wenn die Existenz der Gewerkschaften oder bloß ihr Bewegungsspielraum in Gefahr gerieten oder sich eine Chance eröffnete, durch Koalitionen in der Öffentlichkeit den Bewegungsspielraum der Gewerkschaften zu erweitern.

Der preußisch-deutsche Obrigkeitsstaat ging in seiner Struktur nicht vom selbstbestimmten politischen Bürger aus, sondern vom Untertanen, der der Obrigkeit Respekt und Gehorsam schuldet. Die Obrigkeit war dem Bürger in keiner Weise Rechenschaft schuldig. Diese Tradition der deutschen politischen Kultur prägte natürlich auch das Verhältnis der Mitglieder der sozialdemokratischen Arbeiterbewegung zu ihren Organisationen und Führungen. Voller Stolz »schleuderte« z. B. der sozialdemokratische Reichstagsabgeordnete Gustav Noske dem Kriegsminister 1907 im Reichstag die Frage entgegen: »Wo gibt es in Deutschland außer im Heere noch ein höheres

Maß von Disziplin als in der sozialdemokratischen Partei und in den modernen Gewerkschaften?«[38]

Arthur Rosenberg hat zu Recht den sozialdemokratischen Parteivorstand und dessen Vorsitzenden August Bebel auf das Bild der »Gegenregierung« und des »Gegenkaisers« gebracht. Auch diese Bilder gehörten zu den grundlegenden Faktoren, die die Zentralisierung im Aufbau der deutschen Gewerkschaften bestimmten.

»Im deutschen Kaiserreich erlernte der Arbeiter in der Volksschule, im Heer und in der Fabrik zwar Schreiben und Lesen, Technik, Disziplin und Organisation. Aber er gewann nirgends ein politisches Weltbild. Er hatte keine Vorstellung davon, wie sich die politische, wirtschaftliche und gesellschaftliche Revolution vollziehen würde, die er ersehnte und auf welchem Wege man aus der traurigen Gegenwart in die bessere Zukunft kommen könne. Die Bildungsarbeit der sozialdemokratischen Partei, so Achtbares sie im einzelnen leistete, konnte diese Lücke nicht ausfüllen. So erfüllte die sozialdemokratischen Massen ein etwas gehobener Zunftgeist: Anhänglichkeit an die Organisation mit starker Opferwilligkeit für sie, der Wille, die eigene wirtschaftliche Lage zu heben, unbedingte Abneigung gegen das herrschende preußische System.«[39]

Die Zentrale bzw. der Vorstand war von Anfang an der »berufene« Sprecher der Organisation gegenüber Arbeitgebern, Staat und Öffentlichkeit. Da die politischen und wirtschaftlichen Entscheidungsprozesse in den letzten Jahrzehnten keine entscheidende Dezentralisierung erfahren haben, sondern im Gegenteil Zentralisierung und Machtkonzentration die Entwicklung bestimmten, wie sollte sich da Funktion und Bedeutung der obersten Organisationsebene in den Gewerkschaften ändern?

4.2. *Vorstände und Gewerkschaftstage der Einzelgewerkschaften*

Günther Triesch hat den DGB mit »einem Staatenbund« verglichen, »mit weitgehender Selbständigkeit der einzelnen Mitglieder des Bundes«.[40] Dabei sind die einzelnen Gewerkschaften in ihrer Bedeutung und ihrem Einfluß im DGB und in ihrem Streben, sich neben dem DGB öffentlich zu behaupten, nicht gleichwertig. Die Macht der einzelnen »Staaten« im DGB ergibt sich aus Mitgliederzahl und Finanzkraft und aus der Tatsache des ökonomischen Gewichts der Tarifabschlüsse der einzelnen Gewerkschaften, die sie für andere Bereiche und die Öffentlichkeit haben. Entscheidend ist, ob sie eine gewisse Signalfunktion ausüben. Dies ist bei Tarifabschlüssen der IG Metall, der ÖTV sowie der IG Chemie-Papier-Keramik und der IG Bau-Steine-Erden der Fall.

Die Einzelgewerkschaften bezahlen den DGB, indem sie einen bestimmten Prozentsatz ihres Beitragsaufkommens an den DGB abführen, es sei denn, sie sind so finanzschwach – dies gilt besonders für die kleineren Gewerkschaften –, daß ihnen der Beitrag erlassen wird oder sie einen bloßen Anerkennungsbeitrag zahlen. Es gibt Gewerkschaften, die über den DGB von den finanzstärkeren Gewerkschaften unterstützt werden. Der Anteil des DGB an dem Beitragsaufkommen der Einzelgewerkschaften betrug bei seiner Gründung 1949 15 % – der DGB Britische Zone vereinnahmte sogar 35 % der Beiträge – das Sekretariat des »Gewerkschaftsrats der vereinten Zonen« hatte die 35 % 1949 noch für den DGB durchzusetzen versucht. 1952 wurde der Beitragsanteil des Bundes auf 12 % verkürzt.

»In den folgenden Jahren ist mehrmals vergeblich der Versuch gemacht worden, den Beitragsanteil des DGB zu erhöhen. Selbst als sich die IG Metall – die ohnehin der größte Beitragszahler des DGB ist – dafür stark machte und auf dem Münchner Kongreß 1969 und erneut auf dem außerordentlichen Kongreß 1971 eine bescheidene Anhebung auf 12,5 % des Beitragsaufkommens vorschlug, verfiel ihr Antrag der Ablehnung.«[41]

Besonders die großen Gewerkschaften halten es für wichtiger, den eigenen Verband auszubauen, als den DGB zu stärken.

Die wichtigste und in der Öffentlichkeit am aufmerksamsten verfolgte Aufgabe der Einzelgewerkschaften ist es, für ihren Organisationsbereich Lohn- und Manteltarifverträge abzuschließen, um die Einkommensentwicklung, Arbeitszeit, Urlaub und Arbeitsbedingungen zu regeln. Außerhalb des öffentlichen Interesses bleiben Organisation und Betreuung der Betriebs- und Personalräte ihres Organisationsbereichs, obwohl gerade diese Arbeit organisationspolitisch wichtig ist, versuchen doch die Gewerkschaften auch auf diesem Wege die Mitgliederzahlen zu erhöhen und deren Fluktuation einzudämmen.

Die Organe der Gewerkschaften auf Bundesebene sind der Vorstand, der Beirat und der Gewerkschaftstag.

4.3. Der Gewerkschaftsvorstand

Der Vorstand der Einzelgewerkschaften ist ihre »Regierung«. Er wird auf einem Gewerkschaftstag zumeist für drei Jahre gewählt und unterteilt sich in einen *geschäftsführenden hauptamtlichen* und einen *ehrenamtlichen* Vorstand. Beide Teile zusammen sind der Vorstand, wobei in der Regel die Anzahl der ehrenamtlichen Mitglieder die der hauptamtlichen übertrifft. (Bei der IG Metall setzt sich der hauptamtliche Vorstand aus erstem und zweitem Vorsitzenden, dem Hauptkassierer und acht weiteren geschäftsführenden Vorstandsmitgliedern zusammen, bei der IG Chemie-Papier-Keramik sind hauptamtliche Vorstandsmitglieder der Vorsitzende, seine zwei Stellvertreter, der Hauptkassierer und vier weitere Mitglieder.) In beiden Gewerkschaften beträgt die Zahl der ehrenamtlichen Vorstandsmitglieder jeweils 19. In der Zusammensetzung des ehrenamtlichen Vorstands gibt es gewichtige Unterschiede zwischen den Gewerkschaften. Bei der IG Metall zum Beispiel sind unter den ehrenamtlichen Vorstandsmitgliedern eine ganze Reihe Bevollmächtigter aus Verwaltungsstellen. Die Satzung der IG Metall enthält auch keine Bestimmung, daß die ehrenamtlichen Vorstandsmitglieder keine hauptamtlichen Funktionäre sein dürfen. Im Gegensatz dazu schreibt die Satzung der IG Chemie vor, »die ehrenamtlichen Mitglieder müssen betriebstätig sein« (§ 47,2).

Ein Indikator für die Bedeutung der beiden Teile des Vorstandes ist die Häufigkeit der Sitzungen. Die Anzahl der Sitzungen von geschäftsführendem Vorstand und Gesamtvorstand der IG Metall hat Claus Noé für die frühen sechziger Jahre ausgezählt. Solche Angaben fehlen im Geschäftsbericht der IG Metall 1974 bis 1976.

»›Die geschäftsführenden Vorstandsmitglieder kommen gewöhnlich einmal in der Woche zu einer Sitzung zusammen. Im Bedarfsfalle werden jedoch auch außergewöhnliche Sitzungen anberaumt.‹ Der ›Gesamtvorstand‹ tagte in den Jahren 1962–1964 58mal. Der geschäftsführende Vorstand allein hielt im gleichen Zeitraum 134 Sitzungen ab.«[42]

Im Zeitalter des Telefons und des Fernschreibers kann die Bedeutung der beiden Vorstandsteile sicher nicht allein aus der Anzahl der getrennten oder gemeinsamen Sitzungen abgeleitet werden. Es lassen sich auch vor Sitzungen des geschäftsführenden Vorstands bei bestimmten dringenden Fragen Meinungsbilder unter den ehrenamtlichen Vorstandsmitgliedern relativ schnell und leicht herstellen, die in die Sitzung einfließen können. Die Aufgaben des Vorstandes sind die Vertretung der Gewerkschaft nach innen und außen, wie es lapidar in der Satzung heißt. Dies bedeutet Anleitung und Kontrolle aller nachgeordneten Organisationsebenen, die Führung von Tarifauseinandersetzungen und die Repräsentanz der Gewerkschaft gegenüber der Öffentlichkeit. Dem Vorstand unmittelbar unterstellt ist die Vorstandsverwaltung, die nach Sachgebieten gegliedert ist, von denen mehrere jeweils einem Vorstandsmitglied zugeordnet sind. Die einzelnen Sachgebiete werden von hauptamtlichen Sekretären geführt.

»Den Sekretären oder Sachbearbeitern in den Organisationen kommt eine größere Macht zu als allgemein angenommen wird oder nach außen sichtbar ist. Denn diese Spezialisten haben sehr oft genauere Einsichten in die jeweiligen Organisationszusammenhänge als ihre Vorgesetzten in den Gewerkschaftszentralen.«[43]

Der Vorstand organisiert auch das gewerkschaftliche Publikationswesen in Form von Mitgliederzeitungen, Funktionärsorganen, Pressediensten, Gesetzessammlungen und Broschüren. Diese Öffentlichkeitsarbeit verfolgt drei Ziele:

Als erstes sollen die eigenen Mitglieder informiert und »auf bestimmte übereinstimmende Denk-, Verhaltens- und Handlungsweisen« ausgerichtet werden. Zweitens sollen »die eigenen Interessen an die politisch entscheidenden Instanzen« herangebracht »und deren Entscheidungen zugunsten dieser Interessen« beeinflußt werden. Drittens »will man die Informationen bei den Organen der öffentlichen Meinung unterbringen, dadurch den eigenen Verband in das Konzert der öffentlichen Meinung einschalten und ein möglichst großes Publikum mit dessen Wünschen und Vorstellungen vertraut machen und dafür einnehmen«.[44]

Ein weiterer Bereich, der durch den Vorstand organisiert wird, ist die gewerkschaftliche Bildungsarbeit. Auf der Ebene der Einzelgewerkschaften findet sie vor allem als Funktionärsschulung statt.

»Ziel dieses Typs von Bildungsarbeit ist die Vorbereitung und Unterstützung der Arbeit in einer Funktion, sei es im Betrieb, z. B. im Rahmen der Betriebsverfassung, sei es auf örtlicher Ebene im Rahmen der Selbstverwaltung. Als Zielgruppen gibt es daher:
– Betriebsratsmitglieder und Jugendvertreter,

- Arbeitnehmervertreter im Aufsichtsrat,
- Wirtschaftsausschußmitglieder,
- Tarifkommissionsmitglieder,
- gewerkschaftliche Vertrauensleute,
- Personengruppen (Jugend, Angestellte usw.), Mitglieder von Berufsbildungsausschüssen usw.

Als Bildungsinhalte werden entsprechende Fachkenntnisse angeboten, instrumentelles Wissen, das den Anforderungen der Funktionen entspricht.«[45]

Die Beschreibung der Aufgaben des Vorstandes auf dem Gebiet der Öffentlichkeitsarbeit und der gewerkschaftlichen Bildungsarbeit lassen den Eindruck entstehen, daß hier die Vorstände die Organisation und ihre Funktionäre in ihren gewerkschaftspolitischen Auffassungen und ihren Handlungen vereinheitlichen wollen, um die Organisation nach außen geschlossen und einheitlich auftreten und wirken zu lassen. In dieses Bild paßt es, wenn der Vorsitzende der IG Chemie-Papier-Keramik den Organisationskörper der Gewerkschaften mit dem Bild »der Stromlinienform« assoziiert.[46]

Wie Karl Hauenschildt sich diese »Stromlinienform« in der Organisationspraxis vorstellte, das haben er und die Mehrheit »seines« Hauptvorstandes im Frühjahr 1979 drastisch demonstriert. Anfang Februar 1979 lag dem geschäftsführenden Hauptvorstand der IG Chemie-Papier-Keramik eine Beschlußvorlage über eine Satzungsänderung vor, über die der Gesamthauptvorstand befinden und dem Beirat zur Verabschiedung vorlegen sollte. Es ging um die Veränderung des Status der Vertrauensleute:

»Paragraph 35 Ziffer 2

Nach dem zweiten Satz: ›Die Vertrauensleute bilden im Betrieb den Vertrauensleutekörper und wählen eine Vertrauenskörperleitung‹, ist einzufügen:

›Die Vertrauensleute erhalten ihre Legitimation durch Wahlen und/oder Bestätigung bzw. Berufung durch den Verwaltungsstellenvorstand. Bei Vorliegen wichtiger Gründe kann die Bestätigung oder Berufung vom Verwaltungsstellenvorstand versagt oder zurückgezogen werden.« (Dokumentation der Frankfurter Rundschau, 31. 3. 1979)

Mit dieser Satzungsänderung bekommen die Verwaltungsstellenvorstände, da die »Wahl von gewerkschaftlichen Vertrauensleuten oder die Berufung als gleichberechtigte Möglichkeit in der Satzung nebeneinander stehen« (Paul Plumeyer), »bei entsprechender Beschlußfassung« das Recht, in der Regel die Vertrauensleute zu berufen. In einem Kommentar, der ihm eine Klage seitens des Hauptvorstands der IG Chemie-Papier-Keramik einbrachte, bewertete Wolf Gunter Brügmann in der Frankfurter Rundschau vom 20. 2. 1979 diese beabsichtigte Satzungsänderung:

»Wenn es nach dem Willen nicht des gesamten Vorstandes der IG Chemie, aber seiner Mehrheit geht, soll die Satzung so geändert werden, daß Vertrauensleute in den Betrieben, die unmittelbaren Vertreter der Mitglieder, auch von den Vorständen der örtlichen Verwaltungsstellen berufen werden können. Diese Vorstände wiederum werden von Delegierten der Vertrauensleute gewählt. Das Verfahren würde die Mitglieder entmündigen; sie haben nicht mehr den geschützten Anspruch darauf, ihre Vertreter in jedem Fall zu wählen. Zu verstehen ist dies wohl nur vor dem Hintergrund des Einflusses mächtiger Betriebsräte aus Großbetrieben wie Bayer-Leverkusen und der Hoechst AG, die auch die jeweiligen Ortsverwaltungen beherrschen. Sie, so scheint es, sehen ihre bislang unangefochtenen Machtpositionen gefährdet, wenn sie nicht auch bestimmen können, wer sie wählt und ihre Politik unterstützt.«

Es muß hierbei betont werden, daß die Auseinandersetzungen zwischen Vertrauensleuten und Betriebsräten in der Großchemie eine Besonderheit aufweist, die so bei anderen Gewerkschaften nicht vorkommt. Aus der Zeit, als die Großindustrie mit eigenen Werkvereinen auch organisatorisch versuchte, »ihre Arbeiter« vor sozialdemokratischen Gewerkschaftsagitatoren zu schützen und abzuschirmen, stammt offensichtlich der von der Großchemie praktizierte Brauch, in ihren Werken von allen Werksangehörigen »betriebliche Vertrauensleute« wählen zu lassen. Diese betrieblichen »Vertrauensleute« haben die Funktion, unabhängig von der autonomen Interessenvertretung der abhängig Beschäftigten das vertrauensvolle Gespräch zwischen Geschäftsleitung und ihren Mitarbeitern zu vermitteln. In diesen Kommunikationsprozeß ist in diesen Betrieben seit langem auch der Betriebsrat eingeschaltet, der sich gleichfalls auf diese betrieblichen »Vertrauensleute« stützt, und die gewerkschaftlichen Vertrauensleute, die unabhängig von diesen betrieblichen »Vertrauensleuten« gewählt wurden, eher als Konkurrenz verstand, die es zu bekämpfen galt. Jedenfalls sind bei der Hoechst AG in den letzten Jahren eine Reihe von Konflikten zwischen Betriebsräten und Vertrauensleuten bekannt geworden, wo Betriebsräte in Kooperation mit dem Hauptvorstand Gewerkschaftsausschlüsse von Vertrauensleuten betrieben haben.

Mit der Berufungsmöglichkeit von Vertrauensleuten geht es genau um diese »betrieblichen Vertrauensleute«. Am 5. 4. 1979 beschloß der Beirat der IG Chemie-Papier-Keramik die vom Vorstand geforderte Satzungsänderung.

Kommen wir nun auf »die Stromlinienform« zurück, die Karl Hauenschildt für die angemessene gewerkschaftliche Organisationsform hält. Öffentlich wurde dieser ganze Vorgang nur durch die Auseinandersetzung um die Entlassung und Wiedereinstellung des Geschäftsführers der Verwaltungsstelle Hannoversch-Münden der IG Chemie-Papier-Keramik, Ferdinand Patschkowski. Patschkowski hatte anonym die fragliche Beschlußvorlage des Hauptvorstandes zugeschickt bekommen, von der er mündlich auf einer Geschäftsführersitzung des Bezirks Niedersachsen durch seinen Bezirksleiter Adams Kenntnis hatte:

»Ich habe in der darauffolgenden Diskussion den Vorschlag unterbreitet, in geeigneter Weise eine bezirkseinheitliche Meinung zu dieser Satzungsänderung herzustellen . . . Kollege Adams erwiderte daraufhin, daß dieser Weg, zu einer Meinungsbildung im Bezirk zu kommen, nicht mehr möglich sei, da bereits am 5. 2. 1979 der gHV (geschäftsführende Hauptvorstand, M. W.) mit den Bezirksleitern tage und am 9. 2. 1979 der Gesamthauptvorstand einen verbindlichen Vorschlag über die Vorlage fassen wird, die dann Anfang April im Beirat zur Entscheidung ansteht. Kollege Adams sagte wörtlich ›Die Kiste ist zu‹.« (Brief Patschkowskis an den Hauptvorstand vom 16. 3. 1979, in: Frankfurter Rundschau vom 31. 3. 1979, Dokumentation).

Patschkowski schrieb zu der Vorlage Anmerkungen und verschickte beides an »andere hauptamtliche Kollegen«. In seinem Verwaltungsstellenvorstand brachte er die Sache zur Sprache, und man erwog die Möglichkeit zur Einberufung eines außerordentlichen Gewerkschaftstages (§ 49,6) – die dann gegeben ist, wenn ein Drittel aller Mitglieder es verlangt –, der sich mit der Satzungsänderung befassen sollte:

Patschkowski: »Der Versand meiner Blätter an andere hauptamtliche Kollegen – auch in andere Bezirke – wurde von mir persönlich vorgenommen und nicht in meiner Funktion als Geschäftsführer. Dieses halte ich nach wie vor für legitim, zumal ich a) die Papiere nicht anonym verschickt habe, b) durch selbst gekaufte Postwertzeichen freimachte (Quittung darüber liegt selbstverständlich vor) und c) dieses als gewählter Delegierter des letzten Gewerkschaftstages tat. Ich vermied dabei, in spektakulärer Weise die Öffentlichkeit aufmerksam zu machen, weil ich meinte, daß dieses eine Angelegenheit ist, die nur organisationsintern diskutiert werden sollte. Ich beteuere erneut, keine Informationen an Personen und Institutionen außerhalb unserer Gewerkschaft gegeben zu haben.«

Für Öffentlichkeit sorgte dann der Hauptvorstand, der Patschkowski wegen dieser Briefaktion feuerte und dabei weder den Betriebsrat um Zustimmung anging noch zunächst den Einspruch des Beschwerdeausschusses respektierte. Dies alles provozierte geradezu inner- und außerverbandliche Solidaritätsbekundungen mit Patschkowski. Um den Preis einer öffentlichen Entehrung, einer »Selbstkritik« Ferdinand Patschkowskis, nahm der Hauptvorstand am 18. 4. 1979 die Kündigung zurück. Hier der Wortlaut dieses den Hauptvorstand beschämenden Schriftstücks:

»Ich erkenne an, daß in einer Tendenzorganisation wie der IG Chemie nicht hingenommen werden kann, verdeckte Informationskanäle aufzubauen und zu unterhalten. Dieses war auch nicht meine Absicht. Meine Treuepflicht als Beschäftigter der Organisation und meine besondere Loyalitätsverpflichtung als Hauptamtlicher werden durch die Wahrnehmung von gewerkschaftspolitischen Maßnahmen nicht aufgehoben. Insofern korrigiere ich den Inhalt meines Briefes vom 16. 3. an den Hauptvorstand, der ohne mein Wissen und ohne meine Zustimmung veröffentlicht wurde. Ich bedaure, daß ohne mein Dazutun der Vorgang in der Öffentlichkeit breitgetreten wurde und zu unberechtigten und unsachlichen Angriffen gegen die Organisation und ihre Repräsentanten benutzt worden ist. Ich werde mich gemeinsam mit dem geschäftsführenden Hauptvorstand und anderen Organisationsstellen bemühen, weiteren Schaden, der durch öffentliche Auseinandersetzungen entstanden ist oder noch entstehen könnte, abzuwenden.« (Frankfurter Rundschau vom 19. 4. 1979)

Die Sprache ist klar und bekannt: Der Vorstand bestimmt »die

Richtlinien der Politik«, die Hauptamtlichen sind weisungsgebunden und haben sich an der innerverbandlichen Diskussion nur dann zu beteiligen, wenn sie ausdrücklich dazu aufgefordert werden. Damit hat der Vorstand auch auf einen Brief des Gesamtbetriebsrats der IG Chemie-Papier-Keramik geantwortet, der im Zusammenhang mit der Kündigung von Patschkowski gefragt hatte: Was dürfen die Hauptamtlichen?

1. »Wir fragen den Hauptvorstand, ob es verboten ist, daß Hauptamtliche sich privat untereinander Briefe schreiben. 2. Dürfen Hauptamtliche sich an der innergewerkschaftlichen Meinungsbildung nicht in schriftlicher Form beteiligen? Ist insoweit ihr Mitgliedschaftsrecht durch den Arbeitsvertrag eingeschränkt? 3. Ist es für den Fall, daß die Frage 2 mit ›ja‹ beantwortet wird, überhaupt noch denkbar, daß Hauptamtliche irgendwelche Wahlfunktionen in Entscheidungs- und Beschlußorganen der IG Chemie ausüben können, wenn sie in Ausübung dieser Funktionen gegebenenfalls mit arbeitsrechtlichen Sanktionen rechnen müssen?« (Frankfurter Rundschau vom 7. 4. 1979)

4.4. Der Beirat

»Höchstes beschlußfassendes Organ zwischen den Gewerkschaftstagen ist der Beirat«, so § 19,1 der Satzung der IG Metall. Dem Beirat gehören als voll stimmberechtigte Mitglieder der Gewerkschaftsvorstand sowie eine bestimmte Zahl von in den Bezirken auf den ordentlichen Bezirkstagen gewählten Beiratsmitgliedern an. Deren Wahl erfolgt aufgrund eines bestimmten an die Mitgliederzahl gebundenen Schlüssels. An den Beratungen des Beirates nehmen ebenso wie an den Sitzungen des Vorstandes die Bezirksleiter und der Chefredakteur der Verbandszeitung mit beratender Stimme teil.

Die Aufgaben des Beirates sind in den einzelnen Satzungen der Gewerkschaften verschieden geregelt, aber der Terminus »Beschlußfassung« weist darauf hin, daß er zu allen wichtigen Fragen der Gewerkschaftspolitik Stellung nimmt. Nach der Satzung der IG Chemie beispielsweise kann er dringende Satzungsänderungen vornehmen, davon ausgenommen sind nur die Paragraphen über den Beirat selbst, die Einberufung und die Aufgaben des Gewerkschaftstages, die Mitgliedschaft im DGB, die Auflösung der Gewerkschaft und die Vorschriften über Satzungsänderungen. Der Beirat beschließt über die Einberufung eines außerordentlichen Gewerkschaftstages – Satzungsänderungen und außerordentlicher Gewerkschaftstag können allerdings nur auf Antrag des Hauptvorstandes vorgenommen werden –, er nimmt die Wahl von Ersatzmitgliedern für den Hauptvorstand vor, und er wählt die Antragskommissionen für den Gewerkschaftstag. Weder in der Satzung der IG Metall noch in der der IG Chemie ist vorgeschrieben, daß sich die bezirklichen Vertreter im Beirat nur aus ehrenamtlichen Funktionären zusammensetzen dürfen. Horst Föhr über die Wirksamkeit und Reichweite der Kontrollfunktion des Beirates:

»Hat auch in allen Gewerkschaften der Hauptvorstand dem Beirat Bericht zu erstatten, so hängt es doch vom Einzelfall ab, wie weit der Beirat tatsächlich informiert wird. Dies kann nicht nachgeprüft werden, da die Beiratssitzungen nicht öffentlich sind. Dabei ist auch zu berücksichtigen, daß die Sitzungen des Beirates fast immer von geschäftsführenden Vorstandsmitgliedern geleitet werden.«[47]

Die Beiratssitzungen finden in der Regel bis zu dreimal jährlich statt. Claus Noé hat sich mit der Frage auseinandergesetzt, ob man den Beirat der IG Metall beispielsweise als ein Kontrollorgan der Mitglieder gegenüber dem Vorstand ansehen könne oder ob er als ein Organ der Verbandsführung fungiert. Im Falle der letztgenannten Position würde das bedeuten, daß die wichtigsten, angesehensten oder einflußreichsten Funktionäre der Bezirksebenen an der Willensbildung über die Schwerpunkte der aktuellen Gewerkschaftspolitik – die ja immer strittig sein können und sein werden – aktiv beteiligt werden.

»Die Frage, ob über den Beirat die Mitglieder unmittelbaren Einfluß auf die Verbandsführung haben, ist weitestgehend zu verneinen, wenn man sich vor Augen hält, daß im Beirat die Mehrheit durch die führenden Apparatsfunktionäre gebildet wird. Da der Gewerkschaftstag auf die Zusammensetzung des Beirats allenfalls über die ohnehin beschränkte Wahl der Vorstandsmitglieder Einfluß hat, kann der Beirat wohl schwerlich als eine Art ›ständiger Ausschuß‹ des Gewerkschaftstages gesehen werden. Abschließend ist also festzustellen: Der Beirat ist nach dem Gegenstand seiner Entscheidungen tatsächliches Organ der Verbandsführung.«[48]

Der Beirat ist also kein Kontroll- wohl aber ein zentrales Willensbildungsorgan zwischen der Verbandsspitze und den Vertretern aus den Bezirken.

4.5. Gewerkschaftstag und Kontrollausschuß

Der Gewerkschaftstag ist nach allen Satzungen der Einzelgewerkschaften ihr höchstes Organ. Ihm muß der geschäftsführende Hauptvorstand Rechenschaft über die Gewerkschaftspolitik der letzten Jahre ablegen. Der Gewerkschaftstag formuliert in Beschlüssen und Resolutionen die Richtlinien und Aufgaben der Gewerkschaftspolitik für die folgenden Jahre bis zum nächsten Gewerkschaftstag. Außerdem wählt er die hauptamtlichen Vorstandsmitglieder sowie einen Beschwerde- oder Kontrollausschuß, der zwischen den Gewerkschaftstagen die Einhaltung der Beschlüsse des Gewerkschaftstages und des Beirates durch den Vorstand überwachen soll und an den sich Mitglieder mit Beschwerden gegen Entscheidungen des Hauptvorstandes wenden können. Die Mitglieder dieses Ausschusses dürfen keine weitere Funktion in der Gewerkschaft ausüben. Praktisch werden die Ausschüsse vor allem bei vom Vorstand vorgenommenen Gewerkschaftsausschüssen tätig. Die Satzung der IG Metall erweckt den Eindruck, als sei der Ausschuß eine Kontrolleinrichtung des Gewerkschaftstages gegenüber Vorstand und Beirat. Auf dem 12. ordentlichen Gewerkschaftstag der IG Metall 1977 hat der Sprecher des Ausschusses, Ernst Bulthaup, dieser Deutung der Funktion des Ausschusses nachdrücklich widersprochen.

»Wer sich den Bericht des Kontrollausschusses angesehen hat, wird festgestellt haben, daß er in fast allen Fällen die Entscheidungen des Vorstandes bestätigt hat. Das hat, wie in früheren Zeiten, auch jetzt wieder eine Reihe von Kollegen veranlaßt, in der Tätigkeit des Kontrollausschusses eine Art Bestätigungseinrichtung von Vorstandsbeschlüssen zu sehen. Dazu folgendes: Der Kontrollausschuß ist kein Gnaden- oder Petitionsausschuß, der nach eigenem Ermessen Entscheidungen des Vorstandes korrigieren kann. Seine Aufgaben und Funktionen sind vielmehr in § 21 der Satzung genau umrissen. Wenn Gewerkschaftstag und Beirat Beschlüsse fassen und auch die Satzung in ihren §§ 11 und 12 (Regelung von Gewerkschaftsausschüssen, M. W.) Vorschriften enthält, die Entscheidungen des Vorstandes zur

Folge haben, wie sie in diesem Bericht dargelegt sind, dann bleibt dem Kontrollausschuß nur die Aufgabe, zu prüfen, ob die gefällten Entscheidungen des Vorstandes satzungskonform sind bzw. den Beschlüssen des Gewerkschaftstages und des Beirates entsprechen. Diesem Auftrag glauben wir, gerecht geworden zu sein. In Erfüllung seines satzungsgemäßen Auftrags hat der Kontrollausschuß während der abgelaufenen Zeit keinen Verstoß des Vorstands gegen die Satzung bzw. Beschlüsse des Gewerkschaftstages und des Beirats feststellen können« (Protokoll, S. 135).

Daß die Satzung der IG Metall den Eindruck erweckt, als hätte der Ausschuß in der Zeit zwischen den Gewerkschaftstagen die Mitgliederinteressen gegenüber dem Vorstand zu wahren, hat sicher damit zu tun, daß der Ausschuß eine frühe Einrichtung der Gewerkschaftsverfassung ist. Bernhard Schildbach beschreibt in seiner Untersuchung von 1910 den Ausschuß als »die höchste Kontroll- und Beschwerdeinstanz in den Zeiten zwischen den Generalversammlungen«,[49] der als Kontrollorgan gegenüber dem Vorstand wirken soll. Claus Noé weist dagegen in der Beschreibung des Ausschusses der IG Metall darauf hin, daß sich der Ausschuß heute mehr als Notar für Mitgliederausschüsse durch den Vorstand betätigt und versteht.[50]

Es fällt auf, daß sich der Ausschuß fast ausschließlich mit Gewerkschaftsausschüssen beschäftigt, obwohl er laut Satzung die Aufgabe hat, die Einhaltung *der Beschlüsse des Verbandstages* durch den Vorstand zu überwachen.

Interessant ist auch die Zusammensetzung des Kontrollausschusses, dessen Mitglieder keine weiteren Funktionen in der Gewerkschaft ausüben dürfen – auch dies ein Beleg für den Charakter eines Kontrollorgans bei seiner Einrichtung in der Gewerkschaftsverfassung. Der Geschäftsbericht der IG Metall von 1974 bis 1976 berichtet über den Tod des Vorsitzenden des Kontrollausschusses und über seine Nachfolge. Aus der Personalveränderung ergibt sich, daß der verstorbene Vorsitzende Otto Ehrl ein hauptamtlicher erster Bevollmächtigter im Ruhestand war. Sein Nachfolger Ernst Bulthaup war ebenfalls ein Ruheständler, der von 1946 bis 1969 hauptamtlicher Kassierer der Verwaltungsstelle Osnabrück gewesen ist.

Was für den Ausschuß als Organ des Gewerkschaftstages zwischen den einzelnen Gewerkschaftstagen gilt, daß sich nämlich seine Mitglieder, wie bei der IG Metall, die einmal gewollte Kontrollfunktion gar nicht mehr ins Bewußtsein rufen, das gilt bedingt auch für den Gewerkschaftstag.

Die Delegierten des Gewerkschaftstages werden nach einem bestimmten Delegiertenschlüssel für die einzelnen Bezirke in den Verwaltungsstellen gewählt. Die Abstände zwischen den Gewerkschaftstagen sind größer geworden und betragen in der Regel jetzt drei bis vier Jahre. Dadurch gibt es unter den Delegierten des Gewerkschaftstages eine hohe Fluktuation. Von den ehrenamtlichen Delegierten ist nur eine verschwindende Minderheit wieder unter denen des folgenden Gewerkschaftstages. Die Kontinuität der Gewerkschaftstagsdelegierten wird vor allem von den hauptamtlichen Funktionären gewährleistet. An diesem Umstand liegt es – sozusagen wegen mangelnden Gedächtnisses –, daß auf dem neuen Gewerkschaftstag nur eine minimale Kontrolle der Durchführung der gefaßten Beschlüsse des vorigen Kongresses stattfindet. Der mangelnden Kontrolle über die Arbeit der vergangenen »Legislaturperiode« trägt bereits der Geschäftsbericht des Hauptvorstandes Rechnung.

Daraus ergibt sich folgendes Bild über die Behandlung angenommener Anträge des vergangenen Gewerkschaftstages im Bericht des Vorstandes:

»Auch wenn ein Antrag mit einem konkreten Inhalt an den Vorstand überwiesen wurde, so ist trotzdem oft nicht sichergestellt, was mit dem Antrag geschieht. Denn das weitere Schicksal wird oft nicht systematisch verfolgt. Die Vorstandsmitglieder legen zwar zu jedem Gewerkschaftstag einen Geschäftsbericht vor, doch wird in diesem nicht über die Erledigung der Anträge des letzten Gewerkschaftstages Rechenschaft gegeben, durch die allein die Delegierten eine Richtlinie für die einzuschlagende Gewerkschaftspolitik geben konnten, sondern es wird berichtet, welche Aufgaben das Vorstandsmitglied erfüllt hat, wobei der Vorstand sich diese selbst setzte oder diese ›von der Sache her‹ gesetzt wurden.«[51]

Bei der Frage nach der Repräsentation der Mitglieder durch die Delegierten muß auch noch erwähnt werden, daß in aller Regel die hauptamtlichen Funktionäre nicht von der Wahl als Delegierte zu den Gewerkschaftstagen ausgeschlossen sind. Man kann vermuten, daß sich der Block derjenigen Delegierten, die bereits mehrfach an Gewerkschaftstagen teilgenommen haben, vor allem aus dem Kontingent der Hauptamtlichen unter den Delegierten zusammensetzt, ihr

Anteil ist unterschiedlich und schwankt von Gewerkschaft und Gewerkschaftstag von einem Viertel der Delegierten bis knapp zur Hälfte (IG Bau-Steine-Erden 1966 45 %).

Die Zusammensetzung der Delegierten und der Charakter der Rechenschaftslegung des Vorstandes über die vom vorigen Gewerkschaftstag beschlossene Politik macht deutlich, daß die Gewerkschaftstage nur in sehr eingeschränkter Weise noch von dem Bewußtsein getragen werden, daß sie als »Parlament der Mitglieder« ihre Angestellten wählen, deren Amtsführung kontrollieren und ihnen für die künftige Amtsführung Richtlinien geben. Auch hier bietet ein kurzer Rückblick auf das ursprüngliche Verständnis der Gewerkschaftstage als Ausdruck des Mitgliederwillens, wie es Bernhard Schildbach gerade an der Behandlung der Frage, ob die Hauptamtlichen auch Delegierte sein können, beschrieben hat, einen guten Einblick in diese Problematik:

»Mit der ständigen Vermehrung der besoldeten Beamten spielte bald auch die Frage eine Rolle, welche Stellung den Beamten, dem Ausschuß und dem Vorstand auf der Generalversammlung zuzuweisen sei. Im allgemeinen entschied man sich dafür, Vorstandsmitgliedern, dem Ausschuß*vorsitzenden* und den besoldeten Beamten nur beratende Stimme zuzubilligen. Es erschien unzweckmäßig, Personen Stimmrecht in einer Körperschaft zu verleihen, der sie zur Rechenschaft verpflichtet waren. Daß die besoldeten Beamten auf dem Verbandstag anwesend sein müssen, wird ausdrücklich bestimmt, Stimmrecht haben sie jedoch nicht. Diese Bestimmungen gelten aber nur für Vorstandsbeamte und schließlich noch für den Redakteur des Verbandsorgans, i. d. R. nicht für die besoldeten Angestellten der Zweigvereine, Bezirke und Gaue. Zuweilen kommt es auch vor, daß den Mitgliedern des Vorstandes und des Ausschusses sowie dem Redakteur des Verbandsorganes freisteht, Delegiertenmandate anzunehmen, womit dann natürlich auch die Ausübung des Stimmrechts verknüpft ist. Während man im allgemeinen die Anwesenheit der besoldeten Vorstandsbeamten, manchmal auch der besoldeten Gauleiter, verlangt, legt man auf die der übrigen Vorstandsmitglieder kein Gewicht, ganz selten wird der Gesamtvorstand zugelassen; die Bildhauer begnügen sich schon mit der Anwesenheit von zwei Vorstandsmitgliedern. In kleinen Verbänden, wo das Beamtenelement eine untergeordnete Rolle spielt, finden sich in den Statuten gar keine Bestimmungen über das Stimmrecht der Beamten und Vorstandsmitglieder; man überläßt es dort dem Takt der einzelnen Personen, sich an der Abstimmung zu beteiligen oder nicht.«[52]

Wenn die Durchführung der Beschlüsse des vergangenen Gewerkschaftstages durch den neuen de facto nicht kontrolliert werden kann, stellt sich die Frage, warum man sich seitens des Vorstandes so große Mühe gibt, die Entschließungen und die Aussagen der Anträge so gründlich vorzubereiten? Schon vor dem Gewerkschaftstag arbeitet eine Antragskommission. Nach Sachgebieten aufgeteilt arbeiten die einzelnen Vorstandsmitglieder jeweils mit. Sie sichten die Anträge, redigieren sie und formulieren aus verschiedenen Anträgen zum gleichen Sachgebiet einen Antrag oder eine Entschließung der Antragskommission. Schließlich werden die vorliegenden Anträge und Entschließungen von der Antragskommission dem Gewerkschaftstag zur Annahme oder zur Ablehnung empfohlen. Aber nicht nur bei der Vorbereitung der Behandlung der Anträge durch den Gewerkschaftstag gibt sich der Hauptvorstand viel Mühe. Bei der Behandlung der Anträge auf dem Gewerkschaftstag hört die Regie keineswegs auf, wie die »10 Gebote« einer erfolgreichen Kongreßführung belegen:

»Die Leitung eines Gewerkschaftstages gibt vielfältige Möglichkeiten der Einflußnahme auf die Willensbildung, die schon oft praktiziert wurden, auch wenn sich nicht für alle Varianten Beispiele in den Protokollen finden lassen. Eine Abgrenzung zwischen legitimen geschäftsordnungsmäßigen Verfahren, die einen zügigen Ablauf des Kongresses gewährleisten sollen, und dem Verfolgen einer bestimmten Taktik läßt sich dabei meist nicht ziehen.

1. Der Leiter spricht an entscheidender Stelle, was er am besten beurteilen kann, zur Sache, auch wenn er als Versammlungsleiter nach üblichen Gepflogenheiten keine Stellung ergreifen dürfte, und beeinflußt damit die Willensbildung in einer bestimmten Richtung.

2. Er entzieht dem Kongreß den strittigen Gegenstand, indem er vorschlägt, ihn als Material in den Hauptvorstand zu überweisen. Dieses Verfahren, das an sich für Anträge gedacht ist, die noch nicht entscheidungsreif sind, wird oft bei unliebsamen Anträgen benutzt, um diese von der Tagesordnung zu entfernen.

3. Man spielt den Gewerkschaftsbeirat gegen den Gewerkschaftstag aus, indem man vor dem Gewerkschaftstag darlegt, ersterer habe den Antrag mit großer Mehrheit angenommen.

4. Der Leiter verhindert eine Diskussion: Der Antrag wird zur Annahme empfohlen – ist es da noch notwendig, daß wir diskutieren?
5. Er regt den Schluß der Rednerliste oder gar der Debatte an und schlägt vor, die Wortmeldungen zurückzuziehen.
6. Auf die Kritik eines Delegierten am Bundesvorstand wird diesem nicht das Wort zur Rechtfertigung gegeben, sondern der Leiter läßt zunächst eine weitere Anzahl von Delegierten sprechen, so daß endlich, wenn der Vorstand Stellung nimmt, die Kritik entweder vergessen oder nicht mehr in Einzelheiten gegenwärtig ist.
7. Vor der Abstimmung wird nochmals die Empfehlung der Antragskommission genannt.
8. Der Vorschlag der Antragskommission wird als erster zur Abstimmung gestellt.
9. Nach Annahme von Empfehlungen werden die übrigen Anträge als erledigt erklärt, wobei die Delegierten nicht sofort nachprüfen können, ob das wirklich der Fall ist.
10. Der Leiter macht einen Vorschlag: Ich höre keinen Widerspruch, unser Vorschlag wird also angenommen.
Sind die Anträge beschlossen, so bedeutet dies für den Antragsverpflichteten theoretisch einen konkreten Auftrag, das Antragsbegehren in die Tat umzusetzen. Ist ein Antrag nur als ›Material‹ überwiesen, so beinhaltet dies keine konkrete Aufgabenstellung, sondern eine bestmögliche Berücksichtigung bei der Behandlung entsprechender Sachbereiche durch den Vorstand.«[53]
Bei der Einschätzung dieser Ausführungen muß man sich vor Augen halten, daß die Gewerkschaftstage in ihrer meist einwöchigen Sitzungsperiode Hunderte von Anträgen und Entschließungen zu den vielfältigsten Bereichen der Gewerkschaftspolitik und der Organisationsstruktur der Gewerkschaften beraten und entscheiden müssen. Bereits die Vielzahl der zur Beratung anstehenden Probleme schließt eine sachkundige Entscheidung der Mehrheit der Delegierten in *allen Einzelfragen* aus.
Trotzdem bleibt die Frage offen, warum soviel Aufhebens um Beschlüsse gemacht wird, deren konkrete Durchführung in den seltensten Fällen wirklich kontrolliert wird. Die Aussagen des Gewerkschaftstages als dem formal höchsten Organ der Gewerkschaften sind natürlich gewerkschaftsintern und in der politischen Öffentlichkeit von beträchtlichem Gewicht.

Gewerkschaftsintern verschaffen angenommene Anträge und Entschließungen des Gewerkschaftstages Mitgliedern oder Funktionären in der Organisation eine Legitimation, um diese Beschlüsse oder Entschließungen mittels Mobilisierungsstrategien von Mitgliedern durchzusetzen. Dies kann innergewerkschaftlich zu erheblichen Konflikten führen, weil verschiedene Ebenen in der Organisation, aus welchen Gründen auch immer, über die Anwendung der Mittel, mit denen man solche Beschlüsse realisieren kann, unterschiedlicher Meinung sind. Geradezu klassische Beispiele für innergewerkschaftliche Konflikte sind in diesem Rahmen die großen Kampagnen, an denen sich die Gewerkschaften beteiligten, wie die gegen die Wiederbewaffnung der Bundesrepublik (Anfang der fünfziger Jahre) oder gegen die Notstandsgesetzgebung des Bundestages in den sechziger Jahren. Aktivistische Minderheiten in den Gewerkschaften haben die damaligen Beschlüsse der Gewerkschaftstage dahingehend interpretiert, daß die Gewerkschaften zur Mitgliedermobilisierung verpflichtet seien, die diese dann auch versucht haben. Im Gegensatz dazu verstanden die Vorstände diese Beschlüsse nur als einen Verhandlungsauftrag gegenüber Parteien und Parlamenten, bei deren Durchführung eine Mitgliedermobilisierung bestenfalls »stören« und die Verhandlungsaussichten der Gewerkschaften von vornherein verschlechtern würde. In diesem Sinne haben die verantwortlichen Funktionäre schon ein Interesse daran, daß Beschlüsse und Empfehlungen so formuliert sind, daß sie ihr Verständnis von Gewerkschaftspolitik nicht beeinträchtigen.

Bei Satzungsfragen, wie zum Beispiel der Verankerung der Rechte und Pflichten der Vertrauensleute, geht es unmittelbar darum, wer Gewerkschaftspolitik formulieren und bestimmen kann. Die Eigeninteressen einzelner Ebenen in der Organisation an einem bestimmten, jeweils satzungsmäßig fixierten Organisationsaufbau werden in der öffentlichen Beratung solcher Satzungsauseinandersetzungen nur selten offen ausgesprochen, sondern hinter Formeln wie der »Geschlossenheit und Einheit der Organisation« versteckt.

Was für die interne Wirkung von Beschlüssen und Entschließungen von Gewerkschaftstagen gilt, gilt auch für das Verhalten gegenüber der Öffentlichkeit. Die Gewerkschaften haben in der veröffentlichten Meinung mit bestimmten Vorurteilen zu rechnen. Wenn es richtig ist, daß im Zeitalter der Massenmedien Erfolg oder Mißerfolg einer Verbandspolitik unter anderem von der veröffentlichten Meinung abhängen, so ist es nicht gleichgültig, was diese veröffentlichte Meinung über die Beschlüsse und Aussagen des Gewerkschaftstages berichtet. Die öffentliche Meinung nimmt die Beschlüsse des Gewerkschaftstages durchaus »beim Wort« und behandelt sie als Aussagen über die Richtung der künftigen Politik der Gewerkschaften und leitet daraus bestimmte Urteile ab.

Von ähnlichem Gewicht sind die Beschlüsse des Gewerkschaftstages gegenüber den politischen Parteien und den Regierungen. Auch hier muß eine Verbandsführung abwägen, ob die angenommenen Beschlüsse einen Drohcharakter gegenüber Parteien und Regierungen haben sollen, wobei sich folgenlose Drohungen schnell verschleißen – oder ob mit den Beschlüssen diesen Institutionen Verhandlungsbereitschaft signalisiert werden soll.

Kurzum, alle diese Erwägungen rechtfertigen es, wenn die Verbandsführung als derjenige Teil der Bundesebene, der wirklich Gewerkschaftspolitik macht, darauf achtet, welche Aussagen die Beschlüsse und Entschließungen des Gewerkschaftstages enthalten und welches Bild der Gewerkschaften daraus in der Öffentlichkeit entsteht.

Die Beschäftigung mit den Vorständen und Gewerkschaftstagen ist deshalb so ausführlich, weil deutlich werden soll, daß es in den beiden Organen nicht allein um die Politik der Einzelgewerkschaft in bezug auf die Auseinandersetzung mit Arbeitgebern und Regierungen geht. Die dort beschlossene und »gefahrene« politische Linie wirkt auch auf die DGB-Politik zurück.

Der Schlüssel zum Verständnis der DGB-Politik liegt in der Autonomie der Einzelgewerkschaften, die diesen Bund bezahlen und deren Gewicht in ihm völlig unterschiedlich ist. Augenfälligster Maßstab für die Bedeutung der einzelnen Gewerkschaften im DGB ist ihre Größe. Hierzu die Aufzählung der 16 »klassischen« Einzelgewerkschaften des DGB nach ihren Mitgliederzahlen geordnet nach der Mitglieder-Statistik vom 31. 12. 1976. Damals hatten die Gewerkschaften des DGB 7 400 021 Mitglieder = 100%. Davon entfielen auf die:

IG Metall (IGM)	2 581 340	34,9 %
Gewerkschaft Öffentliche Dienste, Transport und Verkehr (ÖTV)	1 063 675	14,4 %
IG Chemie-Papier-Keramik (IG CPK)	643 390	8,7 %
IG Bau, Steine, Erden (BSE)	504 548	6,8 %
Gewerkschaft der Eisenbahner Deutschlands (GdED)	436 193	5,9 %
Deutsche Postgewerkschaft (DPG)	417 642	5,6 %
IG Bergbau und Energie (IG BE)	371 525	5,0 %
Gewerkschaft Textil-Bekleidung (GTB)	286 556	3,9 %
Gewerkschaft Handel, Banken und Versicherungen (HBV)	274 783	3,7 %
Gewerkschaft Nahrung, Genuß, Gaststätten (NGG)	241 281	3,3 %
IG Druck und Papier	158 180	2,1 %
Gewerkschaft Erziehung und Wissenschaft (GEW)	151 647	2,0 %
Gewerkschaft Holz und Kunststoff (GHK)	133 248	1,8 %
Gewerkschaft Leder	54 417	0,7 %
Gewerkschaft Kunst	41 632	0,6 %
Gewerkschaft Gartenbau, Land- und Forstwirtschaft	39 964	0,5 %

Die Arbeiter stellten mit 71,2 % = 5 265 983 Mitglieder, die größte Gruppe unter den Gewerkschaftsmitgliedern, gefolgt von den Angestellten mit 19,4 % = 1 435 724 Mitglieder und schließlich die Beamten mit 9,4 % = 698 314 Mitglieder. 81,7 % = 6 046 063 aller Gewerkschaftsmitglieder waren Männer (Geschäftsbericht DGB 1975–1977, S. 424).

Die Aufschlüsselung der Mitglieder nach einzelnen Personengruppen sowie nach Männern und Frauen ist notwendig für die abschließende Diskussion über die Personengruppen in den Einzelgewerkschaften und im DGB. Mit dem Argument der »Größe« operierten auch die Gewerkschaft Nahrung-Genuß-Gaststätten und die Gewerkschaft Textil-Bekleidung als sie 1978 ihren »Kooperationsvertrag« schlossen und damit den Grundstein legten für eine »Verbrauchsgütergewerkschaft«. 1978 trat die Gewerkschaft der Polizei (GdP) mit ca. 140000 Mitgliedern als 17. Einzelgewerkschaft dem DGB bei.

4.6. DGB-Bundesvorstand

Nach der Satzung des DGB vereinigt der Bund »die Gewerkschaften zu einer wirkungsvollen Einheit und vertritt ihre gemeinsamen Interessen« (§ 2,1 a der DGB-Satzung). Diese »Einheit« gestaltet sich jedoch sehr widersprüchlich aufgrund der Stellung der Einzelgewerkschaften gegenüber dem Bund und dessen Abhängigkeit von ihnen (sowohl finanziell als auch in den Entscheidungsgremien). Die Auseinandersetzungen um den Kurs der Politik des DGB sind heute zwischen den Einzelgewerkschaften nicht mehr so offen und schablonisiert wie in den sechziger Jahren, als es um die Frage der Notstandsgesetzgebung und um den Inhalt eines neuen DGB-Grundsatzprogrammes ging. Die damalige Debatte wurde in der Öffentlichkeit personalisiert: Otto Brenner, Vorsitzender der IG Metall, gegen Georg Leber von der IG Bau-Steine-Erden. Otto Brenner stand im DGB für die »Traditionalisten« und Georg Leber repräsentierte die »Reformer«. Die Auseinandersetzungen zwischen den Einzelgewerkschaften um die Linie der DGB-Politik gehen nach wie vor weiter, aber da die spektakulären Aufhänger fehlen, werden die Debatten selten öffentlich geführt oder aber in der Öffentlichkeit nicht weiter registriert. Eine Änderung deutet sich hier in der aktuellen Energie- bzw. Ökologiedebatte an.

4.7. Der Bundesvorstand eines Repräsentationsverbandes

Der Bundesvorstand des DGB besteht aus den Vorsitzenden der im Bund vereinigten Gewerkschaften und neun hauptamtlichen DGB-Vorstandsmitgliedern, die den geschäftsführenden Bundesvorstand bilden. Er setzt sich zusammen aus dem Vorsitzenden, zwei Stellvertretern und sechs weiteren Mitgliedern.

Der DGB-Bundesvorstand verfügt über eine Vorstandsverwaltung, um seinen mannigfaltigen Repräsentationsverpflichtungen nach außen und seinen Organisationsaufgaben gegenüber den Einzelgewerkschaften gerecht zu werden. Die Repräsentation der Gewerkschaften nach außen, gegenüber dem Staat, betrifft allgemein politische Fragen, wie die Sicherung des sozialen und demokratischen Rechtsstaates und seiner freiheitlich-demokratischen Grundordnung, das Eintreten für eine allgemeine Abrüstung, die Sozialpolitik (der DGB ist zuständig für die Vertretung der Gewerkschaften in den Gremien der Sozialversicherung) und die Wirtschaftspolitik (hier geht es besonders um Mitbestimmung bei der Konjunktur- und Strukturpolitik), die Steuer- und Verbraucherpolitik und die Bildungs- und Kulturpolitik (§ 2,3 d).

Ferner übernimmt der DGB für die Einzelgewerkschaften die Vertretung in den »durch Gesetze zugewiesenen Befugnissen in der Wirtschaft, im sozialen Bereich, im kulturellen Bereich, in den sonstigen Körperschaften, Institutionen und Verwaltungen sowie in der Arbeits-, Sozial-, Verwaltungs- und Finanzgerichtsbarkeit« (§ 2,3 e). Dasselbe gilt für die Vertretung des Bundes in den Organen der Europäischen Gemeinschaft.

Außerdem formuliert der DGB die gewerkschaftlichen Auffassungen und Forderungen zu aktuellen Fragen gegenüber Bundestag, Bundesrat, Länderparlamenten, Regierungen und Behörden. Schließlich ist der DGB auch noch die Spitzenorganisation »in Fragen des Beamten- und Besoldungsrechts« und nimmt die »gemeinsamen Aufgaben der Gewerkschaften für die Arbeiter, die Angestellten, die Beamten, die Frauen und die Jugend« (§ 2 g und h) wahr.

Es ist bemerkenswert, daß die Satzung den Kontakt zum Internationalen Bund freier Gewerkschaften (IBFG) nur als politische Aufgabe unter anderen formuliert. Über den DGB werden die bundesdeutschen Gewerkschaften in die internationale Dachorganisation der Gewerkschaften integriert. Die Koordination und Einigung der Gewerkschaften Westeuropas ist nicht ausdrücklich als Aufgabe des DGB in der Satzung niedergelegt, aber der DGB ist aufgefordert, sich allgemein »um Fortschritt in der europäischen Einigung« (§ 2, 3 a) zu bemühen.

Diesem Anspruch des DGB auf Wahrnehmung der Interessen der Lohnabhängigen gegenüber dem Staat und seinen Institutionen steht die Repräsentationsanforderung des Staates an den DGB als Interessenverband für die abhängig Beschäftigten in den verschiedenen staatlichen Proporzgremien gegenüber, an denen Verbände beteiligt werden.

»Formaljuristisch bleibt das Mitbestimmungsrecht der Gewerkschaften bei gesetzgeberischen Maßnahmen des Staates auf das Gebiet der Lohn- und Arbeitsbedingungen (Hirsch meint hier Schlichtungsbehörden, Allgemeinverbindlichkeitserklärung von Tarifverträgen, Mitbestimmung bei der Festsetzung von Mindest-Arbeitsbedingungen, M. W.) beschränkt. Demgegenüber bietet aber die Mitgliedschaft der Gewerkschaften in einer Vielzahl ministerieller Beiräte eine institutionelle Basis zur Konsultation mit der Regierung bei der Vorbereitung und Durchführung politischer Entscheidungen auf weit umfassenderem Feld. Wie weit dabei der effektive Einfluß der Gewerkschaften reicht, kann generell nicht bestimmt werden. Dies hängt weitgehend vom jeweils vorhandenen Kräfteverhältnis im Einzelfall ab.«[54]

Wie mannigfaltig die Repräsentationsverpflichtungen des DGB sind, davon vermittelt Joachim Hirsch, der diese »Beteiligungen« des DGB in den sechziger Jahren untersucht hat, einen Eindruck. Er führt insgesamt 22 Beiräte mit umfassender Zuständigkeit für politische Entscheidungen grundsätzlicher Natur auf, in denen der DGB vertreten ist. Diese Beiräte reichen vom Beirat für die Neuordnung der sozialen Leistungen beim Bundesarbeitsminister über das Kuratorium für Jugendfragen beim Bundesminister für Familien- und Jugendfragen, den Zollausschuß beim Bundeswirtschaftsminister, den Forschungsbeirat für Fragen der Wiedervereinigung beim (damaligen) Bundesministerium für gesamtdeutsche Fragen bis zu den Verkehrsbeiräten in einigen Bundesländern. Auch in der Deutschen Atomkommission saß der DGB.

Der DGB war in 24 Beiräten mit begrenztem Zuständigkeitsbereich für einzelne Sachfragen vertreten. Sie reichten vom Ausschuß für sozialpolitische Fragen beim Bauen im Winter über den Beirat für hauswirtschaftliche Berufsausbildung beim Bundesarbeitsminister, den Ausschuß zur Neuordnung des Milchgesetzes beim Bundesernährungsminister, den Ausschuß für die Neugestaltung des Gütertarifs beim Bundesverkehrsminister, den Beirat für Bauforschung beim Bundeswohnungsbauminister bis hin zum Sachverständigenausschuß für Kurzschrift der Ständigen Konferenz der Kultusminister.

Auf Länderebene saß der DGB in den Ausschüssen für Jugendarbeitsschutz bei den obersten Landesbehörden und den Beiräten für

Berufsschulfragen bei den Länderministerien und in den Beiräten der einzelnen Berufsschulen.

Nach der Beteiligung an Beiräten führt Hirsch das gesetzliche Anhörungs- und Beratungsrecht auf:

»Parallel und ergänzend zur Tätigkeit der oben genannten Beiräte sind einige Anhörungs- und Beratungsrechte zu erwähnen, die den Gewerkschaften vor dem Erlaß von Rechtsverordnungen durch die Bundesregierung zustehen. In diesem Zusammenhang ist die Vorschrift über die Verbandsanhörung nach § 23 der gemeinsamen Geschäftsordnung der Bundesministerien, besonderer Teil, von Bedeutung. Sie gibt den Verbänden zwar kein subjektiv-öffentliches Recht auf Anhörung, sondern stellt die Heranziehung der ›beteiligten Fachkreise‹ in das Ermessen des Ministeriums. Doch dürfte gerade dieser Vorschrift in der Praxis ein größeres politisches Gewicht zukommen als den nachstehend aufgeführten besonderen Anhörungsrechten.«[55]

Unter diesen (insgesamt acht) Anhörungsrechten sind Durchführungsverordnungen zum Tarifvertragsgesetz, Erlaß allgemeiner Regelungen für die Verhältnisse der Bundesbeamten und der Erlaß von Rechtsverordnungen über Tarife im Güterfernverkehr. Über die direkte Mitwirkung der Gewerkschaften in der staatlichen Verwaltung berichtet Hirsch:

»Die intensivste Form der Zusammenarbeit zwischen staatlicher Verwaltung und Gewerkschaften finden wir in den Fällen, in denen Gewerkschaftsvertreter als vollberechtigte Mitglieder in staatliche Verwaltungsbehörden delegiert werden. Diese Form der Zusammenarbeit findet sich vor allem in ausgegliederten Zweigen der staatlichen Verwaltungsorganisation, in wenigen Fällen jedoch auch in Behörden der unmittelbaren Staatsverwaltung.«[56]

Es sind zwölf Verwaltungen, an denen damals der DGB beteiligt war: darunter die Jugendwohlfahrtsausschüsse, die Versorgungsanstalt des Bundes und der Länder, die der Bundespost, die Bundesanstalt für Arbeitsvermittlung und Arbeitslosenversicherung (heute die Bundesanstalt für Arbeit – BfA). Da letztere für die Gewerkschaftsmitglieder sicher eine der wichtigsten Verwaltungen ist, an denen der DGB beteiligt ist, sei hier die Beteiligung des DGB ausführlicher mitgeteilt, die sich gegenüber damals im Grundsatz nicht verändert hat:

»Vorstand und Verwaltungsrat der Anstalt sowie die Verwaltungsausschüsse der Landesarbeitsämter und Arbeitsämter sind jeweils zu einem Drittel mit Vertretern der Gewerkschaften, der Arbeitgeberverbände und der öffentlichen Körperschaften besetzt. Das Vorschlagsrecht der Gewerkschaften für ihre Vertreter kommt faktisch einem Entsendungsrecht gleich.«[57]

Außerdem hat der DGB seinen Sitz in den Verwaltungsräten der Bundespost, der Bundesbahn, der Kreditanstalt für Wiederaufbau, der Deutschen Landwirtschaftlichen Rentenbank, der Einfuhr- und Vorratsstelle, der Mühlenstelle, der Bundesanstalt für den Güterfernverkehr und schließlich der Bundesprüfstelle für jugendgefährdende Schriften.

In 13 Verwaltungsbehörden saß der DGB in Beiräten. Es sind dies der Verwaltungsrat der Bundesstelle für Außenhandelsinformationen, die Sachverständigenausschüsse des Bundesamts für Gewerbliche Wirtschaft, der Versicherungsbeirat beim Bundesaufsichtsamt für das Versicherungs- und Bausparwesen, der Beirat für Bausparkassen beim Bundesamt für das Versicherungs- und Bausparwesen, die Beiräte der Hauptverwaltungen der Deutschen Bundesbank (Landeszentralbanken), den Beiräten des Statistischen Bundesamtes, des Technischen Hilfswerks, der Tarifkommission bei der Bundesanstalt für den Güterfernverkehr, dem Verwaltungsbeirat der Bundesanstalt für Flugsicherung, den Beiräten bei den Wasser- und Schiffahrtsdirektionen, dem Bundesinstitut für Arbeitsschutz und dem Beirat für den Lastenausgleich beim Bundesausgleichsamt und schließlich den Berufsschulbeiräten.

Von besonderer Bedeutung für die Arbeiter und Angestellten ist die Mitwirkung der Gewerkschaften bei der Rechtssprechung, besonders bei der Arbeitsgerichtsbarkeit:

»Bei der Bestellung der Arbeitsrichter wurde den Gewerkschaften ein weitgehendes Mitwirkungsrecht zugebilligt. Die hauptamtlichen Vorsitzenden der Arbeitsgerichte werden nach Beratung mit einem Ausschuß ernannt, der zu gleichen Teilen aus Vertretern der Gewerkschaften, der Arbeitgeber und der Arbeitsgerichtsbarkeit besteht (§ 18 ArbGG). Noch stärker ist der gewerkschaftliche Einfluß auf die Bestellung der Beisitzer, die je zur Hälfte aus Kreisen der Arbeitgeber und Arbeitnehmer entnommen werden (§ 16 ArbGG). Die obersten Landesarbeitsbehörden berufen die Arbeitnehmerbeisitzer aufgrund von Vorschlagslisten, die von den Gewerkschaften eingereicht werden (§ 2 ArbGG).«[58]

Die Gewerkschaften wirken mit am Bundesdisziplinargericht für Beamte, an den Fachkammern und Fachsenaten für Streitigkeiten aus der Personalvertretung bei den Verwaltungsgerichten, der Sozialgerichtsbarkeit, wo wie im Fall der Arbeitsgerichtsbarkeit ähnliche Regelungen gelten, den Schiedsstellen nach dem Gesetz über Arbeitnehmererfindungen und schließlich bei der Finanzgerichtsbarkeit.

Ein weiterer Teilbereich gewerkschaftlicher Tätigkeit umfaßt die autonome Regelung öffentlicher Angelegenheiten in Zusammenarbeit mit anderen Verbänden. Es sind dies, sieht man von den Tarifverträgen ab, die Unfallverhütungsvorschriften der Berufsgenossenschaften, die Zentralstelle für Unfallverhütung beim Hauptverband der gewerblichen Berufsgenossenschaften mit ihren rund 30 Fach- und Arbeitsausschüssen, die paritätisch besetzt sind. »Die Unfallverhütungsvorschriften sind Bestandteil des öffentlichen Arbeitsschutzrechtes.«[59]

Als nächster Komplex von Verwaltungen, an denen die Gewerkschaften paritätisch beteiligt sind, sind vor allem die Sozialversicherungsträger zu nennen (Vertreterversammlung und Vorstand setzen sich paritätisch aus Vertretern der Arbeitgeber und der Versicherten zusammen). Ferner wirkt der DGB in sozialpolitischen Ausschüssen und Arbeitsgemeinschaften wie denen der Deutschen Gesellschaft für Arbeitsschutz und der Arbeitsgemeinschaft für Arbeitssicherheit im Deutschen Verein für Öffentliche und Private Fürsorge.

Darüber hinaus ist der DGB an allen zentralen Institutionen beteiligt, die sich mit der Planung und der Kontrolle der Durchführung der Berufsbildung befassen bis hin zu den Berufsbildungsausschüssen bei den Industrie- und Handelskammern, den Handwerkskammern und anderen Kammern.

Der DGB ist gleichfalls vertreten in den sonstigen wirtschaftspolitischen Institutionen und Vereinigungen wie dem Rationalisierungskuratorium der Deutschen Wirtschaft (RKW), dem Verband für Arbeitsstudien (REFA), dem Deutschen Normenausschuß, dem Rat für Formgebung und der Arbeitsgemeinschaft Hauswirtschaft, der Deutschen Stiftung für Entwicklungsländer und den landwirtschaftlichen Marktverbänden.

Zu den kulturpolitischen Institutionen, an denen die Gewerkschaften in irgendeiner Form teilhaben, gehören die Rundfunkräte bei den Rundfunkanstalten, die Freiwillige Selbstkontrolle der Filmwirtschaft, die Max-Planck-Gesellschaft und die Stiftung Volkswagenwerk. Abschließend sind noch eine Reihe von Fördermitgliedschaften des DGB zu erwähnen, wie die im Ausschuß »Kampf gegen den Hunger«, in der Deutschen Altenhilfe, in der Deutschen Gartenbaugesellschaft, in der Deutschen Kommission für Weltraumforschung, in der Deutschen UNESCO-Kommission und im Deutschen Jugendherbergswerk.

Ich habe diese Aufzählung so umfangreich zitiert – ausgelassen ist dabei die Personalvertretung beim öffentlichen Dienst, die Joachim Hirsch wie auch andere, z. B. Günther Triesch, durch die Mitgliedschaft vieler Personalräte in der ÖTV, als Beispiele für den gewerkschaftlichen Einfluß auf die Verwaltung anführen –, um einen Eindruck zu vermitteln, in wie vielen Bereichen und Institutionen der DGB die Gewerkschaften als Vertreter der Lohnabhängigen repräsentiert.

In dieser Aufzählung fehlen die gewerkschaftlich organisierten Abgeordneten des Bundestages, die immer wieder zitiert werden, um den Einfluß der Gewerkschaften auf die Politik zu belegen. Der Geschäftsbericht 1975 bis 1977 führt 231 Abgeordnete auf, die Mitglieder von DGB-Gewerkschaften sind, das sind bei 518 Abgeordneten 45,6% aller Abgeordneten. Davon gehörten 205 der SPD an, 21 der CDU/CSU und 5 der FDP (S. 10). In Bonn unterhält der DGB eine parlamentarische Verbindungsstelle, deren Motto »informieren und informiert werden« lautet, dies »mußte verstärkt auch für die Bundesministerien gelten. So bildete die Arbeit mit Fachabteilungen einzelner Ministerien, mit den Gewerkschaftsreferenten der obersten Bundesbehörden und der Parteivorstände einen weiteren Schwerpunkt in der Tätigkeit der Verbindungsstelle. Gespräche und Beratungen mit sachkundigen Abgeordneten, ihrer Information über die gewerkschaftliche Meinung zu Einzelfragen anhängiger Gesetzesvorhaben war die notwendige und nützliche Ergänzung von Spitzengesprächen zwischen führenden Politikern und verantwortlichen Gewerkschaftsfunktionären.« (Geschäftsbericht 1972–1974, S. 11)

Neben der Kontaktpflege zu den Parlamenten und Parteien haben die Gewerkschaften in den letzten Jahren auch verstärkt die öffentliche Diskussion um die Bildungsreform, und zwar nicht nur im Zusammenhang mit der Berufsbildung, mitgeprägt und mitbestimmt.

Erstmalig schlossen Universitäten mit Gewerkschaften Kooperationsverträge ab, ein bescheidenes Gegengewicht zu der seit Jahrzehnten funktionierenden Kooperation zwischen der »Wirtschaft« und insbesondere den Technischen Universitäten, über die Großunternehmen ihre Grundlagenforschung abwickeln.

All diese Repräsentationsverpflichtungen des DGB lassen in der Öffentlichkeit den Eindruck entstehen: Wohin man auch schaut in der Politik, überall sind die Gewerkschaften dabei. Die Formel vom »Gewerkschaftsstaat« scheint sich zu bestätigen. Die Kooperation der Verbändebürokratien mit der Staatsbürokratie findet ihren Niederschlag im politischen Entscheidungsprozeß.

»Da die meisten Parlamentarier zugleich auf das Wohlwollen von Verbänden angewiesen sind – etwa der Gewerkschaften –, können sie an den Wünschen ihnen nahestehender Verbände schlecht vorbeigehen. Die Staatsbürokratie nutzt diese Chancen und verbündet sich häufig schon im Vorfeld der Gesetzgebung oder der politischen Meinungsbildung mit den Verbandsexperten, um auf diese Weise die Abgeordneten in eine doppelte Loyalität zu zwingen: Gegenüber den von den Ministern vertretenen, aber in der Bürokratie erarbeiteten Vorlagen und gegenüber oft gleichlautenden Voten der mit den Abgeordneten verbundenen Verbände. Die Bürokraten des Staates, der Verbände und der Parteien wirken so in *einer* Richtung zusammen: Sie engen den originären, kreativen Gestaltungsspielraum der Parlamente ein und sie schließen eher untereinander Kompromisse, als dem Parlament die Rolle des Schiedsrichters und damit alternative Entscheidungen zu überlassen. Die Abgeordneten sind für die Bürokratien sozusagen die Schaufensterdekoration der Demokratie. Man begegnet den gewählten Volksvertretern mit Respekt und tut, was man für richtig hält . . . Das verzwirnte System der Bürokratien des Staates, der Verbände und der Parteien hat die Parlamentarier mittlerweile soweit einbezogen, daß die Intransparenz des realen politischen Geschehens zu einem gemeinsamen Interesse aller Beteiligten geworden ist. Teilhabe an der Macht, nicht Kontrolle oder Transparenz der Macht sind das gemeinsame Bestreben der Bürokratien wie vieler Parlamentarier. Infolge dessen verlagert sich die öffentliche Selbstdarstellung der Fraktionen und der Abgeordneten in unseren Parlamenten immer mehr auf politische Grundsatzfragen und ideologische Scheingefechte. So läßt sich trefflich streiten, ohne daß damit konkrete Sachentscheidungen verbunden wären . . . Personalprobleme sind bevorzugte Gesprächsthemen unter Abgeordneten. Mit den ideologischen Formeln bestreiten sie ihr Engagement gegenüber Wählern und Öffentlichkeit, mit der Personalpolitik ihren Machtanspruch innerhalb der Hierarchien der Fraktionen. Die politischen Sachentscheidungen hingegen werden mehr und mehr im Rahmen des verzweigten Establishments ausgehandelt, dessen harter Kern die Staatsbürokratie ist.«[60]

Was Ulrich Lohmar hier bezogen auf den Parlamentarier beschreibt, gilt in verstärktem Umfang für die Beziehung DGB-Funktionär zum Gewerkschaftsmitglied. Bei den DGB-Funktionären kommt ein weiteres Problem hinzu: Wenn sie nicht in Rechtsstellen arbeiten, haben sie in der Regel zu den Gewerkschaftsmitgliedern keinen unmittelbaren Kontakt mehr. Ihre Gesprächspartner sind die Funktionärskollegen der Mitgliedergewerkschaften des DGB. Die DGB-Funktionäre sind gezwungen, mit den Pfunden ihrer Repräsentationsbeziehungen gegenüber den Einzelgewerkschaften zu wuchern und den Akzent gewerkschaftlicher Politik mehr auf die Vertretung ihrer gemeinsamen Forderungen gegenüber dem Staat und den Zentralverbänden der Arbeitgeber, das heißt ihren Komplementärbürokratien, zu legen. Die DGB-Funktionäre sind z. B. eher gegen eine gewerkschaftliche Berufsbildungspolitik mit Tarifverträgen. Eine solche Politik würde bei der derzeitigen Konstruktion des Verhältnisses zwischen Einzelgewerkschaften und DGB den DGB de facto aus der Berufsbildungspolitik ausschalten. Der DGB wird von den Einzelgewerkschaften nur selten als Clearingstelle für eine gemeinsame Politik genutzt. Vielmehr versucht jede Einzelgewerkschaft den DGB für ihre Sicht der Dinge zu gewinnen. Daher drücken Verlautbarungen und Positionen des DGB oftmals nur den kleinsten Nenner dessen aus, auf was sich die Einzelgewerkschaften einigen können.

Mit diesen Sätzen über den Stellenwert der Repräsentationspolitik der DGB-Funktionäre und deren Stellung gegenüber ihren Kollegen aus den Einzelgewerkschaften sind wir bei den Organisationsaufgaben des Bundes angelangt, die er laut Satzung gegenüber den Einzelgewerkschaften hat. Es sind dies grundsätzlich »die Vorbereitung und Durchführung von Maßnahmen in Wahrnehmung des Widerstandsrechts (Art. 20, Abs. 4, Grundgesetz) zur Verteidigung der freiheitlich demokratischen Grundordnung, der einzelnen Grundrechte und der Unabhängigkeit der Gewerkschaftsbewegung« (§ 2,4a).

Abgesehen davon sind die konkreten Organisationsaufgaben des Bundes als Koordinierungsinstanz der Einzelgewerkschaften vergleichsweise bescheiden: Sie reichen satzungsgemäß von der Aus- und Fortbildung von Mitgliedern und Funktionären (in eigenen DGB-Schulen sowie örtlicher und überörtlicher Kultur-, Bildungs- und Berufsbildungseinrichtungen) über die Errichtung von Rechtsstellen, die Wahrnehmung der Öffentlichkeitsarbeit, die Förderung von gemeinwirtschaftlichen, gemeinnützigen und genossenschaftlichen Bestrebungen, die Erarbeitung von Grundsätzen für die Tarifpolitik, die Schaffung von Richtlinien zur Führung und Unterstützung von Arbeitskämpfen, die Schlichtung von Streitigkeiten zwischen den Gewerkschaften, die Koordinierung der diversen Unterstützungsaufgaben der Gewerkschaften für ihre Mitglieder und der Gehalts- und Anstellungsbedingungen der hauptamtlichen Gewerkschaftsfunktionäre bis zur Unterstützung der Einzelgewerkschaften bei der Erfüllung außerordentlicher Aufgaben (§ 2,4b–n).

An zwei Beispielen sei illustriert, wie die Verfassungswirklichkeit aussieht: »Die »Gewerkschaft der Polizei« (GdP) bemühte sich bereits zu Beginn der fünfziger Jahre um Aufnahme in den DGB als 17. Gewerkschaft. Bedingung war die Übernahme der »Fachgruppe der Polizei« der ÖTV durch die GdP; aufgenommen wurde die GdP erst 1978. Bereits 1952 erklärte Albin Karl, daß der DGB-Bundesvorstand nicht imstande sei, »Richtlinien für die Abgrenzung der Organisationsgebiete« vorzulegen, weil die einzelnen Gewerkschaften »die Schiedssprüche« nicht respektierten (Protokoll des 2. Bundeskongresses des DGB, Berlin 1952, S. 282). Über die Koordinierung des gewerkschaftlichen Unterstützungswesens lesen wir im »Geschäftsbericht 1975–1977« des DGB:

»Auch der Abbau überholter Unterstützungsformen und die Einführung neuer Leistungen für die Mitglieder weisen in Richtung auf Vereinheitlichung. Diese Veränderungen sind ohne ein Einwirken des Bundes zustande gekommen. Es ist auch nicht zu erwarten, daß der Bund weitergehende Veränderungen der organisatorischen Struktur bei seinen Mitgliedern bewirken kann« (S. 419).

Horst Föhr urteilt über die Aufgaben- und Kompetenzabgrenzung von DGB und Einzelgewerkschaften:

»Der DGB hat auch kaum einen ihm allein zustehenden Zuständigkeitsbereich. Große Gewerkschaften wie die IG Metall und die ÖTV können seine Leistungen z. B. im gewerkschaftsinternen Bildungsbereich dadurch schmälern, daß sie sich denselben Aufgaben zuwenden. Aufgrund größerer Macht der Vorstände können die Einzelgewerkschaften dabei bessere Ergebnisse erzielen als der Bundesvorstand.«[61]

Die dominierende Stellung der Einzelgewerkschaften gegenüber dem Bund zeigt sich auch in Funktion und Zusammensetzung des Bundesausschusses, der im Unterschied zu den Beiräten in den Einzelgewerkschaften den Namen eines Kontrollorgans wirklich verdient.

4.8. Der DGB-Bundesausschuß

Der Bundesausschuß ist das höchste Organ des DGB zwischen den Bundeskongressen. Seine Aufgaben sind umfassend: er bestätigt den DGB-Haushalt, die Mitglieder der Landesbezirksvorstände, und die Gehalts- und Anstellungsbedingungen der Angestellten des Bundes. Er erläßt die Richtlinien für die Geschäftsführung, er bestimmt die Verwendung der Mittel aus dem Solidaritätsfond und die Festlegung von Ort und Richtlinien für die Abgrenzung von Organisationsgebieten der Einzelgewerkschaften. Er legt Ort und Termin des Bundeskongresses fest, er beschließt über Aufnahme oder Ausschluß einer Gewerkschaft. Er hat das Recht, ein Mitglied des Geschäftsführenden Bundesvorstandes mit ⅔ Mehrheit abzuberufen. Selbstverständlich nimmt der Beirat notwendige Ergänzungswahlen zu den Organen des Bundes vor (§ 8 der DGB-Satzung).

Der Unterschied zwischen den Aufgaben des Bundesausschusses des DGB und den mit ihm formal vergleichbaren Beiräten bei den Einzelgewerkschaften ist schon bemerkenswert. Nach den Satzungen der IG Metall und der IG Chemie-Papier-Keramik hat der Beirat weder das Beschlußrecht über den Haushalt der Gewerkschaft noch hat er das Recht, ein Mitglied des geschäftsführenden Hauptvorstandes abzuberufen.

»Die Befugnisse des Bundesausschusses sind weitreichend, so daß er als das faktische Hauptorgan angesehen werden kann.«[62] Der Bundesausschuß tagt regelmäßig jedes Vierteljahr; mit der Satzungsänderung 1971, die die Mitgliederzahl des Bundesausschusses erhöhte, wurde der Einfluß der großen Gewerkschaften auf die DGB-Politik drastisch verstärkt. Setzte sich nach § 12 der Satzung des DGB von 1949 der Bundesausschuß aus den Mitgliedern des geschäftsführenden Bundesvorstandes, den neun Landesbezirksvorsitzenden und jeweils zwei Vorstandsmitgliedern der dem Bund angeschlossenen Gewerkschaften zusammen, wobei Gewerkschaften mit mehr als 300000 Mitgliedern einen dritten Vertreter entsenden konnten, so entsenden jetzt die Einzelgewerkschaften 100 Mitglieder in den Bundesausschuß, die sich wie folgt aufschlüsseln: zunächst erhält jede Einzelgewerkschaft drei Delegierte, die übrigen werden nach dem Höchstzahlverfahren auf die Einzelgewerkschaft entsprechend der Zahl der Mitglieder, für die sie an den Bund Beitragsgelder abführt, verteilt. Außerdem nehmen an den Bundesausschußsitzungen je ein Vertreter der Personengruppen mit beratender Stimme teil.

Der Beirat ist ein Gremium, auf dessen Zusammensetzung der DGB-Bundeskongreß keinen Einfluß hat. In ihn entsenden die Einzelgewerkschaften – in der Praxis sind es ihre Vorstände – ihre Delegierten.

Wenn Horst Föhr meint, daß der Bundesausschuß als das faktische Hauptorgan des DGB angesehen werden muß, so stimmt dies natürlich nur, wenn es um gewichtige Fragen der Gewerkschaftspolitik geht, die in den Einzelgewerkschaften kontrovers diskutiert werden und wenn verhindert werden soll, daß der DGB die Kontroverse durch eine vorschnelle öffentliche Festlegung beeinflußt. In der Tagespolitik dürfte der Bundesvorstand das Organ sein, das die Gewerkschaftspolitik des DGB formuliert und vollzieht. Im Gegensatz zum Bundesausschuß, der nicht weiter beachtet wird, steht der DGB-Bundeskongreß im Rampenlicht des öffentlichen Interesses.

4.9. Der DGB-Bundeskongreß – »Parlament der Arbeit« oder »Aktionärsversammlung«?

Der Bundeskongreß des DGB sollte nach § 10,2 der Satzung von 1949 alle zwei Jahre stattfinden, der Turnus wurde später auf drei Jahre angehoben und soll nach dem Beschluß des 11. ordentlichen DGB-Bundeskongreß in Hamburg 1978 in Zukunft vier Jahre betragen.

Seine Aufgaben sind im wesentlichen die gleichen wie bei den Gewerkschaftstagen der Einzelgewerkschaften, sie müssen deshalb hier nicht noch einmal wiederholt zu werden. Nur der DGB-Bundeskongreß ist befugt, das DGB-Grundsatzprogramm zu beschließen. Antragsberechtigt sind die Vorstände der Gewerkschaften, der Bundesvorstand, die Landesbezirksvorstände und die Personengruppenausschüsse auf Bundesebene. Bis 1962 besaßen auch die Kreise Antragsrecht. Die Anzahl der Delegierten wird vom Bundesausschuß festgelegt, und die Delegierten werden auf die Einzelgewerkschaften, entsprechend deren Größe, verteilt. Bemerkenswert ist noch, daß die Delegierten bei den Einzelgewerkschaften in unterschiedlicher Weise gewählt werden. Die DGB-Satzung selbst enthält keine detaillierten Wahlvorschriften, sondern nur die Bestimmung, daß sie »von den Gewerkschaften nach demokratischen Grundsätzen gewählt« (§ 7,5) werden sollen. Obwohl im selben Abschnitt der Satzung bestimmt wird, daß dabei die Mitgliederstruktur zu berücksichtigen ist, war die Zahl der hauptamtlichen Delegierten, zumindest auf dem außerordentlichen Bundeskongreß von 1971, überproportional ausgefallen. Von den 430 Delegierten waren 238 hauptberufliche Gewerkschaftsfunktionäre (Protokoll, S. 13). Die Delegiertenzusammensetzung von 1971 war jedoch nicht untypisch. Der Anteil der hauptberuflichen Gewerkschaftsfunktionäre unter den Delegierten des 11. ordentlichen Bundeskongresses 1978 wurde von der Mandatsprüfungskommission nicht mitgeteilt, aber man kann sie ausrechnen: Von den 504 Delegierten waren 123 Arbeiter, 33 Angestellte, 48 Beamte. Es stellt sich die Frage nach der Zugehörigkeit der restlichen 300. Diese Zahlen habe ich dem Tagesprotokoll entnommen (S. 115f.), in der in Buchform vorliegenden Fassung gibt es eine interessante Abweichung: »Von den 504 Delegierten sind 123 Arbeiter, 330 Angestellte, 48 Beamte und drei Rentner.« (S. 181) Formal ist diese »Korrektur« richtig, auch hauptamtliche Gewerkschaftsfunktionäre sind »Angestellte«.

Die DGB-Bundeskongresse titulieren sich stolz als »Parlamente der Arbeit«, aus der Sicht ihrer Delegiertenzusammensetzung sind sie aber eher mit einer »Aktionärsversammlung« zu vergleichen, und dies in doppelter Hinsicht.
– Ausschlaggebend für die Delegiertenzahl sind die pro Mitglied an den DGB von den Einzelgewerkschaften abgeführten Beiträge.

Auf diese Weise gibt es im DGB zwei »Großaktionäre«, die IG Metall und die ÖTV. Von den 504 Delegierten des 11. DGB-Kongresses 1978 stellte die IG Metall 176 und die ÖTV 72, beide zusammen hatten mit 248 knapp die Hälfte der Mandate. Zählt man noch die 157 Delegierten der »Mittelgruppe« hinzu (IG Chemie-Papier-Keramik 41, BSE 33, DPG 29, GdED 28 und IG Bergbau und Energie 26), so »hielten« 7 Gewerkschaften 401 der insgesamt 504 Mandate. 10 Gewerkschaften teilten sich in die verbleibenden 103 Sitze. Wie es sich für diese Struktur gehört, gibt es auch »Kleinaktionäre« auf einem solchen Kongreß:
»Kolleginnen und Kollegen, es ist merkwürdig, wenn Sprecher kleinerer Gewerkschaften kommen und etwas sagen wollen, will man nicht zuhören. Ich bitte um Toleranz.« (S. 415)
Hans Pfister, von dem dieser Appell stammt, gehörte zu den immerhin 19 Delegierten der GTB, also keiner der ganz kleinen Gewerkschaften.
- Bis auf den Vorsitzenden der DPG waren alle Vorsitzenden der 7 »Hauptaktionäre« des DGB stimmberechtigte Delegierte und damit »Vorsitzende« des Delegiertenblocks ihrer Gewerkschaft. Kraft Funktion waren sie Mitglieder des alten und des neu zu wählenden DGB-Bundesvorstands, und da die Mehrzahl »ihrer Delegierten« hauptamtliche Funktionäre waren, waren sie gleichzeitig deren oberste »Dienstvorgesetzte«. Nicht genug damit: Die Gewerkschaften stimmen in der Regel als »Blöcke« ab, und selbstverständlich finden vor wichtigen Abstimmungen noch Delegiertenversammlungen statt, wo »die Linie« festgelegt wird. Da z. B. bei der IG Metall in der Regel der gesamte Vorstand und die Bezirksleiter ebenfalls Delegierte sind, und dies bei den anderen Gewerkschaften auch nicht viel anders sein dürfte, ist die »Kongreßdemokratie« wirklich gesichert.

Als die ÖTV auf dem 7. ordentlichen Bundeskongreß 1966 einen Antrag mit der Forderung, »in der Satzung zu erkennen zu geben, nach welchen demokratischen Grundsätzen die Delegierten zum jeweiligen Bundeskongreß zu wählen sind« (Protokoll, S. 189), einbrachte, beschloß der Kongreß, diesen Antrag »als gegenstandslos zu betrachten« (S. 457). In der Begründung dieses Antrags hieß es:
»In keiner Satzung der 16 Einzelgewerkschaften im Deutschen Ge-

werkschaftsbund wird erwähnt, auf welcher Basis die Delegierten zum Bundeskongreß des DGB gewählt werden« (S. 190).

Weiter wurde in dem Antrag gefordert, daß die Delegierten der Einzelgewerkschaften in »Mitglieder- bzw. Delegiertenversammlungen zu wählen sind« (S. 190), was die Vermutung nahelegt, daß bis dahin die jeweiligen Vorstände die Delegiertenauswahl besorgten. Da die fragliche Bestimmung der DGB-Satzung seit 1949 nahezu unverändert geblieben ist, dürfte diese »demokratische Praxis« bis zum heutigen Tag andauern. Doch sind mir genauere Angaben über diese »Wahl« nicht bekannt. Eine Anfrage bei der DGB-Pressestelle in Düsseldorf wurde mit der Bemerkung quittiert, daß ihnen eine solche Frage in den letzten Jahren nicht gestellt wurde, man es selbst nicht wüßte und deshalb die Frage nicht beantworten könne.

5. Die Personengruppen

1973 betrug der Anteil der Arbeiter unter den Mitgliedern der DGB-Gewerkschaften 73,8 %, bis 1976 sank er zwar auf 71,2 %, aber gegenüber den Arbeitern sind die Angestellten (19,4 %) und Beamten (9,4 %) immer noch »Minderheiten« innerhalb des DGB. Auch die weiblichen Mitglieder, deren Anteil von 16,5 % 1973 auf 18,3 % 1976 anstieg, sind weiterhin unterrepräsentiert im Verhältnis zu ihrem Anteil an den Beschäftigten. Der Stamm der DGB-Gewerkschaften besteht also bis zum heutigen Tag aus Arbeiter-Mitgliedern.

Hinsichtlich der Angestellten geriet der DGB bereits 1948 unter »Konkurrenzdruck«, da es ihm nicht gelang, die »Deutsche Angestellten-Gewerkschaft« (DAG) im DGB zu halten. Streitpunkt waren die Angestellten in den Organisationsbereichen der großen Industriegewerkschaften, die von den zuständigen Verbänden selbst organisiert werden wollten, um nicht das Prinzip »Ein Betrieb – ein Verband« zu durchbrechen. Da es auch seitens der Beamten »Konkurrenzverbände« gab, sah sich der DGB gezwungen, für die »Minderheiten« seiner Gewerkschaftsmitglieder, und das waren die Angestellten, die Beamten, die Frauen und schließlich auch die Jugend, auf allen Organisationsebenen der Einzelgewerkschaften und des DGB Personengruppen aufzubauen, die deren spezifische Interessen artikulieren. Seit 1971 gibt es auch die Personengruppe der Arbeiter, sie wurde auf Antrag der ÖTV vom 3. a. o. Bundeskongreß beschlossen.

Die Personengruppen verfügen über eigene Organe (Ausschüsse), können »selbständige Konferenzen abhalten, Beschlüsse fassen und ein gewisses Eigenleben in der jeweiligen Organisation führen. Den Personengruppen zugeordnet sind in den großen Gewerkschaften i. d. R. eigene hauptamtliche Sekretäre, die die Arbeit der Personengruppen betreuen und anleiten und oft, gestützt auf diese Gruppen, zusätzlichen Einfluß in der Organisation ausüben«.[63]

Auf Kreis-, Landes- und Bundesebene haben die Ausschüsse für ihre jeweilige Organisationsebene Antragsrecht für die jeweiligen Konferenzen. Die Personengruppe Jugend z. B. umfaßte 1976 1 232 700 Mitglieder (16,7 %) der DGB-Gewerkschaften. Der Geschäftsbericht vermerkt stolz, daß »die Gewerkschaftsjugend die weitaus größte politische Jugendorganisation der Bundesrepublik« sei (Geschäftsbericht 1975–77, S. 450), aber Angaben über die Zahl der Jugendgruppen, wo sich die 1,2 Mill. treffen könnten, wird man vergeblich suchen, mit gutem Grund – es gibt kaum welche!

6. Das Eigengewicht der Organisationsebene der Gewerkschaften

Der Versuch, die Organisationsebenen der Gewerkschaften darzustellen und in ihren wechselseitigen Abhängigkeiten transparent zu machen, hat eines mit aller Deutlichkeit gezeigt: »Die Gewerkschaft« gibt es nicht oder bestenfalls in Ausnahmesituationen.

Realistischer ist es, von unterschiedlichen Personengruppen und Organisationsebenen in den Gewerkschaften auszugehen, die in ihrer Tagesarbeit gewissermaßen »autonom« sind. Diese Ebenen verfügen über ein Eigengewicht in der Organisation, das sie sowohl in ihrer Tagespolitik als auch in der innerorganisatorischen Willensbildung mit unterschiedlichem Gewicht zur Geltung bringen. Dieses Eigengewicht hat Auswirkungen auf die Gewerkschaftspolitik aller Ebenen, sei sie nun »selbstbestimmt« oder »angeordnet«. Adolf Brock sieht eine Tendenz zur Verselbständigung der einzelnen Organisationsebenen und der aktiven Minderheit, die Gewerkschaftspolitik formuliert, was nach seiner Meinung einen wesentlichen Charakterzug der Politik der DGB-Gewerkschaften ausmacht:

»Auf all den hier gezeigten Ebenen der Organisationen wird Gewerkschaftspolitik artikuliert, vertreten, beschlossen, durchgesetzt oder verhindert. Diese Strukturen zeigen aber, daß die einzelnen Ebenen der Organisationen sich verselbständigen können und die nächste Ebene erst dann in ihre Politik einbeziehen, wenn sie sie zur Legitimation der eigenen Politik benötigen. Die Kompliziertheit der herausgebildeten Strukturen hat bewirkt, daß am Willensbildungsprozeß in den Gewerkschaften – sichtbar durch die Artikulation des Mitgliederwillens und durch die Setzung der Gewerkschaftspolitik – nur eine Minderheit der Gewerkschaftsmitglieder beteiligt ist. Die Mehrheit der Mitglieder wird majorisiert durch die aktive Minderheit auf allen Gewerkschaftsebenen. Diese Minderheit setzt sich zusammen aus den hauptamtlichen Funktionären der verschiedenen Organisationsebenen, den freigestellten Betriebsräten und den Vertrauenskörperleitungen. Die Organisationsstruktur wird begünstigt und verfestigt durch das indirekte Wahlsystem, das in den Gewerkschaften vorherrschend ist: Die jeweils niedrigere Ebene wählt die Delegierten für die nächst höheren Organe. Das bewirkt, daß erstens solche Wahlen leichter steuerbar sind und zweitens die Rechenschaftsablegung formal zwar gewährleistet, in der Praxis aber zum Ritual einer Pflichtübung erstarrt ist. Dieses System sorgt außerdem dafür, daß Alternativen zur offiziellen Gewerkschaftspolitik, die an der Gewerkschaftsbasis diskutiert werden, i. d. R. die lokale Ebene nicht überschreiten und dadurch auf den Gewerkschaftstagen auch nicht zur Alternativentscheidung anstehen.«[64]

Das Gewicht der zentralen Ebenen in der Organisation wurde in den letzten Jahren immer weiter verstärkt; die zitierten Satzungsänderungen (z. B. Aufhebung von Verwaltungsstellen, Streichung des Antragsrechts von DGB-Kreisen an den Bundeskongreß, Verlängerung der Wahl- und Sitzungsperioden) lassen daran keinen Zweifel. Die Gewerkschaftsvorstände handeln dabei nicht nur aus purem Eigennutz: Einbezogen in die Politikberatung auf »höchster Ebene«, konfrontiert mit einer zentralisierten Verbandspolitik der Arbeitgeber, ausgesetzt einer personalisierenden Darstellung der jeweiligen Vorsitzenden durch das Fernsehen, dem wichtigsten Medium der heutigen Massenbeeinflussung, und gewohnt, in auch rechtlich abgesicherten »Zuständigkeiten« Politik zu verstehen und zu machen, betreiben sie zur eigenen satzungsrechtlichen Absicherung ihre innerverbandliche Kompetenzerweiterung. Alles muß seine Ordnung haben – auch die innerverbandliche Macht.

III. Das Organisationsproblem

Im vorigen Kapitel wurde die Organisationsstruktur der DGB-Gewerkschaften analysiert, um eine Vorstellung zu vermitteln, auf welchen innerorganisatorischen Ebenen Gewerkschaftspolitik gemacht wird. Gefragt war: »Wer ist die Gewerkschaft?«

Von der Frage, wer wo als Teil der Gesamtorganisation etwas machen kann, ist als Problem zu unterscheiden und ihm vorgeschaltet die Frage: Wer organisiert sich in der Gewerkschaft?

In der älteren Gewerkschaftsliteratur – auf sie wird noch einzugehen sein – wird diese Angelegenheit als Organisationsproblem begriffen und diskutiert. Das Organisationsproblem entstand, weil – freiwilliger Beitritt vorausgesetzt – die Gewerkschaften nur selten die Mehrheit der abhängig Beschäftigten organisieren konnten. Klaus von Beyme errechnete 1976 eine Aufstellung über den prozentualen Anteil der Gewerkschaftsmitglieder an den Erwerbstätigen. Danach überschreitet nur in Skandinavien, Österreich, Belgien, Luxemburg, Australien und Irland die Zahl der organisierten Gewerkschaftsmitglieder die 50%-Marke, der Organisationsgrad in der Bundesrepublik betrug 39%, der der USA 23%.[65]

Zentraler Gesichtspunkt in der Organisationsdiskussion war der der geeigneten Organisationsform, die möglichst viele »Berufsgenossen« im Verband zusammenhalten sollte. Berufsverband oder Industriegewerkschaft und politische Richtungsgewerkschaft, oder Einheitsgewerkschaft – um diese Organisationsformen kreiste die Debatte.

Die wichtigste Hypothese dieser Arbeit ist die vom Zusammenhang zwischen Organisationsstruktur und den Inhalten der praktischen Gewerkschaftspolitik. Dieser Zusammenhang macht es notwendig, auf die Debatten um die Lösung des Organisationsproblems einzugehen. Von zentraler Bedeutung ist dabei die organisatorische

Lösung der Vermittlung und Abstimmung von Mitglieder- und Funktionärswillen.

1. Der Mythos von der »Einheitsgewerkschaft«

1.1. Die Ideologie der Einheitsgewerkschaft

1913 veröffentlichte Adolf Braun eine Sammlung seiner Aufsätze aus den Jahren 1892–1913. Darunter befindet sich einer über »die beste Organisation«, in dem er den Stellenwert des Organisationsproblems bei der Herausbildung der freien Gewerkschaften beschreibt:

»Das Streben nach der besten Organisation kennzeichnet die deutsche Arbeiterbewegung im besonders hohem Maße . . . Dieses Suchen nach der besten Organisation kennzeichnet überhaupt das Wesen der deutschen Arbeiterbewegung, durchaus nicht nur die politische. Wer sich eine Serie Gewerkschaftsprotokolle irgendeiner Organisation vornimmt, der wird sehen, wie Vorstand, Verwaltungsstellen, einzelne Mitglieder immer wieder von neuem nach Mängeln der eigenen Organisation suchen und Vorschläge für eine bessere Organisation formulieren . . . Dieses ruhelose Streben nach Organisationsverbesserung, nach dem besten Ausdruck des Gesamtwillens, dieses Suchen des Organischen, dieses Hinstellen der Organisation als etwas Selbständiges ist eben sozialistisch . . . Immer wieder ringen wir nach dem Ausdruck des Gesamtwillens, wobei wir streben, das niemandes Interesse Unrecht leidet, aber dabei doch bedacht sind, daß sich der einzelne eingliedere und unterordne dem Ausdruck, dem Willen, dem Vorteil der Gesamtheit.«[66]

Die Probleme der innerverbandlichen Demokratie und der Beziehung zwischen Bürokratie und Mitgliedern waren in der damaligen Gewerkschaftsbewegung immer eingebettet in die Frage nach den Organisationskriterien des einzelnen Verbandes. Braun formuliert das programmatisch in einer Aufsatzüberschrift: »Beruf oder Klasse«. Sollte die mit der Lehre erworbene Zugehörigkeit zu einem spezifischen Beruf oder die Arbeit in einem Betrieb, einem Gewerbe oder einer Branche Organisationskriterium für den Aufbau der Gewerkschaften sein?

Diese Fragen scheinen längst überholt zu sein, und in der Bundesrepublik gibt es weder innergewerkschaftlich noch in der Wissenschaft eine Organisationsdebatte, auf die diese Sätze zuträfen. Bezogen auf den DGB und seine Gewerkschaften ist man allgemein der Meinung, daß mit der durchgesetzten Einheitsgewerkschaft alle diese Fragen der Vergangenheit angehören:

»Der DGB ist eine Einheitsgewerkschaft. In seinen Einzelgewerkschaften sind Arbeiter, Angestellte und Beamte unterschiedlicher politischer und weltanschaulicher Richtungen organisiert. Dies ist uns heute schon selbstverständlich.«[67]

Wer »Einheitsgewerkschaft« sagt, assoziiert Geschlossenheit, Konzentration, Stärke, Kampfkraft, Macht, Einfluß und dergleichen mehr. Aus diesem Bild von der Einheitsgewerkschaft mit ihrem Einfluß auf allen Gebieten des öffentlichen Lebens schöpfen die Unternehmerverbände ihre Besorgnis vor dem drohenden »Gewerkschaftsstaat«[68]; darin werden sie von Teilen der Sozialwissenschaftler und Arbeitsrechtler unterstützt:

»Dem weiten Aktionsfeld entspricht die *Stärke* der Gewerkschaften. Die Gewerkschaften haben bei wieder ansteigender Tendenz über 8,6 Millionen Mitglieder, davon fast 7,2 Millionen Mitglieder in DGB-Gewerkschaften. Das wirtschaftliche Vermögen der DGB-Gewerkschaften wird einschließlich der Beteiligungen auf rund 2 Milliarden D-Mark geschätzt. Publizistisch wirken die Gewerkschaften durch 14tägige oder monatlich erscheinende Mitgliederzeitungen, Gruppenzeitschriften und Funktionärszeitschriften sowie gegenüber der Öffentlichkeit durch eigene Organe und durch Informationsdienste. Die monatliche Gesamtauflage beträgt mindestens 13 Millionen. Von den 518 Abgeordneten des Deutschen Bundestages gehören 318 einer Gewerkschaft an... In der deutschen Gewerkschaftsbewegung hat sich nach dem Kriege der Gedanke der *Einheitsgewerkschaft* weitgehend durchgesetzt. Einheitsgewerkschaft bedeutet dabei nicht nur, daß Arbeitnehmer unterschiedlicher weltanschaulicher oder politischer Einstellungen unter einem Gewerkschaftsdach vereint werden. Vor allem werden in ihr Arbeitnehmer aller Berufe, jeden Status und aller Tätigkeitsbereiche zu gemeinsamer Interessenverfolgung zusammengefaßt. Die Bildung der Einheitsgewerkschaft, von Bundeskanzler Schmidt in seiner Ansprache zum 25jährigen Bestehen des DGB mit Recht als eine ›Großtat der jüngeren deutschen Sozialgeschichte‹ bezeichnet, hat mit ihrer weitgehenden Ausschaltung der

Konkurrenzsituation zwischen Gewerkschaftsorganisationen die Stärke der Gewerkschaften in allen Bereichen wesentlich erhöht.«[69]

Betrachtet man dieses Bild von dem Einfluß und der Macht der Einheitsgewerkschaft in der Bundesrepublik und vergleicht es z. B. auf dem Gebiet der Berufsbildungsreform mit den realen Ergebnissen gewerkschaftlicher Reformbemühungen, so kann man sich des Eindrucks nicht erwehren, daß hier von den Propaganda-Abteilungen der Arbeitgeberverbände im Fall der »Gewerkschaftsstaatsdebatte« ein für die Öffentlichkeit bestimmtes Schauboxen veranstaltet wird. Dahinter steht die Absicht, von der jeweiligen gegnerischen Organisation und deren Einfluß den Eindruck zu wecken, der für die eigene Verbandspolitik nützlich ist. Solche öffentlichen ideologischen Schaukämpfe erwachsen aus der Notwendigkeit der Legitimationen der Verbandspolitik gegenüber der Öffentlichkeit. Dazu gehören die eigenen Mitglieder ebenso wie die Massenmedien und Politiker (vgl. IV, 3., 2., 4.). Die gewerkschaftspolitisch wichtige Frage nach dem Stellenwert des spezifischen Berufsinteresses in dem von der »Einheitsgewerkschaft« angeblich vereinheitlichten »Allgemeininteresse der Arbeitnehmer«, verschwindet hinter diesen Bildern ebenso wie die Frage nach der Aufhebung der politischen und weltanschaulichen Meinungsunterschiede der Gewerkschaftsmitglieder innerhalb der »Einheitsgewerkschaft«.

1.2. Der gewerkschaftliche Neubeginn 1945 – das Streben nach der Einheitsgewerkschaft

Das Grundproblem der Einheitsgewerkschaft ist die Integration aller Schichten von Lohnabhängigen unbeschadet ihrer beruflichen und sonstigen sozialen Unterschiede und ihrer politischen und weltanschaulichen Ansichten in einer »pluralistischen Gesellschaft« unter »einem Dach«. Wie sieht es damit bei den DGB-Gewerkschaften aus?

Beginnen wir mit dem organisatorischen Ausgangspunkt des DGB, dem gewerkschaftlichen Neubeginn 1945. Den Anfang machten 1945 die Arbeiter und Angestellten mit dem spontanen Wiederaufbau der Gewerkschaften. Theo Pirker hat diese spontane Selbstorganisierung als »das Wunder der Organisation«[70] beschrieben.

Die betrieblichen Repräsentanten dieses Neubeginns waren die Betriebsräte, unter ihrer Leitung erfolgte die Wiederaufnahme der Produktion. »Der Zusammenbruch des Nationalsozialismus und die Zerschlagung des deutschen Wirtschaftsapparates hatten zur Folge, daß sich in den Betrieben die ›Unternehmerschaft‹, aufgelöst hat, da sie ein Teil des nationalsozialistischen Herrschaftssystems gewesen ist. Innerhalb der Industriebetriebe bestand 1945 und in den folgenden Jahren tatsächlich ein ›machtfreier‹ Raum, in den die Gewerkschaften und insbesondere die Betriebsräte leicht einzudringen vermochten.«[71]

Dieser Wille der Arbeiter zur Organisation überraschte sowohl die Alliierten als auch die exilierten Gewerkschaftsfunktionäre, die wie Fritz Tarnow im schwedischen Exil 1943, die Übernahme der Deutschen Arbeitsfront (DAF) durch die Gewerkschaftspolitiker der Weimarer Republik auf der Basis der anzustrebenden Einheitsgewerkschaft diskutierten.[72] Diese Vorstellungen der emigrierten Gewerkschaftsfunktionäre wurden auch von Widerstandsgruppen aus sozialdemokratischen und christlichen Gewerkschaftlern des »20. Juli« geteilt:

»Die Wirklichkeit übertraf alle Vorstellungen, die die Funktionäre der alten Gewerkschaftsbewegung in den Konzentrationslagern und in der Emigration vom Wiederaufbau der Arbeiterbewegung nach der Niederlage des Nationalsozialismus gehabt hatten. Teile von ihnen konnten einfach nicht daran glauben, daß die Arbeitnehmer sich nach 12jähriger Diktatur freiwillig gewerkschaftlich organisieren würden. Sie stellten sich die Frage, wie angesichts der zertrümmerten Gewerkschaften so schnell wie nur möglich eine aktionsfähige Organisation geschaffen werden könnte. Nicht wenige vertraten den Gedanken, einfach auf den das gesamte Reichsgebiet umfassenden Apparat der Deutschen Arbeitsfront zurückzugreifen, ihn mit alten und zuverlässigen Gewerkschaftlern zu besetzen und innerhalb des neuen deutschen Staatswesens für die Arbeitnehmer eine Pflichtmitgliedschaft in den Gewerkschaften einzuführen.«[73]

Der gewerkschaftliche Neubeginn 1945 war geprägt vom Prinzip »Ein Betrieb – eine Gewerkschaft«. Die sich sammelnden überlebenden Aktivisten der Arbeiterbewegung – Sozialdemokraten, Christen, Kommunisten – hatten nach den Erfahrungen der Nazi-Barbarei nur ein Ziel: in allen Betrieben Betriebsräte und einen Industrieverband, der Teil der einen deutschen Gewerkschaftsbewegung sein sollte.

Dieser aus bitterer geschichtlicher Erfahrung und den aktuellen Tagesaufgaben (Ingangsetzung der Produktion, Trümmerbeseitigung, Kampf ums Überleben und Aufbau einer neuen demokratischen Staatsordnung) geborene politische Wille drückte sich aus im Streben nach *Einheit* aller Gewerkschafter in einem Bund. Hans Böckler 1945:

»Fast allenthalben haben deshalb ehemals in den freien oder christlichen Verbänden Organisierte miteinander und zusammen mit kommunistisch organisierten Kollegen Fühlung genommen. Dabei ergab sich gleich stark bei jedem Teile der Wunsch auf Wiedererstehung der Gewerkschaft und übereinstimmend die Absicht der Zusammenfassung von Arbeitern, Angestellten und Beamten *in einem einzigen Bund.* Die *Einheitsgewerkschaft* ist das Ziel aller, die guten Willens sind. Wie aber sollte diese aussehen, wie ihre Form, woher ihr Inhalt und Zweck? Diejenigen, die sich damit beschäftigten, sind dahin übereingekommen, daß der Bund nicht als Dachorganisation, sondern eben als die Einheits- und einzige Gewerkschaft, in straffer Zentralisation 17 Industrie- bzw. Berufsgruppen, jede in sich Arbeiter, Angestellte und Beamte vereinigend, umfassen sollte. Als zum Bund im korrespondierenden Verhältnis stehend ist dabei an eine zweite Säule, erfassend die freien Berufe, gedacht. Die innere Organisation der Einheitsgewerkschaft soll von einfachsten Formen sein. Die Vorsitzenden oder Vorsitzenden-Stellvertreter der 17 vorgesehenen Gruppen bilden, dem Plan zufolge, den Bundesvorstand. Dieser bestellt aus sich oder über die eigenen hinausgreifend die Vorsitzenden des Bundes in der Weise, daß der horizontalen Gliederung der Gewerkschaften Rechnung getragen wird. Er organisiert, leitet und überwacht die gesamte Verwaltung, bestimmt und besetzt die Referate, und ist die allen Gruppen sowie auch den Ortsausschüssen übergeordnete Stelle. Als zunächst zu schaffende Arbeitsabteilungen dürfen sich je eine für Organisation, für das gesamte Kassenwesen und die Vermögensverwaltung, für Personalien, für Soziales und Arbeitsrecht, für Schulung und Jugend sowie für Werbung und Presse ergeben. Ob darüber hinaus die Schaffung je einer besonderen Arbeitsspitze für Arbeiter, Angestellte und Beamte sich nötig macht, wird die Praxis zeigen. Der Bundesvorstand hätte erstmalig auch die für die Gesamtmitgliedschaft der Einheitsgewerkschaft geltende Normalsatzung zu erlassen. In dieser aber sollte, neben dem Gedanken der unbedingten Zusammengehörigkeit und weitgehendster Toleranz, vor allem auch die Pflicht absoluter und allgemeiner Solidarität starken Ausdruck finden. Die Ortsausschüsse, als die örtliche Zentrale gedacht, wären in ähnlicher Weise wie der Bundesvorstand durch die Untergruppen der örtlichen Verwaltungsstelle der Hauptgruppen zu bilden. Ob bezirkliche Zusammenfassung sich nötig macht, hängt vom Umfang des Bundesbereiches ab.

Die Gruppen, als Industrieverbände geplant, vereinigen in sich auch die verwandten Handwerke. Sie gliedern sich, je nach Bedarf, in Branchen, Sparten o. ä. Der Grundgedanke der Industrieorganisation ist die Zuständigkeit eines einzigen Verbandes für den Betrieb.«[74]

Diese den Namen Einheitsgewerkschaft verdienende Organisation ist keine Wirklichkeit geworden; sie hätte sich qualitativ vom heutigen Zusammenschluß der 17 autonomen Gewerkschaften unter dem Dach eines Repräsentationsverbandes radikal unterschieden. Theo Pirkers Ausführungen über die »Einheitsgewerkschaft« von 1945 machen das deutlich:

»Der Gedanke der Einheitsgewerkschaft bestand darin, daß jeder Gewerkschaftler Mitglied einer einheitlichen Gewerkschaftsorganisation sein sollte. Die Beiträge sollten zentral von dieser Einheitsorganisation gesammelt werden. Die Industriegewerkschaft oder Fachgruppengewerkschaft wären nur ausführende Organe dieser allgemeinen Gewerkschaft. Sie sollten von der Zentrale der ›Allgemeinen Gewerkschaft‹ finanziell abhängig sein. Erinnern wir uns der bedeutenden Rolle, die die Betriebsräte oder Betriebsobleute bei der Gründung von Gewerkschaften spielten und bringen wir diese ›Räte‹-Bewegung in Zusammenhang mit dem Gedanken der ›Einheitsgewerkschaft‹ oder ›Allgemeinen Gewerkschaft‹, dann wird die Erscheinung einer zentralistisch geführten Massenorganisation mit breiter demokratischer Basis vor uns sichtbar, wie sie in der Geschichte der deutschen, vielleicht auch der gesamten internationalen Gewerkschaftsbewegung noch nie bestanden hatte. Der Gedanke ›Einheitsgewerkschaft‹ oder ›Allgemeine Gewerkschaft‹ war eine der großen genialen Organisationsformeln, wie sie Kollektive nur unter außergewöhnlichen Bedingungen hervorbringen. Die öffentliche Meinung und die Gegner der Gewerkschaftsbewegung in Deutschland sind oft der Ansicht, daß die Gewerkschaften eine mächtige, zentralgelenkte Organisation seien, nichts ist irrtümlicher als das. Sie wären es, wenn sie an dem Gedanken der ›Einheitsgewerkschaft‹, der ›Allgemeinen Gewerkschaft‹ festgehalten hätten.«[75]

Wenden wir uns den Gründen zu, die dazu beigetragen haben, daß diese Konzeption der Einheitsgewerkschaft gescheitert ist:

a) Nicht nur auf der Ebene der Führungspositionen in den neugebildeten Gewerkschaften gab es eine Kontinuität von alten Funktionären aus der Weimarer Republik[76], sondern auch auf der betrieblichen Ebene. Die Gewerkschaftsarbeit vor Ort war Sache der ehrenamtlichen Funktionäre, die bereits am Ende der Weimarer Republik in ihrer Mehrzahl Betriebsräte waren. Nach Gerhard Beier gab es »keine größere soziale Gruppe, die dem Nationalsozialismus so erfolgreich und dauerhaft widerstanden hat wie diese«.[77]

Deshalb trifft auch auf die Vorstellungen und das praktische Verhalten der ehrenamtlichen betrieblichen Gewerkschaftsfunktionäre das zu, was Eberhard Schmidt über die neue alte Gewerkschaftsspitze schreibt: »Mit der Besetzung der Führungspositionen in den neu gebildeten Gewerkschaften durch führende Vertreter der Gewerkschaftsbewegung aus der Zeit vor 1933 ging auch eine Wiederbelebung der traditionellen gewerkschaftlichen Vorstellungs- und Handlungsweisen vor sich.«[78]

Das ist zwar ein wenig beachteter, aber bei genauerem Nachdenken nicht weiter verwunderlicher Vorgang, wenn man die Feststellung Max Webers berücksichtigt, der die Beamtendisziplin als »Eingestelltheit der Beamten auf präzisen Gehorsam innerhalb ihrer *gewohnten* Tätigkeit« verstand, so daß selbst bei der Auflösung jener Ordnung, in der dieser Gehorsam funktionierte, »die Eingestelltheit *der Menschen* auf die Innehaltung der gewohnten Normen und Reglements fortbesteht«.[79]

b) Der Versuch, eine Einheitsgewerkschaft aufzubauen, stieß auf den massiven Widerstand der drei westlichen Besatzungsmächte. Abgesehen von Niedersachsen, wo die britische Besatzungsmacht die Einheitsgewerkschaft erlaubte, die vor allem durch die Initiative von Albin Karl entstand, wurden zunächst nur örtliche Zusammenschlüsse gestattet, und zwar auf der Basis der Berufsgewerkschaft (französische Zone), der Industrie- und Berufsgewerkschaft (amerikanische Zone) und der Industriegewerkschaft in der übrigen britischen Besatzungszone. Unter dem Druck der Besatzungsmächte entschlossen sich die deutschen Gewerkschafter, ihren Plan der Einheitsgewerkschaft aufzugeben und die Form der Industriegewerkschaft »zunächst« (Hans Böckler) zu akzeptieren. »Es war dies die erste und nicht unwichtigste Kapitulation der neuen Gewerkschaftsführer vor der Macht der Verhältnisse.«[80]

Die Verhinderung der Einheitsgewerkschaft erfolgte aber nicht nur auf alliierten Druck. Die alten Funktionäre der Verbände vor 1933, die sich dem Wiederaufbau »zur Verfügung stellten«, waren innerhalb der Gewerkschaft rührige Aktivisten für den Wiederaufbau autonomer Industrieverbände. Geradezu »vorbildlich« muß in dieser Hinsicht die Arbeit einer Gruppe ehemaliger Gewerkschaftsfunktionäre in Hamburg genannt werden. Unmittelbar nach dem Einmarsch englischer Truppen im Mai 1945 bildete sich in Hamburg eine Einheitsgewerkschaft die »Sozialistische Freie Gewerkschaft« (SFG), die von überlebenden Funktionären der SPD und KPD organisiert wurde. Da politische Parteien noch verboten waren, kam es zwangsläufig dazu, daß Vorstellungen und Programmatik der SFG den Aufgabenbereich traditioneller Gewerkschaftsarbeit sprengten. Besetzung des Landes, Entnazifizierung, zerbombte Städte, zerstörte Betriebe, geflohene »Gefolgschaftsführer« (wie die Unternehmer im Jargon der Nazis hießen), mangelnde Versorgung der städtischen Bevölkerung mit Lebensmitteln, Flüchtlingsstrom und die Notwendigkeit des Aufbaus eines neuen demokratischen Staates waren Gründe genug, daß sich die überlebenden Aktivisten der sozialistisch-kommunistischen Arbeiterbewegung darüber Gedanken machten, wie es weitergehen sollte und was sie wollten. Wenn nicht 1945, wann sonst war es angebracht, die lieb- und teuergewordene Arbeitsteilung zwischen Arbeiterparteien und Gewerkschaften zu überdenken, wo der eine (SPD) bzw. nach 1918 die zwei Apparate (SPD und KPD) für die »Politik« zuständig war und der andere für die »ökonomische Interessenvertretung«.

Die SFG plante ihre Untergliederung in 11 Industriegruppen, sie verlangte die Übernahme des Arbeitsamtes und einen unmittelbaren Einfluß auf die Kommunalpolitik. Sie verankerte sich in kurzer Zeit innerhalb der Arbeiterschaft, »die Militärregierung begann zu fürchten, daß sich die neue Organisation allzu schnell über das ganze Hamburger Stadtgebiet ausbreiten und ihrer Kontrolle entgleiten könnte ... Die Besatzungsmacht suchte in zunehmendem Maße Ansatzpunkte für Kritik an der SFG und fing an, sich nach gemäßigteren, weniger politisch ambitionierten Kräften umzusehen, die die Gewerkschaftsorganisation stärker in ihrem Sinne leiten würden. Hier stand nun die Mehrheitsgruppe der älteren Gewerkschaftsmitglieder zur Verfügung«.[81]

Johannes Kolb geht in seiner Arbeit über den Aufbau der IG Metall nach dem Krieg so weit, diesen Funktionären um Franz Spliedt zu unterstellen, daß sie »in der Militärregierung einen willkommenen Verbündeten«[82] sahen, um ihre Vorstellungen vom Gewerkschaftsaufbau durchzusetzen. In ausgesprochen fraktioneller Weise – gemeinhin eine gewerkschaftspolitische Todsünde im Verständnis sozialdemokratischer Gewerkschaftsfunktionäre – setzten sie in Zusammenarbeit mit der britischen Militärregierung die Auflösung der SFG im Juni 1945 durch, um anschließend mit dem Aufbau »unabhängiger« Gewerkschaften betraut zu werden. Zumindest einer unter ihnen, Wilhelm Petersen (der sich zunächst selbst zum »provisorischen Bevollmächtigten« der wiedererstandenen Hamburger DMV-Verwaltungsstelle ernannt hatte und nach seiner Anerkennung durch die Militärregierung im November 1945 zum 1. Bevollmächtigten der IG Metall Hamburg gewählt wurde), besaß »Kollaborationserfahrung mit neuen Herren«. Im April 1933 gehörte er zu den fünf Gewerkschaftsfunktionären, die die Hamburger SPD-Bürgerschaftsfraktion verließen, um sich der Nazi-Fraktion als »Hospitanten« anzuschließen.[83] Im Herbst 1945 – ein Meinungsaustausch zwischen den Gewerkschaftern der einzelnen Besatzungszonen war noch gar nicht möglich (die 1. Interzonenkonferenz der Gewerkschaften fand 1947 statt) – »löste« Franz Spliedt bereits in Hamburg die Organisationsfrage. Nach seinen Worten waren dazu »drei Versammlungen notwendig, um die Debatte zum Abschluß zu bringen. Am Schluß der dritten Versammlung erklärte sich diese für die selbständigen Industrieverbände. Gegen nur fünf Stimmen wurde beschlossen:
›Grundlage der Gewerkschaftsbewegung müssen selbständige Gewerkschaften mit eigener Verwaltungs- und Finanzhoheit sein, aufgebaut auf dem Prinzip der Industrieorganisation, wobei die Angestellten in einer einheitlichen Angestelltenorganisation zusammengefaßt werden müssen.‹«[84]

Franz Spliedt, Wilhelm Petersen und die anderen Gewerkschaftsfunktionäre aus der Weimarer Republik fühlten sich nach 1945 offenbar berufen, die Stühle wieder einzunehmen, von denen sie 1933 von den Nazis vertrieben wurden. Von Franz Spliedt, der 1945 68 Jahre alt war, haben wir es schriftlich, daß er zwischen seiner Arbeit als Sozialpolitiker des ADGB-Bundesvorstandes, dem gewerkschaftlichen Organisationsaufbau und dem Sieg der Nazis auch nach dem Krieg noch keine Zusammenhänge sah:

»Gerade die in der Emigration abseits jeder Verbindung mit den in Deutschland Verbliebenen gepflogenen Diskussionen waren meist stark von dem Gedanken beherrscht, die frühere Gewerkschaftsbewegung habe im Kampf gegen Hitler versagt. Es müßten daher neue und wirkungsvollere Formen gefunden werden. Es ist die historisch falsche Blickrichtung, der die Organisationsform als Ursache erscheint für eine durchaus anderen Voraussetzungen entspringenden Schwäche der Bewegung. Dieser Verkennung historischer Tatsachen entsprang der Gedanke an die politisch orientierte Einheitsgewerkschaft.«[85]

In diesen Gedanken spiegelt sich weder irgendein »Neubeginn«, noch ist Spliedt von irgendeiner selbstkritischen Haltung angekränkelt, die es ihm nahegelegt hätte, die Politik der Gewerkschaften, gar die ihrer Vorstände, mit Hitlers Sieg 1933 in Verbindung zu bringen. Nein, hier spricht ein Ressortbeamter, der unverdientermaßen aus seiner Position gedrängt wurde und der sie jetzt zuständigkeitshalber wieder einnahm. Hierzu paßt ein Demokratieverständnis, das »Unten« prinzipiell mißtraut und die Politik bei den »kompetenten Machern« ansiedelt. Johannes Kolb bezeichnet das Demokratieverständnis Spliedts als typisch »für die Gruppe der konservativen Gewerkschafter, die bei der Hamburger Metallgewerkschaft hauptsächlich durch W. Petersen und H. Schnoor vertreten wurde. Danach war Demokratie nicht eine bestimmte Art, Herrschaft auszuüben, zu kontrollieren oder gar zu reduzieren, sondern einfach eine (nicht notwendig begrenzte) durch Wahlen legitimierte Herrschaft der ›Demokraten‹. Diese alten Gewerkschafter hatten sich gegen den kaiserlichen und nationalsozialistischen Staat und gegen den ›Herr im Hause‹-Standpunkt der Unternehmer für Demokratie eingesetzt. Sie konnten es nicht fassen, daß man im Namen eben dieser Demokratie ihrem eigenen Herrschaftsanspruch entgegentreten könnte. So forderten besonders Petersen und Schnoor bei den Verbandstagen der IG Metall für die britische Zone, schon durch die Satzung die Herrschaft der bewährten Demokraten gegen eine Kontrolle durch die eventuell weniger demokratische Mitgliedschaft abzusichern.«[86]

Funktionäre wie Spliedt, aufgewachsen im preußisch-deutschen Obrigkeitsstaat – man sollte das Bild von Bebel als dem Gegenkaiser nie vergessen –, prägten den demokratischen Neuanfang der Gewerkschaften nach 1945.

c) Die autonomen Einzelverbände wurden dann noch durch einen Umstand gefestigt, über den wenig bekannt ist, der aber als materielle Grundlage ihrer Existenz sicher von großer Bedeutung war. Die Deutsche Arbeitsfront (DAF) hatte sich nach 1933 u. a. in den Besitz der Vermögen aller deutschen Gewerkschaften gesetzt. Nach 1945 meldete der DGB auf Zonenebene seine Ansprüche an dem Vermögen seiner Vorgänger bzw. eine Wiedergutmachung für von der DAF verkaufte Grundstücke und Häuser an. Da die DAF-Akten durch den Krieg bis auf Reste vernichtet waren, mußten die Ansprüche durch eidesstattliche Zeugnisse in vielen Fällen rekonstruiert werden. Auf dem Wege der »Rückerstattung« bekam der DGB aus der Masse des DAF-Nachlasses fast alle Grundstücke und ehemalige Gewerkschaftshäuser »zurück«. Der DGB gründete eigens eine Vermögens- und Treuhand GmbH, die die Wiedergutmachungsverfahren betrieb und das Gewerkschaftsvermögen zentral verwaltete.

Im Geschäftsbericht 1947–49 des DGB britische Zone, heißt es ausdrücklich: »Eigentümer sollen grundsätzlich nur die Rechtsorgane des Bundes bzw. die Hauptvorstände der angeschlossenen Gewerkschaften sein, nicht aber die Untergliederungen.« (S. 598) Das war ein gewichtiger Unterschied zu der Zeit vor 1933, wo viele Gewerkschaftshäuser im Besitz der Lokalorganisation waren. Die Einzelgewerkschaften gründeten ebenfalls Vermögensverwaltungen und der DGB mußte bei der Rückerstattung »teilen«. Diese Rückerstattung machte die Gewerkschafts*zentralen* »reich«, »sie stellte die Bewegung von den Füßen auf den Kopf« (Theo Pirker).

d) Trotz der bestehenden Personalunion zwischen Betriebsräten und betrieblicher Gewerkschaftsleitung gelang es weder die Betriebsräte endgültig zu verantwortlichen und der gewerkschaftlichen Willensbildung unterliegenden Betriebsgewerkschaftsleitungen zu machen noch die Gewerkschaften endlich auch in Deutschland von den Betrieben her aufzubauen. Im Gegenteil, die Gewerkschaftsorganisation wurde wieder vom Ort und der Region her aufgebaut. Für die Betriebsratstätigkeit besann man sich auf das Betriebsratsgesetz von 1920, das in seinen wesentlichen Bestimmungen 1946 durch ein alliiertes Kontrollratsgesetz wieder in Kraft gesetzt wurde. Die Gewerkschaften forderten zwar nach 1945 die Mitbestimmung in Betrieben und Wirtschaft, warteten aber auf die gesetzliche Neuregelung; es fehlte ein Betriebsprogramm:

»Die kommunale oder regionale Zusammenfassung der Betriebsräte wie auch die Verankerung der Gewerkschaften in den Betrieben hätten den Grundstein einer neuen Betriebsverfassung gelegt, lange bevor an eine juristische Fixierung der Betriebsverfassung in Westdeutschland gedacht werden konnte. Indem die Massen der Arbeitnehmer und ihre unmittelbaren Repräsentanten – die Betriebsräte – die geschichtliche Möglichkeit nicht wahrnehmen konnten, weil ihnen das politische Bewußtsein fehlte und die Gewerkschaften auf eine allgemeine politische Regelung der Frage der Betriebsverfassung warteten, hat die Arbeiterbewegung den ›machtfreien‹ Raum in den Betrieben nach 1945 bis zu einem Zeitpunkt freigehalten, zu dem sich das Unternehmertum auf betrieblicher und überbetrieblicher Ebene neu formieren und diesen machtfreien Raum wieder besetzen konnte. Das Fehlen eines politischen Programms der Arbeiterbewegung in Deutschland, das den Betrieb zum Mittelpunkt hat und vom Betrieb ausgeht, hat sich nach 1945 als ganz besonders nachteilig für die Entwicklung in Westdeutschland ausgewirkt. Dieses Fehlen eines betriebspolitischen Programms muß als eine der Erbsünden der deutschen Arbeiterbewegung angesehen werden.«[87]

e) In der »betriebspolitischen Erbsünde« der Gewerkschaften liegt der letzte Grund für das Scheitern der Konzeption von der allgemeinen Gewerkschaft. Eine von den Betriebsräten organisierte betriebliche Mitbestimmung hätte als »Betriebsgewerkschaftsleitung« das Fundament sein können für die Absicherung des gewerkschaftlichen Mitbestimmungsanspruchs außerhalb der Betriebe. Die Mitbestimmung als konstruktive Idee zur Gestaltung der Arbeitsverfassung und des Wirtschaftens wurde nicht zur Grundlage einer gesellschaftlichen Neuordnung. Damit war der Weg frei zur Tarifpolitik der Einzelgewerkschaften und zur Repräsentationspolitik des DGB.

Aus dem, was für Böckler zunächst nur ein »taktischer Rückzug« war – autonome Industriegewerkschaften aufzubauen – war 1949 eine nicht mehr rückgängig zu machende Tatsache geworden: Der DGB wurde als Dachverband von 16 unabhängigen Einzelgewerkschaften gegründet, von denen er finanziell abhängig war. Nur in dem Sinn der gemeinsamen Mitgliedschaft dieser Einzelgewerkschaften in ihrem Dachverband war die Einheitsgewerkschaft der Arbeiter, Angestellten und Beamten Wirklichkeit geworden. Außerdem waren die politischen Richtungsgewerkschaften von vor 1933 verschwunden. Sozialdemokratische, christliche und kommunistische Gewerkschaftler hatten sich in einer Einheitsgewerkschaft zusammengefunden. In den Jahren 1951/52 wurden, allerdings im Zuge des »Kalten Krieges«, die Kommunisten aus dem hauptamtlichen Gewerkschaftsapparat ausgeschaltet, der mehrheitlich mindestens der SPD nahesteht.

Parteipolitische Richtungskämpfe von Sozialdemokraten und Christdemokraten werden zumeist nur verdeckt geführt. Kontrovers geführte Auseinandersetzungen um Ziele und Methoden gewerkschaftlicher Politik sind in der Regel nur dann möglich, wenn sie die innerverbandlichen Konsequenzen von politischen Sachprogrammen ausklammern. Die Binnenstruktur gewerkschaftlicher Politik und ihre Probleme werden, wenn nicht tabuisiert, so doch weitgehend verdrängt.

All dies zeigt sich auch deutlich am Zustand des gewerkschaftlichen Selbstverständnisses. »Eine von allen Gruppen und Flügeln in den Gewerkschaften akzeptierte Gewerkschaftstheorie gibt es in den westdeutschen Gewerkschaften zur Zeit nicht. Der kleinste akzeptierte theoretische Nenner ist im Grundsatzprogramm des DGB verstreut enthalten. Die Praxis der Gewerkschaften ist im wesentlichen pragmatisch bestimmt. Zwar bedienen sich die Gewerkschaftsvorstände auch wissenschaftlicher Beratung durch Gutachten und dergleichen, auch arbeitet das WSI des DBG den Gewerkschaften zu und führt eigene Untersuchungen durch, aber alle diese Bemühungen sind im Grunde Einzelansätze, die auch einzeln in die vielfältige Gewerkschaftspraxis eingehen.«[88]

2. Aktuelle Organisationsprobleme der Gewerkschaftspolitik

In einem Aufsatz über die deutschen Gewerkschaften hat Theo Pirker diese als »eine erstaunlich gut funktionierende Schutz- und Versicherungseinrichtung der Arbeitnehmer«[89] bezeichnet. Als Attribute dieser Versicherungs- und Schutzeinrichtung bezeichnet Pirker die überragende Bedeutung der Gewerkschaftsbeamten für die Politik der Organisation und die weit verbreitete Interessenlosigkeit und

Apathie der Gewerkschaftsmitglieder gegenüber den Fragen des inneren Betriebs der Gewerkschaftsorganisation.

Im Zusammenhang mit dem gewerkschaftsinternen Willensbildungsprozeß zum Thema friedliche Nutzung der Kernenergie wurden einige Organisationsprobleme sichtbar. Der DGB saß von Anfang an im Beirat der Atom-Kommission. Dennoch gab es keine öffentliche, vom DGB ausgehende Willensbildung über Chancen und Gefahren der friedlichen Nutzung der Kernenergie, obwohl man annehmen sollte, daß der DGB als Gesamtorganisation auf diese Grundsatzfrage eine Antwort hätte geben müssen. Das Gegenteil war der Fall: Das große Wort führten die Vorsitzenden der Einzelgewerkschaften, die sich ganz im Sinne von »Versicherungsfunktionären« äußerten und die nicht zu erkennen gaben, daß es sich hierbei möglicherweise um eine Frage auf Tod oder Leben von Millionen Menschen handeln könnte. So erklärte der Vorsitzende der IG-Metall am 18. Oktober 1977: »Viele Arbeitsplätze hängen direkt oder indirekt von der Kernenergie ab. Die dort Beschäftigten verlangten zu Recht, daß auch ihre Anliegen von der IG Metall vertreten würden.« (Pressedienst der IG Metall XXV/216, 18. 10. 1977)

Im gleichen Sinne äußerte sich der Vorsitzende der IG Chemie, Papier und Keramik Karl Hauenschild in einem »Vorwärts«-Interview. (Vorwärts, 12. 1. 1978)

Im Zusammenhang mit der gewerkschaftlichen Kernenergie-Debatte brach auch die in den Gewerkschaften tabuisierte Frage nach der Beziehung zwischen Betriebsräten und Gewerkschaften auf. Die Betriebsräte der am Bau von Kernkraftwerken beteiligten Großunternehmen schlossen sich in einem »Aktionskreis Energie« zusammen und koordinierten ihr Vorgehen innerhalb der Gewerkschaften mit dem ebenfalls von ihnen organisierten Druck auf die Öffentlichkeit und auf die politisch Verantwortlichen, sich aktiv für den Bau von Kernkraftwerken einzusetzen. Dieser »Aktionskreis Energie« zwang die Gewerkschaften zu einer Großkundgebung für den Bau von Kernkraftwerken in Dortmund Ende 1977. In dem Vorwärts-Interview wurde Karl Hauenschild nach den Konsequenzen dieses Vorgehens gefragt. Er reagierte ausgesprochen defensiv auf die Frage der Beziehungen zwischen Betriebsräten und Gewerkschaften:

»Vorwärts«: Werden sich die Gewerkschaften darauf einzurichten haben, daß in Zukunft öfter Betriebsräte quasi an ihnen vorbei-

marschierend ihre Interessen in der Öffentlichkeit lautstark vortragen?

Hauenschild: Ich möchte nicht hoffen, daß das Beispiel Dortmund Schule macht. Das heißt, ich gehe nicht davon aus, daß in Zukunft alle möglichen gewerkschaftlichen Forderungen direkt von den Betriebsräten und nicht von den Organisationen vertreten werden, die sich die Arbeitnehmer dafür geschaffen haben.«

Die Beziehung zwischen Betriebsräten als der gesetzlichen Betriebsvertretung der Belegschaften, die nicht der gewerkschaftlichen Willensbildung unterliegen, und den Gewerkschaften als überbetrieblicher Organisation, die mit dem Aufbau von Vertrauensleutekörpern in den Betrieben versucht, in diesen wenigstens einen Fuß zu behalten, wird gewerkschaftspolitisch kaum diskutiert. Sie wurde auch nicht bei der letzten offiziellen Organisationsdebatte in den DGB-Gewerkschaften im Zusammenhang mit dem dritten außerordentlichen Kongreß des DGB diskutiert, der sich am 14. Mai 1971 in Düsseldorf mit der Gewerkschafts- und Satzungsreform beschäftigte.

Nennen wir kurz einige Stichworte, die diese Debatte um die Satzungsreform bestimmten: Neben der Bekräftigung des Prinzips der »Einheitsgewerkschaft« stand im Mittelpunkt das Verhältnis zwischen DGB und Einzelgewerkschaften, das unter dem Gesichtspunkt »Zentralismus–Föderalismus« diskutiert wurde. Es ging darum, ob zum Beispiel der geschäftsführende DGB-Bundesvorstand das Recht habe, an den Vorstandssitzungen der 16 Einzelgewerkschaften teilzunehmen. Außerdem standen die Finanzen zur Debatte. Dem DGB als Dachverband wurden keine weiteren Finanzmittel vom Kongreß zugestanden. Ein weiterer Punkt war die Frage der Beziehung, oder, wie Heinz O. Vetter es nannte, des »Spannungsverhältnisses zwischen politischer *Führungsaufgabe* der gewählten Vertreter und der *demokratischen Beteiligung* der Mitglieder«. (Protokoll, S. 27f.) Schließlich ging es auch um die Verbesserung der Gewerkschaftsverwaltung und der Neuregelung der Beziehungen zwischen den einzelnen Ebenen innerhalb des Bundes.

In einem Kommentar zu dem Kongreß hat Rolf Fischer bemerkt, daß im Bereich der Beziehungen der einzelnen DGB-Ebenen zueinander »eindeutig zentralistische Tendenzen verstärkt oder doch konserviert« wurden. Er schreibt weiter:

»Der alte Paragraph 7d rutschte auf 7i, blieb aber in dem Wortlaut erhalten, der dem jeweiligen Landesbezirksvorstand des DGB die Aufgabe zuweist: ›Die Mitglieder der Kreisvorstände zu bestätigen. Die Bestätigung kann versagt werden, wenn ein gewerkschaftspolitischer oder ein in der Person liegender Grund es erfordert.‹ Der Antrag 183 des Bundesjugendausschusses, diese Bestimmung ersatzlos zu streichen, weil ›die Korrigierung von Wahlen durch übergeordnete Gremien . . . ein undemokratisches Verfahren‹ ist, wurde abgelehnt. Durch die Einfügung eines neuen Absatzes 3 in dem Paragraphen 12 wird den Kreisen erstmals der Rahmen für ihre Arbeit exakt abgesteckt: ›Für die Organe des Kreises sind die Bundessatzung und die Beschlüsse vom Bundeskongreß, Bundesausschuß, Bundesvorstand, Landesbezirkskonferenz und Landesbezirksvorstand bindend.‹ Von einer Bindung an den Willen der Mitglieder ist dagegen nicht die Rede. Zudem werden Kreisgeschäftsstellen künftig nicht mehr nach der alten Bestimmung des Paragraphen 16,1 von den Landesbezirksvorständen ›im Einvernehmen mit dem Bundesvorstand‹, sondern nach dem neuen Paragraphen 12,1 vom Bund ›im Einvernehmen und auf Vorschlag der Landesbezirksvorstände‹ eingerichtet. Ähnlich begrenzt wie die Arbeit der Kreise wurde auch die Arbeit der DGB-Landesbezirke. Sowohl Landesbezirkskonferenzen als auch Landesbezirksvorstände des DGB dürfen nach Paragraph 11,5d und 9b des angenommenen Entwurfs der Satzungskommission nur noch dann Vorschläge zur Landesgesetzgebung unterbreiten und Stellung zu landespolitischen Fragen nehmen, wenn diese ›Arbeitnehmerinteressen‹ berühren.

Zuständig für alle anderen Fragen wird damit offenbar der Bund. Zusätzlich wurde im Paragraphen 11 unter 9d ein Weisungsrecht des Bundesvorstandes gegenüber dem Landesbezirksvorstand eingeführt.«[90]

Es fällt auf, daß sich diese Organisationsdebatte in den Gewerkschaften auf die Rechte der hauptamtlichen Gewerkschaftsfunktionäre der einzelnen Organisationsstufen beschränkte, die sich darüber stritten, mit welchen Verwaltungsmaßnahmen oder Aktionsformen eine wirksamere Mitgliedererfassung und -betreuung zu erreichen sei. Getreu dem Prinzip, nach dem die Gewerkschaft antrat, stand die »Reform« im Geist der Zentralisierung.

Der Zusammenhang von Arbeitsplätzen, Berufsstrukturen in der

Produktion und Gewerkschaftsorganisation, der in der kurz skizzierten gewerkschaftlichen Organisationsdebatte nur noch sehr vermittelt auftaucht, wurde im Herbst 1977 plötzlich durch die Auseinandersetzung um die Einführung neuer Technologien im Druckgewerbe auf elementare Weise sichtbar. Plötzlich stand mit der drohenden technologischen Veränderung der organisatorische Kernbereich einer ganzen Industriegewerkschaft, nämlich der IG Druck und Papier, zur Disposition. Daß der technologische Fortschritt die Gewerkschaftsorganisation in ihrer Existenz bedrohen könnte, war etwas, was jenseits der programmatischen Vorstellungskraft des gewerkschaftlichen Selbstverständnisses lag. So ist im Grundsatzprogramm des Deutschen Gewerkschaftsbundes von 1963 die Frage der Rationalisierung und der Automation nur im Zusammenhang mit dem einzelnen Arbeitnehmer abgehandelt. Es heißt dort:

»Soweit bei Rationalisierung und Automation Arbeitsplätze gefährdet werden, haben die Betriebe und Verwaltungen bei ihren Planungen im Einvernehmen mit den Arbeitnehmervertretungen entsprechende Anpassungsmaßnahmen vorzusehen, die aufeinander abzustimmen und zu kontrollieren sind. Die Betriebe und Verwaltungen, die solche Rationalisierungsmaßnahmen durchführen, sind an der Finanzierung der Anpassungshilfen sowie an der Schaffung neuer Arbeitsplätze zu beteiligen. Die Vorteile einer betrieblichen Rationalisierung müssen allen Arbeitnehmern zugute kommen. Bei den Anpassungsmaßnahmen sind die Arbeitnehmer vor finanziellen und sozialen Nachteilen zu schützen.«[91]

Die Auseinandersetzung in der Druckindustrie um die Einführung neuer Technologien und die Verteidigung von Arbeitsplätzen und – was bei den neuen Technologien kaum zu realisieren sein wird – des beruflichen Charakters der Facharbeitertätigkeit der in der Druckindustrie beschäftigten Drucker und Setzer, stellt die deutschen Gewerkschaften vor eine Reihe von Fragen:

– Welche Bedeutung hat der berufliche Charakter der Arbeit für die Arbeitenden? Sind die Gewerkschaften verpflichtet, diesen beruflichen Anspruch zu verteidigen?,
– Müssen die Gewerkschaften sich jetzt vor Ort, im Betrieb also, mit dem Management streiten, welchen Weg konkret der technische Fortschritt nehmen soll und wer sich wem anzupassen hat, der Mensch der Maschine oder die Maschine dem Menschen?,

– Was bedeutet es für die Lohnabhängigen insgesamt, wenn ein Berufszweig oder eine Branche kollektiv um ihre Arbeitsplätze kämpft? Gibt es eine Verpflichtung zur organisierten Solidarität mit diesen Lohnabhängigen seitens der nicht am Konflikt beteiligten Gewerkschaften? Immerhin heißt es in der Präambel des Grundsatzprogramms des DGB: Als »gemeinsame Organisation der Arbeiter, Angestellten und Beamten nehmen der DGB und die in ihm vereinten Gewerkschaften die wirtschaftlichen, sozialen und kulturellen Interessen aller Arbeitnehmer und ihrer Familien wahr.«[92]

Jedenfalls ist mit der Auseinandersetzung um einen Tarifvertrag in der Druckindustrie (zum Schutz der Facharbeiter vor ihrer Hinwegrationalisierung durch den technologischen Fortschritt) in der Bundesrepublik die gewerkschaftliche Organisationsdebatte gewissermaßen zum Ausgangspunkt des Entstehens der Gewerkschaften überhaupt zurückgekehrt. Der durch die Orientierung der Gewerkschaften auf überbetriebliche Lösungen sozialer Konflikte (am besten durch ein staatliches Gesetz) verdeckte Zusammenhang zwischen Arbeitsplätzen, Arbeitsbedingungen und Gewerkschaftsorganisation innerhalb der Gewerkschaften ist mit der Rationalisierungspolitik der Unternehmer wieder zum Gegenstand der Debatte geworden.

3. Die theoretische Diskussion der gewerkschaftlichen Organisationsprobleme

Die wissenschaftliche und theoretische Debatte folgte der innergewerkschaftlichen Auseinandersetzung um die Organisationsreform. Im Mittelpunkt des Interesses standen dabei Fragen der demokratischen Willensbildung in der Organisation, der Tendenz zur bürokratischen Verfestigung des Gewerkschaftsapparates und der Frage seiner Kontrolle durch die Mitglieder sowie schließlich die Beziehung zwischen den 16 Einzelgewerkschaften des DGB und dem Dachverband. Die Fragestellung war immer die gleiche: Wer bestimmt und macht wirklich die Gewerkschaftspolitik?

»Die bürokratische Erledigung gewerkschaftlicher Vorgänge und die Zentralisierung der Gewerkschaftsarbeit hemmen die Erfolgserlebnisse des Mitgliedes und tragen zu einer weiteren Entsolidarisierung bei. Durch Störung der Willens- und Informationsflüsse kommt es sehr häufig zu Kontaktschwierigkeiten, die zwangsläufig zu einer Entfremdung zwischen Gewählten und Wählern führen müssen. Innergewerkschaftliche Demokratie und Kontaktbereitschaft werden vielfach ersetzt durch verbale Vertrauenswerbung. Detailforderungen und individuelle Konfliktregelungen nehmen einen derart breiten Raum in der gewerkschaftlichen Alltagsarbeit ein, daß Grundsatzfragen unserer Gesellschaft und die ursprünglich durchaus überschaubaren gewerkschaftlichen Programme in den Hintergrund gedrängt werden. Selbst dem hauptamtlichen Spitzenfunktionär fällt es heute schwer, die Übersicht über die gewerkschaftlichen Schwerpunkte und Forderungen zu behalten. Dies sollte aber nicht den Blick insofern trüben, als Mitglieder durchaus bereit sind, sich zu engagieren, wenn sie ihre Interessen erkennen und Ziel und Erfolg einer Aktion zu überschauen in die Lage gesetzt werden.«[93]

Diese Aussage aus dem Bericht zum »Selbstverständnis der Gewerkschaften« der Deutschen Postgewerkschaft (DPG) aus dem Jahre 1971 kann als Leitmotiv gelten für die Auseinandersetzung mit dieser Debatte.

3.1. Zwei Konzeptionen über die Funktion der Vertrauensleute

Im gleichen Zeitraum (1970/71), in dem die DGB-Reform die Diskussion innerhalb der Gewerkschaften bestimmte, fand in den Einzelgewerkschaften eine lebhafte Auseinandersetzung um die Verankerungen der Vertrauensleute in den Gewerkschaftsstatuten statt. Verbunden war diese Debatte mit den Auseinandersetzungen um die Mitbestimmung am Arbeitsplatz, die betriebsnahe Tarifpolitik und die betriebsnahe Bildungsarbeit. Bei der Diskussion dieser Problemkreise sowie der Frage, wie die Betriebsräte in die gewerkschaftliche Politik und ihre Willensbildung einzubinden sind, spielten die Vertrauensleute als Träger einer gewerkschaftlichen Betriebspolitik eine zentrale Rolle.

Hintergrund all dieser Debatten waren die September-Streiks von 1969, mit denen sich die »wild« streikenden Betriebsbelegschaften als durchaus noch vorhandene Basis der Gewerkschaften nachdrücklich in Erinnerung brachten. Die September-Streiks haben die »beruflich und politisch Betroffenen, so insbesondere Gewerkschaftsführungen und Unternehmensleitungen überrascht.«[94] Diese Streiks lösten öffentliche Spekulationen über einen Grundsatzkonflikt zwischen Gewerkschaftsbasis und Gewerkschaftsführung aus. Sie waren ein Schock. Worin dieser Schock bestand, das hat Otto Brenner, der damalige Vorsitzende der IG Metall in seinem Brief an die Verwaltungsstellen und Bezirksleitungen der IG Metall vom 9. 7. 1970 anschaulich beschrieben:

»Bei einem Vergleich der heutigen gewerkschaftlichen Situation mit der Situation, wie sie in den vergangenen 20 Jahren vorgeherrscht hat, fällt die veränderte Einstellung der Arbeitnehmer oder wichtiger Arbeitnehmergruppen auf. Der elementare Tatbestand der Gewerkschafts- und Tarifpolitik der vergangenen zwei Jahrzehnte war, daß die große Masse der Arbeitnehmer passiv und mehr oder minder apathisch Gewerkschaftspolitik *über sich ergehen ließ*. So gut wie alle Tarifbewegungen der IG Metall in den vergangenen zwei Jahrzehnten sind *von oben* her angekurbelt, eingeleitet und durchgeführt worden. Nirgends war der Druck von unten für die gewerkschaftliche Aktion ausschlaggebend. Es wäre falsch, von einer Nicht-Kampfbereitschaft zu sprechen, denn überall, wo die Gewerkschaften riefen, fanden sich die Arbeitnehmer diszipliniert ein. Aber sicher ist, daß die Initiative immer von oben kam . . . Die spontanen September-Streiks *könnten* eine Wandlung dieser Grundgegebenheit bisheriger gewerkschaftlicher Praxis bedeuten. Sollte es zutreffen, daß die September-Streiks und kleine sporadische Streikbewegungen eine neu entstehende aktive Kampfbereitschaft breiterer Arbeitnehmerschichten ankündigen, so wäre das in der Tat richtungweisend und müßte bei der Ausarbeitung der Gewerkschaftspolitik berücksichtigt werden.«[95]

Ausgehend von den gewerkschaftlichen Diskussionen um die Rolle der Vertrauensleute in der Organisation und der Auseinandersetzung um ihre satzungsmäßige Verankerung hat Fritz Vilmar, und zwar in der Auseinandersetzung um den Reformkongreß des DGB 1971, ein Konzept »basis-demokratischer Gewerkschaftsreform« entwickelt, in dem er die Frage der gewerkschaftlichen Grundeinheit Ort oder Betrieb erneut aufrollt:

»Nicht die Ortsverwaltungen, sondern die von den Gewerkschaftsmitgliedern eines Amtsbereichs (Arbeitsgruppe) zu wählenden Vertrauensleute, im Vertrauenskörper des Unternehmens zusammengefaßt, bilden die – in der Satzung der Gewerkschaften zu verankernde – Basis der gewerkschaftlichen Organisation: die Vertrauenskörper (bei Vorherrschen kleiner Betriebe überbetriebliche Vertrauensleute-Organisationen) sind mit Antrags- und Delegiertenwahlrechten auszustatten: sie und nicht die Betriebsräte (Personalräte) sind die Vollzugsorgane gewerkschaftlicher Politik im Betrieb; der Aufbau und die tarifpolitische Absicherung ihrer Tätigkeit muß daher höchste gewerkschaftspolitische Priorität erhalten; der Betriebsrat (Personalrat) ist als Teilkörperschaft des Vertrauenskörpers zu betrachten, nicht als dessen ›gesetzlich geschütztes‹ Leitungsgremium.«[96]

Der Ausgangspunkt dieses Konzepts einer basisdemokratischen Gewerkschaftsreform ist das demokratische Prinzip der Selbstbestimmung, das vor allem für den Organisationsaufbau der Gewerkschaften konstitutiv sein muß, will diese Gewerkschaft glaubhaft im Namen der Arbeiter, Angestellten und Beamten Teilhabe und Mitbestimmung bei den politischen und ökonomischen Entscheidungen verlangen.

Für Vilmar ist die Forderung nach »Basisdemokratie« in den Gewerkschaften Teil seiner Forderungen nach gesamtgesellschaftlicher Demokratisierung. Diese ist »historisch-dialektisch« zu begreifen als real- wie ideengeschichtlich logische Folge der verfassungsmäßigen Institutionalisierung und industriegesellschaftlichen Ermöglichung des demokratischen *Prinzips der Selbstbestimmung*: »Dieses ist per definitionem nicht in das Getto bloß minimal demokratischer Wahl- und Staatsakte einzuschließen, und es ist angesichts der erstmals in der Geschichte, aufgrund der industriellen Revolution, objektiv real möglichen *Massenbildung* nicht länger einer Führungselite vorzubehalten.«[97] Damit unterscheidet sich Fritz Vilmars Konzept der Aufgaben der Vertrauensleutekörper und ihrer Stellung innerhalb der Gewerkschaftsorganisation erheblich von der immer noch geltenden Auffassung, daß die gewerkschaftlichen Vertrauensleute eine betriebliche Vermittlungsinstanz darstellen zwischen Mitgliedern und der Gewerkschaft, verstanden als Organisation und Apparat. Das Selbstverständnis der derzeitigen gewerkschaftlichen Vertrauensleutearbeit hat Walter Nickel unter dem Aspekt des rationellen und effizienten Funktionierens von Großorganisationen, die zum Funktionieren Sub-Systeme brauchen, beschrieben:

»Organisierte Großgruppen, die Integrationsfunktionen für das Ganze wahrnehmen, sind als partielle Totalität ihrerseits wieder darauf verwiesen, zwischen der Gruppe als Gesamtheit und den die

Gruppe bildenden Personen Instanzen anzusiedeln, die als Kohärenzfaktoren wirksam werden. Insbesondere die Massenorganisationen, die auf demokratischen Prinzipien aufgebaut sind, das heißt auf der freiwilligen Folgeleistung ihrer Mitglieder beruhen, bedürfen neben den Leitungs- und Verwaltungsgremien zusätzlicher Vermittlungsorgane zwischen dem Apparat und der tragenden Basis der Mitgliedschaft, um ihre derzeitige Funktionsfähigkeit sicherzustellen. Das Bedürfnis nach solchen Agenturen wächst mit der Größe der Gruppe, mit ihrer horizontalen und vertikalen Ausdehnung, und mit der Verzweigung ihres Aufgabengebietes. Deshalb bemühen sich seit der Mitte der 50er Jahre vor allem die großen mitgliederstarken Gewerkschaften im DGB in zunehmendem Maße darum, zur Festigung ihrer Organisationen die Zwischeninstanz des gewerkschaftlichen Vertrauensleutekörpers (kurz: Vertrauenskörper VK) in den Betrieben neu aufzubauen und bereits bestehende Organe weiter zu aktivieren.«[98]

Walter Nickel bringt die Aufgabe der Vertrauensleute in dieser Konzeption auf den Begriff der Vermittlungsinstanz, und zwar in einer das ganze Konzept kennzeichnenden Aufzählung, die bei Fritz Vilmar genau in der anderen Reihenfolge geschehen würde und damit auch den wesentlichen Unterschied zwischen den beiden Konzeptionen deutlich macht. Nach Walter Nickel soll der Vertrauensmann vermitteln zwischen »dem Gewerkschaftsapparat, dem Betriebsrat und der Vielzahl der einzelnen Mitglieder.«[99]

3.2. Die Vergewerkschaftlichung der Betriebsräte

Ausgehend von der Frage, wie die Gewerkschaften im Rahmen ihrer Mitbestimmungspolitik »den Alltag des Arbeitslebens im Betrieb: die Arbeitsordnung und Arbeitsbedingungen, den Produktionsablauf und die technische Einrichtung im einzelnen, die Stellung des Arbeitnehmers an seinem Arbeitsplatz und die konkrete Zusammensetzung seines Lohnes oder Gehalts«,[100] mittels Tarifverträgen für den jeweils einzelnen Betrieb regeln können, entwickelt Reinhard Hoffmann seine Konzeption der »Vergewerkschaftlichung der Betriebsräte«[101].

Reinhard Hoffmanns Ziel ist es, den Betriebsrat aus seiner gesetzlich fixierten Vermittlerrolle herauszuholen, in der er einer gewerkschaftlichen Betriebspolitik, die eine umfassende Regelung der Arbeitsbedingungen vor Ort anstrebt, im Weg steht, und ihn einzubinden in eine betriebliche Gewerkschaftsorganisation. Das entscheidende Mittel, um dies zu erreichen, »liegt in einem Umbau oder zumindest Ausbau der gewerkschaftlichen Organisation auf Betriebsebene.« Hier trifft sich Hoffmanns Konzeption mit der von Fritz Vilmar, denn auch Hoffmann fordert, daß der Betrieb als Untergliederung der Gewerkschaft in die Satzung eingebaut wird und daß damit die betrieblichen »Zahlstellen« über die anerkannten gewerkschaftlichen Kampfmittel verfügen, . . . daß sie, »als eine neue untere Stufe der Organisation eingebaut werden und als ein gewerkschaftliches Organ aufgrund ausdrücklicher Satzungsbestimmungen das Recht erhalten, Arbeitskampfmaßnahmen in seinem Betrieb zu beschließen.«[102]

Durch eine weitgehende Einbeziehung der Betriebsräte in diese gewerkschaftliche Betriebsorganisation will Hoffmann die Dualität zwischen Betriebsrat und Gewerkschaft im Betrieb überwinden. Er formuliert es deutlich: »Ein solches betriebliches Gewerkschaftsorgan muß so weit wie möglich mit dem Betriebsrat ›eins‹ werden mit der Folge, daß vom Vertrauenskörper praktisch der Betriebsrat dirigiert wird.«[103]

Es muß noch einmal betont werden, daß die Konzeption der Vergewerkschaftlichung der Betriebsräte und die organisatorische Umsetzung der Forderung eingebettet ist in eine inhaltlich gewerkschaftliche Betriebspolitik, die im Zusammenhang zum Beispiel mit der Diskussion um die Mitbestimmung am Arbeitsplatz formuliert wurde. Reinhard Hoffmann 1978:

»Hier ist jedoch kritisch festzustellen, daß die westdeutschen Gewerkschaften bislang lediglich die im Betriebsverfassungsgesetz angelegte Verdrängung der Gewerkschaften aus den Betrieben beklagt haben, aber keine strategische Perspektive für eine alternative Struktur der Betriebsverfassung entwickelt haben, wie überhaupt inhaltliche Orientierung und Strategie einer gewerkschaftlichen Betriebspolitik nur bruchstückhaft existieren. Lediglich in den Bemühungen um den Auf- und Ausbau der gewerkschaftlichen Vertrauenskörper in den Betrieben materialisieren sich erste Ansätze einer strategischen Alternative.«[104]

In diesen Sätzen wird klar, wie eng inhaltliche Fragen der Gewerkschaftspolitik verbunden sind mit der Frage ihrer Organisation. Das heißt, das Fehlen einer betrieblichen Gewerkschaftsorganisation hängt auch damit zusammen, daß über »betriebsnahe Tarifpolitik«, »Mitbestimmung am Arbeitsplatz« und »betriebsbezogene Bildungsarbeit« in der Regel nur theoretisch diskutiert wird. Die »Erbsünde« dauert an.

3.3. Die Bedeutung der Vertrauensleute für eine »konflitorische Gewerkschaftspolitik«

Die Rolle der Vertrauensleute als Träger einer basisorientierten Gewerkschaftspolitik, die stärker die unmittelbar artikulierten Mitgliederinteressen zum Ausdruck bringt, wurde ausführlich diskutiert im Rahmen eines Versuchs, die Politik der bundesdeutschen Gewerkschaften theoretisch einzuordnen. Dieser Versuch wurde von Joachim Bergmann, Otto Jacoby und Walther Müller-Jentsch in einer groß angelegten Untersuchung der gewerkschaftlichen Lohnpolitik unternommen. Ausgehend von den beiden Idealtypen einer »kooperativen« oder einer »konfliktorischen« gewerkschaftlichen Tarifpolitik bezeichneten sie die Tarifpolitik der Gewerkschaften in der Bundesrepublik als kooperativ. Kennzeichnend für eine kooperative Gewerkschaftspolitik sind die innerorganisatorische Zentralisierung der Willensbildung, eine umfassende Verrechtlichung der Verhandlungs- und Schlichtungsprozeduren im Arbeitskampf, eine Einbindung der gewerkschaftlichen Tarifpolitik in die Einkommenspolitik der staatlichen Wirtschaftspolitik und die oft nur stillschweigende Voraussetzung »einer prosperierenden und konzessionsfähigen Wirtschaft einerseits und einer folgebereiten Mitgliederschaft andererseits, deren Ansprüche sich quantitativ *und* qualitativ den Konzessionsspielräumen anpassen lassen . . . Eine konfliktorische Gewerkschaftspolitik ist hingegen zu erwarten, sobald sich die Konzessionsspielräume in Hinblick auf die primären und manifesten Interessen der Mitglieder verengen bzw. mit steigenden Anspruchshaltungen sich nicht erweitern lassen.«[105]

Betrachten wir noch kurz den idealtypischen Gegensatz von kooperativer Gewerkschaftspolitik – die konfliktorische Gewerkschaftspolitik: Ihr Ausgangspunkt sind die »artikulierten Mitgliederinteressen«, die sie unmittelbar in tarifpolitische Forderungen und Strategien umsetzt. Die konfliktorische Gewerkschaftspolitik lehnt jede

Einbettung ihrer Lohnpolitik »in die konjunkturpolitische Wirtschaftssteuerung« strikt ab. Sie übernimmt keine »Verantwortung für den Gesamtzustand der Ökonomie«. Schließlich ist »das Machtpotential« einer konfliktorischen Gewerkschaftspolitik die leicht mobilisierungsfähige Basis, die auf der unteren Ebene der Organisation über einen weiten »Entscheidungs- und Handlungsspielraum« verfügt und die gewohnt ist, »auf spezifische lokale und regionale Bedingungen« spontan zu reagieren.

Die Autoren relativieren selbst die Aussagekraft ihres gewählten Begriffspaares:

»Verfehlt wäre es, mit diesem Begriffspaar fixe Typen gegenwärtiger Gewerkschaften konstruieren zu wollen. Beide Formen gewerkschaftlicher Praxis enthalten Momente der anderen; unter veränderten Bedingungen ist zu erwarten, daß die eine Form in die andere umschlägt. Des weiteren sind mit der Bezeichnung ›kooperativ‹ und ›konfliktorisch‹ Formen der gewerkschaftlichen Interessenvertretung gemeint, deren Praxis sich durch die Dominanz pragmatischer Handlungsmuster auszeichnet.«[106]

»Die Krise der kooperativen Interessenvertretung«, in der sich nach Meinung der Autoren die bundesdeutschen Gewerkschaften befinden, resultiert aus der »Divergenz zwischen ökonomischen Konzessionsspielräumen und subjektiven Ansprüchen« der Mitglieder. Hieraus »erwächst ein Konfliktpotential, das sich nicht erst bei einer objektiven Verschlechterung, sondern schon bei einer Verletzung verfestigter Erwartungen aktualisieren kann.« Die Autoren stellten sodann »eine wachsende Unzufriedenheit großer Teile der Mitgliedschaft mit den Ergebnissen der Tarifpolitik und zum anderen eine sich verstärkende innerorganisatorische Kritik aktiver Funktionäre der unteren und mittleren Ebene an den Formen und Inhalten der tarifpolitischen Praxis« fest.

Ausdruck der Unzufriedenheit der Mitglieder waren die »inoffiziellen Streiks« – wie die »wilden oder spontanen Streiks« von den Autoren bezeichnet werden – der Jahre 1969–1973. Als Kern der innergewerkschaftlichen Opposition – und damit möglicherweise als Vehikel eines Umschlagens der kooperativen Gewerkschaftspolitik in der Bundesrepublik in eine konfliktorische – diagnostizieren Joachim Bergmann u. a. die Vertrauensleute:

»In vielen Betrieben der Metallindustrie, in der Stahlerzeugung und

im Automobilbau, aber auch in der Großchemie, gewannen die Vertrauensleute Selbständigkeit und Gewicht gegenüber den Betriebsräten und dem gewerkschaftlichen Apparat. Aufgrund ihrer spezifischen Rolle im organisationsinternen Prozeß neigen die Vertrauensleute, besonders die Vertrauenskörperleitungen, zu einem Engagement, das über die vorgegebenen Schranken der Mitgliederbeteiligung hinausstrebt. Der dauernde Kontakt zu den Mitgliedern, die Kenntnis der betrieblichen Situation und der daraus entspringenden konkreten Interessen einerseits, der gewerkschaftliche Auftrag, die Nähe zur Organisation mit ihrem demokratischen Selbstverständnis andererseits erzeugen Sensibilität für die Defizite der kooperativen Tarifpolitik und ihre dürftige demokratische Legitimation . . .
Sehen sich die Vertrauensleute obendrein noch genötigt, den von ihnen nicht gebilligten, durch Beschluß der Tarifkommission jedoch formal-demokratisch legitimierten Tarifabschluß gegenüber den gleichfalls enttäuschten Mitgliedern zu vertreten, so kann sich die lohnpolitische Unzufriedenheit der aktiven ehrenamtlichen Funktionäre schnell zu Kritik an der demokratischen Willensbildung verdichten. – Beides ist in den vergangenen Jahren geschehen.«[107]
In ihrem abschließenden Kapitel untersuchen die Autoren die Reaktion der Gewerkschaftsführung auf die zutage getretene Krise der kooperativen Gewerkschaftspolitik. Sie stellten fest, daß die Gewerkschaften einerseits den tarifpolitischen Unmut ihrer Mitglieder aufgenommen und ihn in ihrer Tarifpolitik berücksichtigt haben, während sie andererseits organisationsintern »potentielle Träger und Initiatoren von Basisbewegungen und alternativen Gewerkschaftsstrategien«[108] unter Druck setzten und mit Disziplinarmaßnahmen bedrohten. So werden aufgezählt »Ausschlußverfahren, Auflösung gewählter Gremien, Entlassung oder Kaltstellen unbequemer Funktionäre und Sekretäre.«. Außerdem wurden gegen die maoistischen und linksradikalen Zirkel in den Gewerkschaften Unvereinbarkeitsbeschlüsse erwirkt, die die Handhabe boten, Mitglieder aus den Gewerkschaften auszuschließen.
Bei der innerorganisatorischen Bewertung der Auseinandersetzungen um die Rolle der Vertrauensleute in der Gewerkschaftspolitik stellt sich die Frage, ob der Begriff »Krise der kooperativen Gewerkschaftspolitik« in dem behaupteten Umfang zutrifft oder ob nicht die in den innergewerkschaftlichen Auseinandersetzungen der letzten

Jahre artikulierten »Lücken und Defizite der gewerkschaftlichen Interessenvertretung«[109] nur die Grenzen der organisierten Interessenvertretung und der eingefahrenen Tarifpolitik anzeigen – ob nicht, wie Siegfried Braun die September-Streiks von 1969 interpretiert hat, der »organisierte Klassenkampf« mit seiner »ausgefeilten bürokratischen Praxis in Betrieben und der Bindung der gewerkschaftlichen Aktivität an bestimmte vertragliche Spielregeln«[110] eine Grenze der organisatorischen Vermittlung der Interessenkonflikte zwischen Lohnabhängigen und Kapitalfunktionären sichtbar gemacht hat, da dieser »Organisationskampf« eben in seiner Organisiertheit nicht nur Spannungen regelt, sondern seine eigenen Spannungen erzeugt.

Theo Pirker sieht in solchen radikalen Aktionen von unten, die entweder mit Betriebsräten oder an ihnen vorbei auf betrieblicher Ebene von Vertrauensleuten geführt werden und deren Zunahme in den letzten Jahren von Bergmann u. a. als Beleg für die »Krise der kooperativen Gewerkschaftspolitik« gewertet wird, eine notwendige Ventilfunktion für ein effizientes System der Interessenvertretung, wie es in der Bundesrepublik existiert. Auf der einen Seite agiert die Gewerkschaft überbetrieblich im Rahmen eines Tarifvertragssystems, sie tritt nur dann in Aktion, wenn die Konflikte aus den Betrieben ein bestimmtes Gewicht erhalten. Auf der anderen Seite befinden sich die Betriebsräte, die betriebliche Konflikte betriebsintern lösen. Zur Lösung betriebsinterner Konflikte kann manchmal ein Betriebsrat schon eine radikale gewerkschaftliche Aktion von unten fördern. Ergebnis: Sein Ansehen wächst allgemein im Betrieb und die Integration der Belegschaft in den Betrieb wird verstärkt. Ist ein Betriebsrat bereits so in das betriebliche Sozialmanagement integriert, daß er die Interessen der Belegschaft nicht mehr ausreichend vertritt, legitimieren sich in gewerkschaftlichen Aktionen seine »Erben«: »Radikale Aktionen von unten her münden eben in die vorgegebene Strategie der Eroberung des Betriebsrates durch die Radikalen oder sie verpuffen.«[111]

Braun und vor allem Theo Pirker relativieren mit ihren Erklärungen der Auseinandersetzungen um die Vertrauensleute sehr stark die Hoffnung von Bergmann u. a., in den Vertrauensleuten den Ansatz für eine basisdemokratische Gewerkschaftsreform gefunden zu haben, die ja hinter solchen Formulierungen wie »Krise der kooperativen Gewerkschaftspolitik« auch steckt. Pirker verweist nachdrücklich auf die Festigkeit und Effizienz des institutionalisierten Rahmens der Gewerkschaftspolitik, der die Vertrauensleute immer wieder auf den Betrieb zurückwirft.

3.4. Die Vertrauensleutefrage aus der Sicht der Gewerkschaftszentrale

Die Vertrauensleute-Frage ist in den bundesdeutschen Gewerkschaften natürlich auch eine Frage der innerverbandlichen Willensbildung und damit eine Frage des Grades gewerkschaftlicher Demokratie. Alle von mir hier vorgestellten theoretischen Konzeptionen bejahen eine gewerkschaftspolitische Stärkung der Handlungs- und Entscheidungsspielräume der Vertrauensleute in den Betrieben. Sie fordern damit – und auch dies ist allen Ansätzen gemeinsam – eine stärkere Hinwendung der Gewerkschaften zu einer aktiven Betriebspolitik, die eingangs des Kapitels mit den Diskussionen um eine »betriebsnahe Tarifpolitik«, »der Mitbestimmung am Arbeitsplatz« und »der Humanisierung der Arbeit« stichwortartig angegeben wurde.

Überleitend zu den Problemen des Gewerkschaftsaufbaus und der Regelung der Beziehungen zwischen Einzelgewerkschaften und dem Dachverband DGB zitieren wir noch einmal Otto Brenner, der in seinem bereits erwähnten Brief nach den »wilden Streiks« von 1969 den innerverbandlichen Zustand beschreibt und die Aufgaben der Hauptamtlichen in der Debatte um die Gewerkschaftsreform umreißt. Otto Brenner bestätigt in diesem Brief noch einmal nachdrücklich die These von Adolf Brock: Will man das Organisationsleben der Gewerkschaften verstehen, muß man davon ausgehen, daß die einzelnen Organisationsebenen nach einem größtmöglichen Spielraum streben und ohne Not höhere und niedere Instanzen nicht in ihre Politik einbeziehen. Brenner hat die bis heute gültige Linie des IG-Metall-Vorstandes gegenüber den Autonomiebestrebungen der Vertrauensleute 1970 konzipiert:

»Trotz der Buntscheckigkeit der zutage tretenden Auffassungen hat die Reform-Diskussion im DGB eines gezeigt: Das vage Gefühl ist weit verbreitet, es gäbe im Aufbau der Gewerkschaften Unzulänglichkeiten, die durch Strukturveränderungen zu beseitigen seien. Darin dürfte sich ebenfalls eher ein verändertes Empfinden der Funktionäre niederschlagen als eine wirkliche Reformbedürftigkeit des DGB: Die gewerkschaftliche Struktur ist ja die gleiche geblieben, aber sie wird anders gesehen als gestern. Routineveranstaltungen, die man einst als selbstverständliche hinnahm, werden jetzt als leer empfunden. Beschlüsse, die früher ohne Wimpernzucken akzeptiert wurden, bedürfen nun einer glaubwürdigen Begründung. Die neue Generation Ehrenamtlicher nimmt personelle Lösungen, die gestern so gut wie unbestritten waren, nicht mehr schweigend hin. Während sich die Mentalität der Funktionäre in den Betrieben offensichtlich verändert hat, sind Arbeitsstil und Methoden mancher Hauptamtlicher nicht selten und verständlicherweise von der hinter uns liegenden Zeit und ihren Erfahrungen geprägt. Diese Zeit hat diplomatische Haltungen gefördert, nicht kämpferische. Das Zurückweichen statt des resoluten Vertretens des Standpunktes der Organisation und der Vorstandsbeschlüsse ist umso naheliegender, als die Kritiker über die Stimmen zur Wiederwahl verfügen. De facto hat der Vorstand auf lokaler Ebene nicht die Unterstützung, die er von den Angestellten der Organisation erwarten darf. Die Abhängigkeit der Bevollmächtigten von vorübergehenden Stimmungsschwankungen und lokalen Intrigen ist eine Prämie für das Abwälzen auf Frankfurt. (Frankfurt ist der Sitz des Hauptvorstandes der IG Metall, d. Verf.) Die Gefahr besteht, daß Beschlüsse und Weisungen des Vorstandes im Sande verlaufen. Deshalb ist der Ansatz: ›Mehr Demokratie‹ in Fragen der inneren Organisation mißverständlich. Die gewerkschaftspolitische Willensbildung, wie sie in der Beschickung und Beschlußfassung der Gewerkschaftstage ihren Ausdruck findet, soll lokal, regional und zentral von einem Maximum an Demokratie getragen werden. Das ist durchaus vereinbar mit mehr Ausführungsdisziplin in der Organisationshierarchie. Der meinungsbildende Strang der Gewerkschaften (von unten nach oben) müßte gestärkt werden, zum Beispiel durch mehr Vertrauensleute und Betriebsrätekonferenzen zu wichtigen Fragen auf örtlicher Ebene oder von zwei bis drei zusammengefaßten Verwaltungsstellen oder gleicher Industrien, wobei der Aussprachecharakter vordergründig sein sollte. Der hierarchische, das heißt hauptamtliche Strang sollte dagegen stärker zentralisiert werden.«[112]

Die Rolle der Vertrauensleute ist in der IG Metall in der Tat gestärkt worden. Man hat »Vertrauensleute-Schutzabkommen« ausgehandelt und räumt ihnen in der gewerkschaftlichen Publizistik mehr Raum ein. Eines aber wird ihnen nicht zugestanden, nämlich das satzungsmäßige Recht, daß sie in den Betrieben *die Gewerkschaft* sind, die für ihren Bereich *autonom* Beschlüsse fassen kann. Das Anliegen Otto Brenners bestand nicht darin, die innergewerkschaftliche Demokratie zu fördern, sondern darin, zu klären, wie die Gewerkschaftszentrale unter veränderten Bedingungen die Organisation besser »managen« kann.

Wolfgang Streek hat als Bestandteil der Überwindung der gewerkschaftlichen Organisationskrise der sechziger Jahre eine »Austrocknung der Ortsverbände« beobachtet, die mit einer stärkeren Ausrichtung der gewerkschaftlichen Organisationsarbeit auf den Betrieb einherging. Er schreibt:

»Eine entscheidende Rolle spielt hierbei der Aufbau betrieblicher Vertrauenskörper, durch den in zunehmendem Maße das organisatorische Potential der früheren Ortsverbände aufgenommen und neuen Funktionen zugeführt wird – eine Entwicklung, die als ›Umwandlung des Hauskassierers (oder auch des Schriftführers im Ortsverbandsvorstand) zum Vertrauensmann‹ von den Vorständen fast aller Gewerkschaften, freilich nach Maßgabe der in ihren Bereichen bestehenden betrieblichen Organisationsbedingungen, aktiv gefördert wird.«[113]

Eine solche Politik entspricht ganz den Intentionen, die Otto Brenner in seinem Brief formuliert hat.

4. Ursachen der Zentralisierung und Probleme der Willensbildung in der sozialwissenschaftlichen Gewerkschaftsdiskussion der zwanziger Jahre

Bei der theoretischen Debatte um Zentralisation oder Föderalismus im Zusammenhang mit der DGB-Reform ging es darum, ob und wenn ja, welche Aufgaben und Entscheidungen beim DGB-Bundesvorstand zentralisiert werden sollen, oder ob der »Gewerkschaftsföderalismus« der Einzelgewerkschaften gegenüber dem DGB verteidigt werden sollte. Hierin eingeschlossen war das Problem der Effektivität der Gewerkschaftsorganisation und das der innerverbandlichen Willensbildung und der breiteren Beteiligung oder Einbeziehung der Mitglieder in den Willensbildungsprozeß.

Bevor wir uns dieser Debatte zuwenden, ist ein Rückblick auf die ältere Gewerkschaftsdiskussion notwendig, um die grundsätzlichen Probleme, die in der aktuellen Diskussion nicht weiter angesprochen wurden, deutlich zu machen.

Die freien Gewerkschaften entschieden sich bei ihrer Gründung 1892 sowohl für die territoriale Zentralisation wie für den Berufsverband, das heißt: Die Berufsgenossen bildeten einen Verband für das ganze Deutsche Reich. Allerdings begann bereits in den neunziger Jahren des 19. Jahrhunderts zunächst die Kartellierung von verwandten Berufsverbänden, aus denen sich dann die Industrieverbände entwickelten; dabei spielte der Deutsche Metallarbeiterverband eine Vorreiterrolle.

Karl Zwing hat »die *zentralistische Gewerkschaftsform*« als »das wesentlichste Moment« des deutschen Gewerkschaftstyps gekennzeichnet.[114] Paul Umbreit beschreibt die Organisationselemente, in denen sich diese Zentralisierung ausgedrückt hat: 1. Erhöhung des Beitrages für das einzelne Mitglied, 2. Aufbau eines umfassenden Unterstützungswesens, 3. statutarisch geregelte und reglementierte Lohnkämpfe, deren wesentlichste Bestimmung darin bestand, daß »ohne vorgängige *Genehmigung des Vorstandes*« kein Streik ausgerufen werden durfte sowie schließlich 4. der Aufbau eines gewerkschaftlichen Verwaltungswesens.[115] Nach Paul Umbreit war dieser zentralistische Gewerkschaftsaufbau die Voraussetzung für das Wachsen der Gewerkschaftsorganisation und damit auch der Zunahme an gewerkschaftlicher Macht.

4.1. Die Arbeitgeberverbände

Eine bis heute gehörte Begründung für die objektive Notwendigkeit der Zentralisation der Gewerkschaftsorganisation ist die zunehmende Bedeutung der Kapitalkonzentration und der damit verbundenen Unternehmensgrößen in der Wirtschaft und die Bildung von Arbeitgeberverbänden, die in Deutschland zunächst nicht als »Tarif- und Sozialpartner« der Gewerkschaften auftraten, sondern durchaus angetreten waren, die gewerkschaftliche Organisationsbildung zu verhindern und im Ansatz zu zerstören.

»Die Vernichtung der Gewerkschaften ist in allen Ländern vor der Entstehung von Arbeitgeberverbänden jahrzehntelang mit *politischen Machtmitteln* versucht worden. Allgemeines Strafrecht und besonderes Koalitionsstrafrecht, Gesetze und Gesetzesentwürfe gegen die ›Sozialisten‹ und gegen den ›Umsturz‹, Verwaltungsmaßnahmen gegen Arbeitervereine und Polizeimaßnahmen gegen Streiks schienen geeignete Mittel. Viele ›Fachverbände‹ der Industrie haben auch in Deutschland in dieser Richtung auf Gesetzgebung und Verwaltung eingewirkt; erst nach dem Scheitern der sogenannten ›Zuchthausvorlage‹ von 1899 erschien die Selbsthilfe im Arbeitgeberverband allmählich selbst in Kreisen der ›schweren Industrie‹ aussichtsreicher als der Ruf nach Gesetzgebung und Polizei. Immerhin sind noch 1913 und 1914 in Deutschland koalitionsfeindliche Gesetzgebungsvorschläge auch von Arbeitgeberverbänden und besonders von der Arbeitgeberverbandspresse mit Leidenschaft verfochten worden . . . Die bedeutendsten eigenen Waffen der jungen Arbeitgeberverbände zur Niederzwingung, wenn nicht gar Vernichtung der Gewerkschaften waren ›schwarze Listen‹, koalitionsfeindliche ›Revers‹ und unparitätischer Arbeitsnachweis . . . Bei der Durchführung des Kampfes gilt es, den Gegner wirtschaftlich möglichst zu schwächen, die eigene wirtschaftliche Notlage aber möglichst zu beheben. Schwächung des Gegners erreicht der Arbeitgeberverband, wenn er das anderweitige Unterkommen der Streikenden verhindert, und wenn er den Streik mit einer Aussperrung beantwortet . . . Aussperrung, Gegenstreik ist Massenentlassung von Arbeitern oder Angestellten zur Erreichung von Arbeitgeberzwecken, ohne daß Mangel an Arbeitsaufträgen vorläge . . . Je länger ein Kampf dauert und je gründlicher die Stillegung eines Betriebes erfolgt ist, umso fühlbarer ist schließlich das Bedürfnis nach Unterstützung mit barem Gelde. Die Unkosten laufen ja weiter: Zinsen, Gehälter, Versicherungen, Vorrats- und Maschinenpflege, der Kampf selbst verursacht Kosten, der Unternehmer selbst zehrt, ohne zu verdienen – für alles dies reichen Darlehen, auch wohl gelegentliche kleine Beihilfen aus dem Vermögen des Arbeitgeberverbandes nicht aus, Notsammlungen wie 1903/04 für die Crimmitschauer Textilfabrikanten oder 1905 für die Weißenfelser Schuhfabrikanten sind meist schwierig, dazu immer für die Unterstützten peinlich – so ist man zu dem Weg einer regelrechten *Streikversicherung* mit festen Beiträgen und festen Leistungen gekommen.«[116]

Es gelang den Arbeitgeberverbänden in Deutschland weder mit schwarzen Listen, dem Betreiben gewerkschaftsfeindlicher Gesetzgebung, mit umfassenden Aussperrungen noch der eigenen Streikversicherung den Aufbau der Gewerkschaften zu verhindern. Aussperrung und Streikversicherung erwiesen sich als Brücken, die schließlich zur Anerkennung der Gewerkschaften führten. Gerhard Kessler zieht als Fazit seiner Darstellungen der Gewerkschaftspolitik der Arbeitgeberverbände in Deutschland genau diese Schlußfolgerung.

»Das Wesen des Arbeitgeberverbandes ist Abwehrbereitschaft und wird es bleiben, solange auf der Gegenseite kampfbereite Gewerkschaften stehen. Aber je genauer man die beiderseitigen Kräfte kennt, umso aussichtsreicher sind Verständigungsversuche und Waffenstillstandsverträge. In Deutschland – wie auch vielfach schon früher im Ausland – haben diese Bestrebungen zu *paritätischen Schlichtungsstellen und Arbeitsnachweisen, zu Tarifverträgen und Arbeitsgemeinschaften* geführt.«[117]

Es sei angemerkt, daß Gerhard Kessler auch in seiner formalen Definition des Arbeitgeberverbandes – »Arbeitgeberverbände sind Vereinigungen kapitalistischer Unternehmer zur Beeinflussung der Arbeitsverträge in ihren Betrieben«[118] – den Kampfcharakter der Arbeitgeberverbände präziser bestimmt und unterstrichen hat, als dies Walther Herrmann in seinem Stichwort »Arbeitgeberverbände« in dem 1956 erschienenen »Handwörterbuch der Sozialwissenschaften« tut. Für W. Herrmann dominiert die tarifvertraglich- und sozialpartnerschaftliche Funktion der Arbeitgeberverbände: »Arbeitgeberverbände sind Zusammenschlüsse von Unternehmen und Unternehmungen in der Absicht, gemeinsam in sozialpolitischen Fragen tätig zu werden, vornehmlich, um Tarifverträge abzuschließen.«[119] Paul Umbreit jedenfalls führt die Aussperrungspolitik der Unternehmer in den Jahren 1890–1895 an, um die Notwendigkeit eines gewerkschaftlichen Streikreglements und der damit verbundenen Entscheidungskompetenz beim Verbandsvorstand zu begründen.[120]

4.2. Das gewerkschaftliche Beamtentum

Die von Gerhard Kessler angeführten Versuche der Arbeitgeber, die Gewerkschaftsorganisation schon im Entstehen zu zerstören und der gegen die Gewerkschaften mobilisierte, staatliche und öffentliche Druck lassen wenigstens ahnen, unter welchen Bedingungen sich die freien deutschen Gewerkschaften konstituieren mußten und aufgebaut wurden.

Im Rahmen dieser schwierigen Durchsetzung der gewerkschaftlichen Verbandsbildung vollzog sich der Aufbau eines gewerkschaftlichen »Beamtentums«. Die Gewerkschaften verwandelten sich in

Massenorganisationen, und damit gingen unvermeidlich einher die für alle Massenorganisationen typischen Prozesse der Bürokratisierung, ohne die Massenorganisationen nicht funktionieren können. Plastisch beschrieben wurde der Prozeß der Bürokratisierung von den Autoren des »Roten Gewerkschaftsbuches« von 1931: »In den einzelnen Gewerkschaftsverbänden entstand im Laufe der Jahre eine rangstufig durchgebildete Verwaltungsbürokratie, die ihre Arbeitsfunktion im Außen- und Innendienst weitgehend stabilisierte. Als die eigentlichen Beauftragten und Sachverwalter der Mitgliedschaft gilt die an den Spitzen der Gewerkschaften sitzende *höhere Bürokratie*. Zwischen diesen *Führern* und der subalternen Verwaltungsbürokratie entstand eine besondere Gruppe von Gewerkschaftsbeamten, die als *Abteilungsleiter* fungieren. Diese haben gegenüber dem führenden Direktorium die Verantwortung für ein bestimmtes abgegrenztes Ressort. Ihre Berufsarbeit hat engsten Kontakt mit der Mitgliedschaft und kann von dieser laufend beobachtet werden. Dagegen ist die berufliche Tätigkeit der *oberen Gewerkschaftsbeamten* von den Mitgliedern meistens nicht mehr überblickbar und kontrollierbar. Die Dispositionsgewalten, die diesen führenden Funktionären von der Mitgliedschaft übertragen wurden, liegen in einer Art ›ministerieller Bürokratie‹ verborgen.«[121]

Dieser Funktionärsapparat entwickelt in seiner Existenz natürlich Eigengesetzlichkeiten. In dem Maße, wie diese Gewerkschaftsbürokratie zum Partner der unternehmerischen und staatlichen »Komplementärbürokratie« wird, benutzt sie die ihr damit zufallenden Aufgaben, um ihre Stellung im Verband weiter auszubilden und auszubauen. Diesen Prozeß der Aufgabenerweiterung in der Verwaltung sah Max Weber zu Recht als einen der bedeutsamsten Anlässe der Bürokratisierung. Er hat eindringlich den Prozeß der Verfestigung und des Funktionierens der bürokratischen Apparate beschrieben: »Der einzelne Beamte kann sich dem Apparat, in dem er eingespannt ist, nicht entwinden. Der Berufsbeamte ist, im Gegensatz zum ehren- und nebenamtlich verwaltenden ›Honoratioren‹, mit seiner ganzen materiellen und ideellen Existenz an seine Tätigkeit gekettet. Er ist – der weit überwiegenden Mehrzahl nach – nur ein einzelnes mit spezialisierten Aufgaben betrautes Glied in einem nur von der höchsten Spitze her, nicht aber (normalerweise) von seiner Seite, zur Bewegung oder zum Stillstand zu veranlassenden, rastlos weiterlaufenden Mechanismus, der ihm eine im wesentlichen gebundene Marschroute vorschreibt. Und er ist durch all dies vor allem festgeschmiedet an die Interessengemeinschaft aller in diesen Mechanismus eingegliederten Funktionäre daran, daß dieser weiterfunktionierende und die vergesellschaftet ausgeübte Herrschaft fortbestehe. Die Beherrschten ihrerseits ferner können einen einmal bestehenden bürokratischen Herrschaftsapparat weder entbehren noch ersetzen, da er auf Fachschulung, arbeitsteiliger Fachspezialisierung und festem Eingestelltsein auf gewohnte und virtuos beherrschte Einzelfunktionen in planvoller Synthese beruht.«[122]

Gerade diese bürokratische Maschine, auf die die Mitglieder nicht verzichten können, ist in ihrem Funktionieren gegenüber den Mitgliedern – die sie ja immer noch mit ihren Beiträgen bezahlen – einer der Gründe für das Anwachsen einer Mißstimmung gegen die Gewerkschaften: Forderungen nach Demokratisierung der Gewerkschaften und der Kontrolle der gewerkschaftlichen Funktionäre durch die Mitglieder sind dann gemeinsame Kennzeichen innergewerkschaftlicher Kritik, die entweder von aktivistischen Minderheiten oder gar von breiten Basisbewegungen artikuliert werden. Die bislang schwerste Organisationskrise der deutschen Gewerkschaften unmittelbar nach dem Ersten Weltkrieg, wo breite Teile der Arbeiterschaft in der Rätebewegung bereit waren, die Gewerkschaften als Organisationsformen prinzipiell zur Disposition zu stellen, hat der christliche Gewerkschaftstheoretiker Theodor Brauer auf diesen bürokratischen gewerkschaftlichen Organisationsaufbau zurückzuführen gesucht. »Die Massen fühlten sich in ihrem Gewerkschaftsverhältnis tatsächlich unter dem Regime eines Bürokratismus und sie verlangten in allen möglichen Formen nach Einrichtungen, die es ihnen ermöglichen sollten, selber wieder *irgend eine aktive Rolle mitspielen* zu können.«[123]

4.3. Der Zweckcharakter der Organisation

Einer der bemerkenswertesten Beiträge zur Debatte um das Problem der innergewerkschaftlichen Willensbildung ist die Arbeit von Philipp Alexander Koller über das »Massen- und Führerproblem in den freien Gewerkschaften« von 1920. Mit der Skizzierung seiner Gedanken über die Ursachen dieses Problems will ich meinen Rekurs auf die

Organisationsdebatte in der älteren Gewerkschaftsliteratur beenden. Philipp Alexander Koller geht aus von der Frage, was dem Begriff der Organisation »essentiell ist«. Er macht darauf aufmerksam, daß Organisationen Zweckschöpfungen sind, in denen sich »eine größere oder geringere Zahl von Menschen eben in der Absicht verbindet, gewisse Zwecke – ... durch ›organisierte‹ gemeinsame Tätigkeiten oder Leistungen zu erreichen«. Nimmt man noch die bereits von Max Weber für wesentlich gehaltene Bestimmung des Auf-Dauer-gestelltseins der Organisation hinzu, so kann man nach Koller Organisation erklären als die Aufgabe, »für die Erreichung des betreffenden Zweckes an den Mitgliedern in ihrer Gesamtheit die dem Zweck korrespondenten Bedürfnisse zusammenzufassen und aus ihrer Vielfalt eine Einheit zu schaffen. Das einzelne Mitglied wird also nur in seiner auf das gemeinsame Ziel gerichteten Absicht ›organisiert‹ ... Was die Organisation aus den einzelnen Mitgliedern schafft, ist demnach ein völlig neues Gebilde, dessen Wesen sich nicht als eine Summe der Individuen erfassen läßt, weil seine konstitutiven Elemente ja nicht diese konkreten Menschen, sondern ihre auf das Gemeinsame gerichteten Absichten sind. Es ist eine neue soziale Einheit, die aus der ursprünglichen Vielheit entstand.«[124]

Die von Koller vorgenommene Präzisierung, daß nur Teile von menschlichen Interessen und Bedürfnissen, so wichtig und existentiell diese auch sein mögen, in eine Organisationsbildung eingehen, kann gar nicht ernst genug genommen werden. Er rückt damit unmißverständlich in den Blick, daß Organisationen das einzelne Mitglied *neben* der Arbeit, der Freizeit, der Familie usw. beschäftigen, daß Organisationen also nur einen Lebensbereich des Einzelnen u. a. erfassen. Dies gilt natürlich nicht für alle Gewerkschaftsmitglieder, denn der hauptamtliche und im gewissen Sinne auch der ehrenamtliche Funktionärskörper der Gewerkschaften leben entweder von der Organisation oder verfolgen in ihr und mit ihr politische oder sonstige Zwecke, die natürlich eine ganz andere Anteilnahme am inneren Organisationsleben begründen.

Koller verteidigt nachdrücklich die gewerkschaftliche Zentralisation als ein notwendiges Attribut, ja eine Voraussetzung einer erfolgreichen Gewerkschaftspolitik, besonders als Verwalter des Verbandsvermögens, das zwar von vielen »Lokalorganisationen« aufgebracht wird, aber dort nicht verwandt wird: Die Gewerkschaftsgelder »werden nicht da verwendet, wo sie eingezogen werden, sondern nach Statut und Bedarf von der Leitung an die bedürftigen Stellen gegeben. Das erfordert einheitliche Verwaltung aus rein betriebstechnischen Gründen, außerdem aber unterliegt doch auch die Gewerkschaft dem Kapitalismus und begünstigt daher gemäßt dem wirtschaftlichen Prinzip die Konzentration des Kapitals.«[125] Aber auch die Art und Weise der Auseinandersetzung mit den Arbeitgebern begünstigt die Zentralisation.

»Gegenüber den immer zentraleren Charakter annehmenden Lohnbewegungen hilft daher nur diese Vereinheitlichung als technisches Mittel. Gewiß ist es teilweise eine reine Wechselbeziehung, aber es ist doch auch ein strukturbestimmender Gegner da, der bereits im Einzelbetrieb zentralistische, durch Organisation in der Hinsicht noch weitergekommene Unternehmer ... Zentralisation bedeutet, *technisch* angesehen, das Mittel, eine Vielheit von Einzelfunktionen nach *einheitlichem Prinzip* zu regeln, aus ihrem beziehungslosen Nebeneinander ein Für- und Miteinander zu schaffen durch Beziehung aller auf ein einheitliches Zentrum. Auf *gesellschaftliche* Gebilde übertragen stellt sie sich als die Form dar, in der ein *einheitlicher Wille* sich am exaktesten in einer Vielheit gesellschaftlicher Elemente verkörpert.«[126]

Wenn Koller nun behauptet, daß dieser zentralisierte Wille indifferent sei gegenüber der Frage, ob er Ergebnis eines demokratischen Willensbildungsprozesses aller Gewerkschaftsmitglieder oder Ausdruck der Entscheidung einer Oligarchie in den Gewerkschaften ist (in der Sprache der älteren Gewerkschaftsliteratur »das Führertum«), so kann ich ihm hierin nicht folgen. Gerade seine Unterscheidung, daß die Organisationen nicht *die Menschen*, sondern nur *Zwecke*, die diese Menschen verfolgen, organisieren, ist eine wichtige Einsicht. Hieraus folgt, daß diejenigen Gewerkschaftsmitglieder, die ihre Gewerkschaftsarbeit als Beruf verstehen, natürlich einen ganz anderen Einfluß auf die innerorganisatorische Willensbildung haben als die »einfachen beitragzahlenden Mitglieder«, und dies prägt den »zentralisierten Willen« der Organisation. In Kollers Beschreibung und Verteidigung der Zentralisation der Gewerkschaften sind zwei Ebenen der Argumentation zu unterscheiden.

Einmal kommt in der Kollerschen Argumentation zum Ausdruck, wie notwendig die kollektive Organisation zum Schutz und zur Behauptung der individuellen Lebensexistenz der vielen abhängig Arbeitenden gegenüber den Eigengesetzlichkeiten der kapitalistischen Wirtschaftsorganisation ist. Bei Koller ist die Verteidigung der Zentralisation des gewerkschaftlichen Wollens noch Ausdruck der Vorstellung, daß nur die Bildung eines einheitlichen Massenwillens von vielen ihnen Macht verschafft und daß dieses nur durch Zentralisation zum Ausdruck gebracht werden kann, die es dieser Macht ermöglicht, gegen einen überlegenen Feind Widerstand zu leisten und diesem Zugeständnisse abzutrotzen, die es den einzelnen Menschen dieser »Masse« ermöglichen, besser zu leben. Zum anderen ist Koller einer der Soziologen, die, in der Tradition Max Webers stehend, die Herausbildung bürokratischer Großorganisationen beschreiben, aber in dieser Beschreibung auch im gewissen Sinne eine Apologetik der diese Großorganisationen aufbauenden Bürokratien betreiben.

Als Fazit läßt sich ziehen, daß in der älteren Gewerkschaftsliteratur das Problem oder besser Phänomen der gewerkschaftlichen Zentralisierung einmal mit der Notwendigkeit starker kollektiver Organisationen der abhängig Beschäftigten begründet wird, um in Staat, Wirtschaft und Gesellschaft ihre Interessen und Bedürfnisse überhaupt zur Geltung zu bringen, zweitens, daß nur ein zentralisiertes Beitragsaufkommen aus den vielen kleinen Beiträgen ein genügend großes Kapital entstehen läßt, das sowohl Unterstützung im Einzelfall als auch wirtschaftliche Kämpfe ermöglicht. Als dritte Begründung wird angeführt, daß das Wachstum der Gewerkschaften zu Massenorganisationen untrennbar verbunden ist mit dem Ausbau eines gewerkschaftlichen Verwaltungswesens. Somit sind auch die Gewerkschaften in ihrem Aufbau Ausdruck der mit dem Kapitalismus einhergehenden umfassenden Verbürokratisierung aller gesellschaftlichen, wirtschaftlichen und politischen Bereiche.

Theoretisch setzt sich Koller in seiner Schrift vor allem mit der »Oligarchisierungsthese« von Robert Michels[127] auseinander, in der dieser behauptet, daß alle demokratischen Massenorganisationen »naturgesetzlich« ihre Oligarchien ausbilden. Er bestreitet Robert Michels Gleichsetzung von Partei (SPD, M. W.) und Gewerkschaften in ihrer Bedeutung für deren Mitglieder am Beispiel der unmittelbaren Auswirkungen, die Partei- bzw. Gewerkschaftspolitik für die Mitglieder haben. Bei dieser Gelegenheit hat er in eindrucksvoller Weise die Bedeutung der gewerkschaftlichen Politik für ihre Mitglieder und die abhängig Beschäftigten beschrieben. In der nachfolgend charakterisierten *aktuellen* Debatte fehlt dieser Aspekt fast völlig, er ist für Koller aber der eigentliche Ausgangspunkt des Problems der innerverbandlichen Willensbildung:

»Jeder Entschluß der Gesamtheit, betreffe er die äußere Politik oder die innere, greift unmittelbar in die Sphäre des einzelnen ein. Ein Streikbeschluß fordert, wie bereits angedeutet, Einsetzung des ganzen Seins, mit nie sicheren Aussichten auf den Erfolg des Kampfes, in dem eigenen Sein wird das der Familie in engste Mitleidenschaft gezogen, auch sie muß ›kämpfen‹. Dadurch steigt die Abhängigkeit von dem Gesamtgebilde soweit, daß man sich ihr oft selbst durch Austritt nicht mehr ganz entziehen könnte. Werden doch in vielen Gewerben, die durch die Organisation getroffenen tariflichen Vereinbarungen zum Beispiel vorbildlich für alle Arbeitsverträge überhaupt (siehe Buchdruckergewerbe!). Jeder Erfolg und Mißerfolg der äußeren Organisations-Politik spiegelt sich unmittelbar im Vitalsten der Mitglieder, ebenso wirkt aber auch die innere Politik, ob es sich um Streikunterstützung, Reise- oder Krankengelder, Arbeitslosenversicherung und desgleichen mehr handelt. Immer wird ein auf sie bezüglicher Beschluß für das Mitglied von höchstem Interesse sein, weil seine Folgen das Niveau der Lebenshaltung in gewissen Zeiten entscheidend bestimmen werden. Demgegenüber gibt es kaum ein Entrinnen, denn das weiß jeder Arbeiter, daß *irgend* eine Organisierung für ihn Lebensfrage auf dem Arbeitsmarkt ist und selbst die Nicht-Organisierten wollen an eventuellen Erfolgen partizipieren.«[128]

Es ist diese existentielle Bedeutung der Gewerkschaftspolitik für »ihre Mitglieder«, die den Fragen der innerverbandlichen Willensbildung und Demokratie ihre Bedeutung verleiht. Demgegenüber sind die weiteren Gründe von untergeordneter Bedeutung: zum Beispiel die demokratische Glaubwürdigkeit einer Organisation, die von sich behauptet, der »entscheidende Integrationsfaktor der Demokratie«[129] zu sein, indem sie ein Programm der Wirtschaftsdemokratie vertritt und gegenüber Staat und Unternehmerverbänden Beteiligung an der Machtausübung bzw. deren Kontrolle fordert.

5. Die theoretische Debatte um die DGB-Reform 1971

Die gewerkschaftspolitisch anerkannte theoretische Debatte um die Gewerkschaftsreform wurde in den »Gewerkschaftlichen Monatsheften« geführt. Im folgenden beziehe ich mich vor allem auf die dort formulierten Positionen. Dabei muß noch einmal betont werden, daß in dieser Debatte mit dem Gegensatzpaar »Zentralisierung« und »Föderalisierung« das Verhältnis der einzelnen Gewerkschaften im DGB zum Bund gemeint war.

Gerhard Leminsky leitete die Notwendigkeit der Reformen gewerkschaftlicher Organisation ab aus dem durch die gesellschaftliche Entwicklung bedingten Aufgabenzuwachs der Gewerkschaftspolitik (Gestaltungsaufgaben beim gesellschaftlichen Wandel auf den unterschiedlichsten Sektoren). Er sieht die Frage der organisatorischen Effektivität der Gewerkschaften weniger durch die Verfolgung des Prinzips Zentralisation oder Dezentralisation gewährleistet, sondern durch den Einbau von zentralen Stäben in die Organisationsstruktur der Gewerkschaften, damit die Gewerkschaften mit ihren Partnern und Kontrahenten mithalten können:

»Wenn die Gewerkschaft ein Instrument von *organisatorischer Effizienz* für die wirkungsvolle Durchsetzung bestimmter Ziele darstellen soll, dann müssen Veränderungen der Organisation im Zusammenhang mit den Zielen und den tatsächlichen sozialökonomischen Entwicklungstendenzen, der Art der Regierungspolitik und den Strukturveränderungen von Arbeitgeberverbänden diskutiert werden. Die zunehmende Komplexität der gewerkschaftlichen Aufgaben verlangt qualifizierte Stäbe, wobei mehr als bisher geprüft werden sollte, ob nicht für gemeinsame Forschung, Aufgaben und Dienste zentrale Einrichtungen geschaffen bzw. verstärkt ausgebaut werden können, um die Forderungen der Arbeitnehmer mit der notwendigen Fundierung vorzutragen ... Die Dezentralisierung eines Entscheidungsbereiches ist beispielsweise nur dann sinnvoll, wenn sie mit der Zentralisierung bestimmter Funktionen (Information, Beratung usw.) verbunden wird. Jede Dezentralisation wird im übrigen nur dann die gewerkschaftliche Gesamtorganisation nicht schwächen, wenn sie im Rahmen einer handlungsfähigen und schlagkräftigen Spitze handelt.«

Gerhard Leminsky verbindet seine Konzeption zentraler Dienste und Stäbe dann mit der Frage der innerverbandlichen Demokratie: »Gerade weil die Komplexität und Unüberschaubarkeit aller Lebensbereiche und auch der Gewerkschaftsaufgaben zunimmt, muß die Chance zur Aktivierung und Entfaltung an der Basis mit besonderem Nachdruck gesucht werden, um Gegengewichte zu organisatorischer Verselbständigung von Bürokratien und Expertenstäben zu schaffen. Dies würde eine (in der deutschen Tradition nicht sehr verankerte) stärkere Hinwendung der Gewerkschaften zum Betrieb bedeuten. Dies scheint aus strukturellen Gründen unausweichlich. Daraus würden sich u. a. Konsequenzen für Schulung und Bildung, Betriebsverfassung, regional und örtliche Gewerkschaftsorganisation ergeben.«[130]

Es war wohl »die deutsche Tradition«, die verhinderte, daß diese vernünftig und logisch klingende Konzeption, gewerkschaftspolitische Dezentralisierung hin zum Betrieb, verbunden mit zentralen Beratungs- und Informationsdiensten, keine Wirklichkeit wurde?

Wie man bei dem Wort Industrie unwillkürlich an den Großbetrieb denkt, so denkt man bei der Betrachtung der Gewerkschaftsorganisation ebenso unwillkürlich an die Großstadt.

Genau in die Zeit der Reformdiskussion des DGB fällt eine Untersuchung über die Organisationsverhältnisse im DGB-Landesbezirk Niedersachsen-Bremen. Diese Untersuchung macht bewußt, daß die DGB-Kreise eben nicht nur auf Großstädte beschränkt sind.

Die Autoren der Organisationsanalyse unterscheiden die DGB-Kreise des Landesbezirks nach ungünstigen und günstigen Organisationsverhältnissen und kommen dabei zu einer stichwortartigen Bestandsaufnahme der Faktoren, die dieses jeweilige Ergebnis verursachen. Die Studie wurde nur organisationsintern veröffentlicht, obwohl sich gerade an ihren Befunden eine fruchtbare Diskussion über Aufgaben und Organisationsgebiet von DGB-Kreisen hätte führen lassen. Hier nun die Ergebnisse:

»a) Die ungünstigen Organisationsverhältnisse in den DGB-Kreisen lassen sich wesentlich auf folgende Faktoren zurückführen: Große Flächen mit geringer Bevölkerungs- und Erwerbspersonendichte; überwiegend agrarische Produktion; überwiegend kleinbetriebliche Struktur; ungünstige politische Struktur; ungünstige Bildungsverhältnisse: immobile Bevölkerung; Unterbesetzung mit hauptamtlichen Gewerkschaftsfunktionären bzw. mit Geschäftsstellen, das heißt zu geringe Betreuung dieser Gebiete.

b) Die günstigen Organisationsverhältnisse in den Ballungsbereichen lassen sich zurückführen auf: Hohe Bevölkerungs- und Erwerbspersonendichte; überwiegend großbetriebliche Struktur; überwiegend industrielle Produktion; überdurchschnittliche Besetzung mit hauptamtlichen Funktionären und Geschäftsstellen; ausgebaute betriebliche Funktionärskörper, günstige politische Struktur; günstige Bildungsverhältnisse (einschließlich Erwachsenenbildung); mobile Bevölkerung.

c) Die günstigen Organisationsverhältnisse in kleineren DGB-Kreisen außerhalb der Ballungsgebiete lassen sich zurückführen auf: Erhalten und Weiterentwicklung der Traditionen der Arbeiterbewegung. ... Homogenes soziales Milieu mit ausgesprochener Arbeitnehmerorientierung (bzw. Gewerkschaftsorientierung) auch außerhalb der Betriebe; örtliche und betriebliche Repräsentanz der Gewerkschaft; günstige politische Struktur; außerbetriebliche und betriebsbezogene politische Bildungsarbeit; Jugendbildungsarbeit; betrieblicher Funktionärskörper; relativ gute Besetzung mit hauptamtlichen Funktionären bzw. Geschäftsstellen.«[131]

Die »Niederungen« der DGB-Kreise und ihre allgemeinen politischen, aber auch kulturellen Aufgaben, die sie offenbar auch in ländlichen Gebieten (vgl. c) für die Lohnabhängigen erfüllen können, standen in der DGB-Reform-Diskussion nicht mehr zur Debatte.

Im Mittelpunkt der Kritik am Prozeß der gewerkschaftlichen Willensbildung standen die Gewerkschaftstage, die als die »zentralen Manifestationen der innergewerkschaftlichen Demokratie, der Herrschaftskontrolle und Herrschaftslegitimation in diesen Verbänden dienen sollen.«[132] Die Kritik beginnt bei der Wahl der Delegierten zum Gewerkschaftstag:

»Die Wahlen zum Gewerkschaftstag erfolgen in der Regel durch die Delegiertenversammlung. Die hauptamtlichen Funktionäre sind bei dieser Wahl gleichberechtigt, was dazu beiträgt, daß sie im Verhältnis zu ihrem zahlenmäßigen Anteil an der Mitgliedschaft auf den Gewerkschaftstagen überrepräsentiert sind. Dadurch kann der Gewerkschaftsvorstand immer auf einen verläßlichen Kern von Delegierten zählen.«

Dies gilt nur für die Verbandstage der Einzelgewerkschaften. Die Delegierten des DGB-Kongresses werden von den Einzelgewerkschaften »delegiert«, das Ergebnis ist jedoch noch eindeutiger, wie schon dargestellt wurde.

Die Kritik setzt sich fort an der Art und Weise, wie die durch Anträge und Beschlüsse festzulegende Linie der künftigen Gewerkschaftspolitik zustandekommt: »Für den Gewerkschaftstag selbst besitzt der Vorstand aber noch ein weiteres Steuerungsinstrument: Die jeweilige Antragskommission. Sie wird entweder vom Vorstand oder vom Gesamtvorstand oder vom Beirat bestellt, wodurch gewährleistet wird, daß die Anträge im Interesse der Zentrale behandelt werden.«[133]

Wie effektiv diese Regie durch die Antragskommission ist, hat Gerhard Bosch in seiner Untersuchung der Willensbildung auf den Gewerkschaftstagen 1968 und 1971 der Industriegewerkschaft Metall nachgewiesen. Er stellte fest, »daß nur eine Minderheit der Delegierten sich an der Diskussion beteiligte und ihr Einfluß auf die Entscheidungen gering blieb. Über 95 Prozent aller Empfehlungen der Antragskommission wurden angenommen, das heißt die Entscheidungen des Vorstandes wurden weitgehend bestätigt.«[134]

Schließlich sorgt auch der Ablauf der Gewerkschaftstage dafür, daß die Delegierten möglichst wenig dazu kommen, ihre Aufgabe als »Parlamentarier der Arbeit« im Sinne der Satzung wirklich zu erfüllen:

»Weil durch enorme Zeitvergeudung (endlose Begrüßungsreden, überflüssiges Verlesen von Geschäftsberichten, die schriftlich vorliegen könnten, Einschub von überflüssigen Ansprachen politischer Festredner; überflüssige Ausflüge und Festabende während des Gewerkschaftstages) diese ›Parlamente der Arbeit‹ mehr den Charakter von Show-artigen Demonstrationen als von effektiven Arbeits- und Wahltagungen haben, auf denen die Linie und die Führung der Gewerkschaften neu festgelegt werden; weil sie (die Gewerkschaftstage, M. W.) daher und wegen der ineffektiven Beschränkung auf bloße Plenumdiskussionen keine Gelegenheit bieten, ernsthafte (nur in arbeitsteiliger Form, also in Arbeitsgruppen, ähnlich den Bundestagsausschüssen, zu bewältigende) Diskussionen der Geschäftsberichte wie der Anträge zu ermöglichen; ... weil das Fehlen personeller Alternativen (und selbst bei ausscheidenden Vorstandsmitgliedern, die vom Vorstand vorentschiedene Nachfolge) die meisten Vorstandsneuwahlen zur bloßen Formsache macht, das heißt keine effektive

Herrschaftskritik bzw. -kontrolle durch Führungswechsel ermöglicht. Fairerweise muß freilich hinzugefügt werden, daß die erschreckende Fügsamkeit und das oft banale (allerdings in letzter Zeit an Qualität gewinnende) akklamatorische, nur in Nebensächlichkeiten kritische Niveau der Diskussionsbeiträge der Delegierten diesen unernsten, manipulierten Showcharakter zustandekommen, ja vielleicht sogar unvermeidlich werden lassen.«[135]

Günther Hartfiel hat in seinem Beitrag zunächst den Streit zwischen den »Zentralisten oder Föderalisten« in dieser Reformdebatte in den Gewerkschaften ironisiert: »Offenbar orientiert man sich auch in führenden Gremien der Deutschen Gewerkschaften noch so stark an hierarchisch-bürokratischen Ein-Linien-Kategorien, daß man glaubt, für die Verteilung von Kompetenzen gäbe es nur die Alternative nach ›oben‹ oder nach ›unten‹, zur ›Spitze‹ oder zur ›Basis‹, zum DGB oder zu den Einzelgewerkschaften.«[136]

Hartfiel fragt mit Recht, wieso die IG Metall zum Beispiel dazu kommt, sich gegenüber dem DGB als demokratische Basis zu fühlen und aufzuspielen: Claus Noé schildert den tarifpolitischen Entscheidungsprozeß in der IG Metall:

»Will man für den Funktionärsverband IG Metall . . . eine Zahl der an der tarifpolitischen Willensbildung beteiligten Personen festlegen, so wird man von elf geschäftsführenden Vorstandsmitgliedern, 18 ehrenamtlichen Vorstandsmitgliedern und 11 Bezirksleitern ausgehen müssen, so daß hier also die letzte Entscheidung in einem Kreis von allenfalls 40 Personen getroffen wird.[137] Das ist wahrlich kein Musterbeispiel für »Föderalismus«.

Günther Hartfiel führt die gewerkschaftliche Organisationsdebatte auf die Punkte zurück, um die es schon in der älteren Gewerkschaftsliteratur ging:

»Es muß darum bei organisatorischen Überlegungen in einer Gewerkschaft, die für die Realisierung von Arbeitnehmerinteressen einen reformistischen Weg verfolgt, überlegt werden, wie durch die Verteilung von Kompetenzen, mit Entscheidungs- und Kontrollrechten
a) ein schnelles Agieren und Reagieren der Funktionärseliten in den nun einmal gesellschaftspolitische Akzente setzenden Spitzengremien gesichert wird,
b) wie es zu einer demokratischen Rekrutierung dieser Eliten kommen kann,

c) wie diese Eliten durch eine politisch und sozial mündige Mitgliedschaft nicht nur kontrolliert, sondern auch mit demokratisch zustande gekommenen Leitlinien für ihre langfristige und prinzipielle Arbeit in den Spitzengremien versorgt, und zwar *verbindlich* versorgt werden können.«[138]

Betrachtet man das Ergebnis dieser theoretischen Debatte mit den strittigen gewerkschaftspolitischen und organisationspolitischen Fragen, um die es 1971 auf dem außerordentlichen DGB-Kongreß ging, so wird man feststellen, daß diese Debatte damit wenig zu tun hatte. Real ging es um folgende Probleme, die vom Vorsitzenden der Gewerkschaft Handel, Banken und Versicherungen (HBV), Heinz Vietheer, aufgezählt wurden, und zu deren Entscheidung offensichtlich andere Gründe herangezogen wurden als theoretische Überlegungen:

1) Die überbetonte Selbständigkeit der großen Einzelgewerkschaften.
2) Das Gefühl der Selbständigkeiten erzeugt bei den großen Einzelgewerkschaften ein Bewußtsein der »Unabhängigkeit« gegenüber dem DGB und den kleineren Einzelgewerkschaften.
3) Die großen Gewerkschaften untermauern ihre Selbständigkeit gegenüber dem DGB durch umfangreiche eigene Stabsabteilungen, die sich in diesem Umfang weder der DGB noch die kleineren Gewerkschaften leisten können.
4) Die besonderen Leistungen, die große Gewerkschaften ihren Mitgliedern gewähren können. Es sind dies unterschiedliche Beiträge, unterschiedliches Sterbegeld, unterschiedliches Arbeitsgeld, unterschiedliche Versicherungsleistungen, unterschiedliche Bildungseinrichtungen, unterschiedliche Erholungseinrichtungen.
5) Die Vielfalt des gewerkschaftlichen Informationswesens: »Jede Gewerkschaft hat ihr eigenes Funktionärsblatt. Die große Gewerkschaft im Vierfarbdruck auf Glanzpapier, die weniger finanzstarken Organisationen im Kleinformat schwarz/weiß.«
6) Die Ausbildung des hauptamtlichen Nachwuchses: »Jede Gewerkschaft versucht hier schlecht oder recht ihre eigene Methode. Wäre es nicht eine dankenswerte Aufgabe des DGB, für den hauptamtlichen Nachwuchs für alle Verbände zu sorgen?«[139]

Der Streit um die Gewerkschaftsreform ging also in Wahrheit um die Auseinandersetzung über die Kompetenz des DGB für die allen Verbänden gemeinsamen Interessen und um eine Verbesserung der

Organisationseffektivität aller Einzelgewerkschaften im DGB, allerdings auf Kosten des Einflusses der großen Einzelgewerkschaften. Es sei nur darauf verwiesen, daß bei allen wichtigen politischen Beratungen, seien es »konzertierte Aktion« oder Gespräche mit der Bundesregierung, der DGB stets durch die wichtigsten Einzelgewerkschaften eingerahmt wurde.

Otto Brenner als Sprecher der »Föderalisten« hat dann auch in seinem Beitrag unmißverständlich den innerorganisatorischen Status quo im DGB verteidigt und die Qualität der Reform beschrieben: »Bis jetzt hat sich jedenfalls die schon in München von der IG Metall vertretene Auffassung bestätigt, daß die Reformfrage realistisch, das heißt mit Blick auf die nötige zwei Drittel Mehrheit für alle Neuerungen betrachtet, sich auf wenige, im Grunde rein organisatorische Verbesserungen reduziert.«[140]

So wie Otto Brenner es formuliert hatte, geschah es dann auch. Weder wurde die Stellung der kleineren Gewerkschaften im DGB gegenüber den großen Einzelgewerkschaften gestärkt noch kam es zu einer klaren Arbeitsteilung zwischen DGB und Einzelgewerkschaften. Es gelang noch nicht einmal, die gewerkschaftliche Papierflut einzudämmen. Jeder Vorstand drang darauf, daß er – je nach Finanzstärke – seine Selbstdarstellung gegenüber den Funktionären, Aktivisten und Mitgliedern seiner Organisation nach eigenem Gutdünken auf Glanzpapier oder in schlichtem schwarz/weiß Druck weiterhin betreiben konnte.

6. Das Problem der gewerkschaftlichen Autonomie

6.1. Autonomie als Problem des gewerkschaftlichen Handlungsspielraums

In der gewerkschaftlichen Diskussion um das Autonomieproblem geht es (und dies gilt auch für die wissenschaftliche Debatte) um den unabhängigen Handlungsspielraum, den sich die Gewerkschaften selbst setzen und den sie gegenüber Staat, Parteien und Unternehmerverbänden behaupten. Charakteristisch für diesen Ansatz in der Diskussion des Autonomieproblems sind nachfolgende Ausführungen von Heinz-Oskar Vetter, die er auf der Tagung des DGB-Bundesvorstandes »Gewerkschaftstheorie heute« in Bad Kreuznach 1970 vorgetragen hat:

»Die Gewerkschaften haben heute ohne Zweifel die Möglichkeit, die wirtschaftlichen Prozesse und ihre sozialen Konsequenzen sowohl durch gezielte autonome Handlungen als auch durch deren funktionale Auswirkungen zu beeinflussen. Als *autonome Handlungen* dienen tarifvertragliche Vereinbarungen über Lohnentwicklung, Arbeitszeitregelungen und Arbeitsbedingungen, Einwirkung auf gesetzliche Regelungen, Mitwirkung auf Unternehmensebene, auf nationaler und subnationaler Ebene, in Beiräten und Selbstverwaltungsorganen, Selbsthilfemaßnahmen in der freien Gemeinwirtschaft. Die *funktionalen Auswirkungen* der gewerkschaftlichen Aktivitäten zeigen sich in der Beeinflussung der volkswirtschaftlichen Abläufe und Strukturen.«[141]

Als Frage der organisatorischen Selbständigkeit und der Abhängigkeit der gewerkschaftlichen Zielbestimmung von der Willensbildung in der Gewerkschaft selbst, ist auch hier die Frage der gewerkschaftlichen Autonomie zu erörtern.

Innerhalb der deutschen Arbeiterbewegung wurde das Prinzip der parteipolitischen Unabhängigkeit und klassenpolitischen »Autonomie« der Gewerkschaften von Karl Marx und Friedrich Engels nachdrücklich vertreten. Die Forderung nach parteipolitischer Unabhängigkeit war nicht nur taktisch begründet, weil sich im Deutschland der sechziger Jahre des vorigen Jahrhunderts Liberale, Sozialdemokraten und Christen daran machten, Gewerkschaften als »Transmissionsriemen der Parteien zur Arbeiterklasse« zu gründen. Für Marx und Engels bargen die Gewerkschaften die Möglichkeit, die Arbeiter als »Klasse für sich« zu organisieren, die sich in ihrem Tageskampf *im Lohnsystem* eine materielle Besserstellung erkämpft, um mit Hilfe dieses »Bollwerks« der gewerkschaftlichen Organisation den Kampf *gegen das Lohnsystem* aufzunehmen. In diesem Sinne verstanden sie die Gewerkschaften als »Schule des Sozialismus«, die die ökonomische Emanzipation der Arbeiterklasse als den Endzweck der Arbeiterpolitik zu erkämpfen hätten.

Dieser Doppelcharakter gewerkschaftlicher Politik, Kampf im und gegen das »Lohnsystem« (das heißt die Organisation gesellschaftlicher Arbeit, die die Mehrheit der Arbeitenden zwingt, ihre Arbeitskraft Kapitalbesitzern zu verkaufen) ist der Ansatzpunkt der marxistischen Gewerkschaftstheorie.

Im Verständnis dieser Theorie kommt der gewerkschaftlichen Autonomie besondere Bedeutung zu, geht es doch darum, daß sich im Rahmen der Gewerkschaften die Lohnabhängigen als »Klasse für sich« konstituieren können. Mit der zentralen Frage marxistischer Gewerkschaftstheorie, nämlich der Vermittlung des gewerkschaftlichen Tageskampfes im Lohnsystem mit einer langfristigen Politik der Abschaffung des Kapitalismus, hat sich in den letzten Jahren vor allem André Gorz beschäftigt.

Wie Siegfried Braun begreift André Gorz die Gewerkschaften als »Veto- oder Gegenmacht«. Die Vermittlung zwischen Tagespolitik und Fernziel soll mittels »Strukturreformen« geleistet werden. André Gorz versteht Strukturreform nicht als »Rationalisierungsreform«, sondern sie wird »ihrem Sinn nach von denen durchgeführt oder kontrolliert, die sie fordern . . . Ob die Strukturreform auf der Ebene der Betriebe, des Schulwesens, der Gemeinden, der Regionen oder der Wirtschaftsplanung ansetzt, immer bedeutet sie eine Dezentralisierung und eine Differenzierung der Entscheidungsmacht, eine Beschränkung der Macht des Staates oder des Kapitals, eine Erweiterung der Macht des Volkes.«

Für eine Politik der Strukturreformen, die Gorz sehr umfassend konzipiert, und die alle Bereiche der Gesellschaft und Politik umfassen soll und muß, von denen aus die Arbeits- und Lebensbedingungen der Arbeitenden beeinflußt werden, ist die Frage der Autonomie der Gewerkschaften von entscheidender Bedeutung. Gorz unterscheidet die Gewerkschaftspolitik nach dem praktischen, politischen Verhalten der Gewerkschaften gegenüber der Frage gesellschaftlicher Machtpositionen mit den Begriffen »subaltern« oder »autonom«:

»Unter *subalternen* Machtpositionen der Arbeitnehmer muß man die Verbindung mit oder die Teilnahme an einer bestimmten Politik und Wirtschaftsführung verstehen: Man fordert sie auf, die Verantwortung für *deren Ergebnisse und Durchführung* zu teilen: gleichzeitig verbietet man ihnen jedoch, *auf die Entscheidungen und Kriterien einzuwirken, nach denen diese Politik und diese Wirtschaftsführung bestimmt werden . . .*

Unter autonomer Macht versteht man dagegen, daß die Arbeitnehmer die Macht haben, über die Durchführung und die Auswirkungen hinaus die Grundlagen der Wirtschaftspolitik in Frage zu stellen. Ja, sie müssen sogar imstande sein, diese Politik im voraus anzugreifen, und zwar durch die Kontrolle über alle Daten, aufgrund deren die Wirtschaftspolitik ausgearbeitet wird. Solche autonomen Machtpositionen sind ein erster Schritt, die Produktion den menschlichen Bedürfnissen unterzuordnen – mit dem Endziel, die Macht der Selbstbestimmung zu erlangen.«[142]

Autonome Gewerkschaftspolitik hat also *neue Formen* des gesellschaftlichen Zusammenlebens und seiner staatlichen und ökonomischen Organisation durchzusetzen.

Gorz geht es dabei nicht um eine Destruktionspolitik, sondern um die Durchsetzung von gesellschaftlichen Alternativen, die von den Bedürfnissen der Arbeitenden her artikuliert wurden. Seine Frage nach den über die Tagespolitik hinausgreifenden Zielen gewerkschaftlicher Politik, die für ihn jenseits des Kapitalismus liegen und aus der heraus er seine Konzeptionen der Autonomie entwickelt, wurden wieder aufgegriffen im Rahmen der Ökologie-Atomkraft- und Dritte Welt-Debatte. So fordert zum Beispiel Ossip K. Flechtheim von den Gewerkschaften eine aktive Zukunftspolitik, die von der Institutionalisierung des Friedens durch Abrüstung bis zur langfristigen Entwicklungspolitik reicht und in deren Mittelpunkt die »Heranbildung eines in der Gemeinschaft verankerten kreativen *homo humanus*« stehen muß.[143]

In den Überlegungen einer langfristigen Gewerkschaftspolitik, die von den Mitgliedern getragen werden soll, geht es aber nicht nur darum, daß die an die Gewerkschaften herangetragenen und auch von ihnen formulierten politischen Ziele über den Tag hinaus plausibel sind. Es muß auch darauf verwiesen werden, daß von der »Altersstruktur« der Mitglieder aus gesehen die Gewerkschaften immer relativ »junge Organisationen« gewesen sind. Sieht man sich zum Beispiel die Mitgliederstruktur der IG Metall in ihrem jüngsten Geschäftsbericht an, so hat diese Organisation immerhin schon ein Alter von 33 Jahren, während fast ⅔ ihrer Mitglieder (genau 62,06%) erst bis zu 10 Jahren dabei sind und der Anteil derjenigen, die der Organisation über 10 Jahre angehören, 37,94% ausmacht (davon 10–20 Jahre 19,89% und über 20 Jahre 18,05%). (Geschäftsbericht 1974–1976, S. 280). Dies hat zur Konsequenz, daß die Tagespolitik, die sich ja zumindest an den von den Mitgliedern getragenen Wünschen und Stimmungen orientieren muß, für immer neue Mitglieder stets neu erklärt, formuliert und durchgesetzt werden muß. Daß dies ein besonderes Problem dann ist, wenn es kein im Sinne der Anfänge der Arbeiterbewegung naturwüchsiges Arbeitermilieu mehr gibt, in dem auch eine allgemeine kulturelle Vorprägung des Jugendlichen für die Ziele der Arbeiterbewegung mehr stattfindet, liegt auf der Hand.

Einen sehr bedeutsamen Diskussionsbeitrag zum Problem der gewerkschaftlichen Autonomie hat Gerhard Beier geleistet. Er definiert »die Gewerkschaft als ›Organisation der Arbeit‹ und leitet daraus die allgemeine Zielbestimmung gewerkschaftlicher Politik ab, daß nämlich die ›Arbeit der Organisation‹ der Selbstverwirklichung des Menschen durch seine Arbeit zu dienen habe, und zwar intern und extern. Dadurch legitimiert sich das Postulat gewerkschaftlicher Autonomie.«[144]

Nimmt man nun den Gedanken von André Gorz wieder auf, daß sich die Autonomie der Gewerkschaften darin erweist, wie es ihr gelingt, in einer besetzten Machtposition gesellschaftliche Alternativen im Interesse der Arbeitenden durchzusetzen und diese aktiv mit einzubeziehen, so hat das gewerkschaftliche Autonomieproblem als Problem gewerkschaftlichen Handelns nach außen notwendig seine innerorganisatorische Entsprechung. Die grundsätzlichen Probleme, die sich für die Durchsetzung eines solchen Autonomiekonzeptes auch innerorganisatorisch bislang ergeben haben, lassen sich mit den Stichworten »Subalternität der Mitglieder« und »bürokratische Organisationsstruktur« kurz benennen.

6.2. Die Beziehung zwischen Mitgliedern und Funktionären – »Subalternität« und »Kompetenz«

Robert Michels begründete seine These, daß Oligarchisierung für demokratische Massenorganisationen unvermeidlich sei, er begründet dies mit den Unterschieden in der formalen Bildung und der Interessenlosigkeit der Massen an den internen Verbandsfragen, ihrem Führungsbedürfnis, ihrem Autoritätsglauben und schließlich mit ihrer Gewöhnung an die Führung von oben.[145]

Die Frage der Mitgliedsdauer in den Gewerkschaften als Kriterium für ihre Fähigkeit, gestützt auf die Selbstbestimmung der Mitglieder eine langfristige Politik zu betreiben, wurde schon vorher angesprochen. Seit ihrer Gründung begleitet die Gewerkschaften die Mitgliederfluktuation. Paul Kampffmeyer gibt ein aufschlußreiches Bild, wenn er die Fluktuationen als Organisationsproblem von seiten der Gewerkschaftsverwaltung betrachtet. »Noch trifft das in Gewerkschaftskreisen kursierende Wort zu: Die Gewerkschaft ist ein Taubenschlag. Diese in die Gewerkschaften hinaus- und hineinfliegenden Mitglieder beteiligen sich nicht aktiv an den Entscheidungen über große und kleine Gewerkschaftsfragen.«[146]

Die Mitgliederfluktuation in den Gewerkschaften und die Apathie gegenüber dem inneren Organisationsleben sind seit langem Gegenstand soziologischer Untersuchungen und dienen auch als Beweise für die Fragwürdigkeit des Anspruchs der Gewerkschaften, die demokratischste Institution in der Gesellschaft zu sein. Der tiefer liegende Grund für diese Apathie der Gewerkschaftsmitglieder wird in diesen Untersuchungen in der Regel nicht weiter thematisiert, obwohl bereits Robert Michels einige wesentliche Gründe hierfür benannt hat. So weist er im Zusammenhang mit den mangelnden Versammlungsbesuchen darauf hin, daß die »Proletarier, die von der Arbeit erschöpft [sind], sich abends früh zur Ruhe legen«[147], daß hier also sich Folgen der gesellschaftlichen Existenz der Arbeitenden bemerkbar machen.

Die wesentlichste Grundlage dieser Existenzweise ist die vertikale und horizontale Arbeitsteilung. Die abhängig Arbeitenden, die ihrer Arbeit im Rahmen dieser Arbeitsteilung nachgehen, sind Teil eines differenzierten Ganzen, in dem sie auf fremde Anweisung Teilarbeiten verrichten. Rudolf Bahro faßt diesen Zustand als »*alte Arbeitsteilung*«, die bislang alle geschichtlichen Gesellschaftsformationen geprägt hat, die zwischen Kopf- und Handarbeit. Ihre Folgen sind:

»Die Unterordnung ihres (der Menschen, M. W.) ganzen Lebensprozesses unter spezialisierte Teilfunktionen. Diese Unterordnung erst bewirkt, daß die Individuen so selten als gesellschaftliche Menschen auftreten, so oft bloß als Verkäuferinnen, Chauffeure, Lehrerinnen, Ingenieure, Politiker, Generäle usw. Das Dilemma der alten Arbeitsteilung beginnt schon mit den Unterscheidungen auf gleicher Ebene der Tätigkeit, etwa zwischen Schlosser und Maurer, Physiker und Ökonom, sofern nämlich ihre Zurückführung auf bloß Fachkompetenzen zwar kein Machtverhältnis zwischen ihnen, aber eine besondere zusammenfassende Instanz über ihnen hervorrufen kann. Entscheidend für die soziale Ungleichheit ist aber die vertikale Arbeitsteilung nach Arbeitsfunktionen verschiedener Anforderungsniveaus an Fähigkeiten und Kenntnisse, dementsprechend nach verschiedenen Bildungsgraden und nicht zuletzt nach hierarchisch übereinandergetürmten Leitungskompetenzen. Wie die Psychologie eindeutig nachwies, hängt die Ausprägung der menschlichen Fähigkeiten nachhaltig von den ausgeübten Tätigkeiten ab. Wer hauptsächlich Arbeiten zu verrichten hat, die seine Urteilskraft, sein Abstraktionsvermögen nicht entwickeln, wird dadurch weitgehend von der Möglichkeit ausgeschlossen, über allgemeinere Angelegenheiten mitzuentscheiden . . . Indem diese alte Arbeitsteilung die Menschen in verschiedenem Grade, aber jeweils definitiv und einschneidend, von den zusammenfassenden Funktionen, von der Formierung des allgemeinen Willens ausschließt, schafft sie die Kernzone der Subalternität. Aus der sozialen und politischen Machtlosigkeit entspringt das subalterne Verhalten.«[148]

Nach Rudolf Bahro ist die Subalternität, die »Daseinsform und Denkweise« kleiner Leute. Er macht auch darauf aufmerksam, daß »der Grad möglicher Subalternität wächst mit der Stufenzahl der Hierarchie. Hier wirkt ein tiefer Widerspruch in der Geschichte. Je größer und komplexer der soziale Verband, desto subalterner bisher die Individuen.«[149]

Was das Desinteresse der Gewerkschaftsmitglieder an dem inneren Verbandsleben angeht, so bewirkt hier eine aus der Arbeitsteilung und der damit verbundenen Subalternität der großen Mehrheit der arbeitenden Bevölkerung entspringende Verhaltensweise, daß die Wirtschaftsführung, die Staatslenkung und auch die Lenkung ihrer Gewerkschaften sie nichts angeht. Ausführen, was andere anordnen, das ist ihre Aufgabe im Rahmen der vertikalen Arbeitsteilung, und dies ist keine Schule der Selbständigkeit und der Einübung von Selbstbestimmung.

Das Schlüsselwort, mit dem die Gewerkschaftsverwaltung ihre Existenz und ihre Bedeutung rechtfertigt, heißt Kompetenz. Die komplexen ökonomischen, rechtlichen, politischen und organisationstechnischen Probleme, die eine Gewerkschaftsführung bewältigen muß, waren bereits für Robert Michels letztlich der Schlüssel zum Verständnis der Verselbständigung von Führungen in Massenbewegungen, und seien sie im Ansatz noch so demokratisch strukturiert. Der Aufbau von Interessenverbänden und die damit auf Dauer gestellte Organisation und Repräsentation von Interessen ist Teil jenes, wie Max Weber es genannt hat, Rationalisierungsprozesses, der in den abendländischen Gesellschaften mit dem Heraufkommen des Kapitalismus im 17. Jahrhundert einsetzt und zu dessen Merkmalen nicht nur Geldwirtschaft, Technik und Entwicklung von Staat und Gesellschaft (»Fortschritt«) gehören, sondern auch die Konstruktion rationaler Rechtssysteme und damit verbunden der Aufbau des rationalen bürokratischen Staates. Bürokratie ist der Ausdruck der Beherrschung und Leitung differenzierter arbeitsteiliger Gesellschaften und der damit verbundenen Planung ihrer weiteren Entwicklung.

Theo Pirker hat Planung als »eine Methode der bewußten, das heißt rationalen Erfassung und Beeinflussung der Gesellschaft durch bürokratische Maßnahmen« [150] definiert. Dieser Planung der staatlichen und ökonomischen Herren waren die Arbeiter im Prozeß der Industrialisierung zunächst als Objekte ohnmächtig ausgeliefert. In der Phase der Entwicklung der kapitalistischen Industriegesellschaft war die »gesellschaftliche Leitungstätigkeit« in Form der bürokratischen Herrschaft des Obrigkeitsstaates und der Arbeitsteilung in der Fabrik noch sinnfällig als Ausbeutung und Unterdrückung zu erleiden und zu erleben. Bahro sieht das Wesen von »Ausbeutung und Unterdrückung darin, die Produzenten der Entscheidungs- und Verfügungsgewalt über die Bedingungen ihres materiellen Lebens zu berauben, so daß ihre soziale und nicht selten sogar ihre biologische Existenz als Individuen in die Hände einer wesensmäßig unbegreiflichen, väterlichen Schicksalsmacht gelegt ist.« [151]

Der ökonomischen und politischen »Kompetenz« staatlicher und unternehmerischer Bürokratie stellte die Arbeiterbewegung alsbald die soziale »Kompetenz« ihrer Organisationen und Parteien entgegen. Allerdings entrannen auch sie nicht den Folgen der vertikalen Arbeitsteilung und der Notwendigkeit, die Organisationen und Parteien planmäßig zu festigen und zu entwickeln – dies bedeutete Bürokratie. Immerhin gelang es der organisierten Arbeiterbewegung, die Berücksichtigung der sozialen Interessen der Lohnabhängigen gesellschaftlich durchzusetzen. Das Verdienst, dies im preußischdeutschen Obrigkeitsstaat erreicht zu haben, gebührt u. a. der Gründergeneration der freien Gewerkschaften, und dabei sollte man einen Mann nicht vergessen: Carl Legien.

Aber genau diese Ausgangssituation hat auch den Organisationsaufbau, die Mentalität und die Politik der deutschen Gewerkschaften bis heute geprägt. Eine »kompetente Bürokratie« hat sich der Interessen der Lohnabhängigen angenommen, ihr gebührt »Autorität und Solidarität . . . Dem Funktionär wird von Anfang an ganz selbstverständlich das Vorrecht eingeräumt, die Organisation zu repräsentieren . . . Und das wichtigste Ziel der Organisation ist nicht so sehr, daß sie bestens funktioniert, sondern es ist ihre Dauer. Die Organisation muß bestehen bleiben – koste es, was es wolle –, und in der Geschichte der deutschen Arbeiterbewegung hat dieses Ziel oft sehr viel gekostet. Diese Autorität der Funktionäre, dieses Ziel der Organisation wird von den Mitgliedern der Organisation akzeptiert.«[152]

Die deutsche Gewerkschaftsbewegung ist nun mal Teil der deutschen politischen Kultur, und diese ist nicht durch eine Tradition des Radikalismus und des Kampfes um individuelle Rechte geprägt. Siegreiche Revolutionen kennt die deutsche Geschichte nicht, wohl aber niedergeschlagene und politisch verspielte und deren Folgen – Verfolgung, Emigration und Reformen von oben. Der deutsche Bauer verdankt seine Freiheit der Niederlage seiner Obrigkeit gegen die Heere der französischen Revolution, und die erste und zweite deutsche Republik sind Folgen verlorener Kriege um die Weltherrschaft eines imperialen Deutschen Reiches. In diese Traditionslinie gehört natürlich auch die staatliche Sozialpolitik eines Fürsten Bismarck, erste Anerkennung der sozialen Kompetenz der Arbeiterbewegung.

Die Frage der gewerkschaftlichen Bürokratie ist nicht die, ob sie notwendig ist (dies steht außer Frage), sondern wie sie nach außen die effektive Durchsetzung der Gewerkschaftspolitik organisiert und wie sie nach innen die gewerkschaftliche Willensbildung gestaltet und welche Ziele sie dabei verfolgt: Ob sie nur Akklamationsveranstaltungen für die jeweilige Vorstandspolitik auf die Beine stellt oder ob sie rationale Debatten um Ziel und Inhalt der Gewerkschaftspolitik zwischen den verschiedenen Ebenen der Organisation und damit zwischen den Mitgliedern vermittelt. Trotz aller politischen und rechtlichen Anerkennung ist nur die Bereitschaft der Gewerkschaftsmitglieder, mittels kollektiver Aktion um die Durchsetzung der Gewerkschaftspolitik zu kämpfen, Voraussetzung und Grundlage der gewerkschaftlichen Macht.

6.3. Innerverbandliche Probleme der gewerkschaftlichen Autonomie

Ich stimme mit Pirker darin überein, daß die Kontinuität der Organisation oberstes Ziel deutscher Gewerkschaftspolitik war und ist. Er hat bitter daran erinnert, daß dieses Ziel »oft sehr viel gekostet hat«. Reden wir von den Kosten. Gleichgültig, ob man von »Versagen« oder »politischem Verrat« spricht, die deutsche Arbeiterbewegung war weder nach 1918 in der Lage, eine »soziale Republik« durchzusetzen – vom Sozialismus wollen wir gar nicht reden – dazu hätten zweifellos Bodenreform, Verwaltungsreform und eine zuverlässige republikanische Armee gehört, noch war sie imstande, dem Nationalsozialismus anders als mit Phrasen zu begegnen. Die Organisationsapparate von Gewerkschaften, KPD und SPD waren politisch unfähig, um *ihren Ausweg* aus der Weltwirtschaftskrise zu kämpfen und dabei die Republik, sich selbst und die Welt vor Hitler und damit auch vor Auschwitz zu retten.

Die Analytiker und Historiker der Arbeiterbewegung sollten aufhören, nur von Hitlers Finanziers und den Machenschaften der reaktionären Klüngel in Politik und Wirtschaft als den »Schuldigen« zu sprechen. Diese Politik der unmittelbaren Interessen am Nazismus und seinem Programm ist die eine Sache: Aber warum siegten die Nazis 1933, das ist die entscheidende Frage! Hier liegt für mich ein Versagen der Arbeiterbewegung: Sie war nicht fähig, politisch und ökonomisch um die Führung der Nation zu kämpfen oder wenigstens mit einer entsprechenden Bündnispolitik dafür zu sorgen, daß Hitler nicht Reichskanzler wurde. Es ist notwendig, von der »Schuld« für 1933 zu reden, weil dies ohne Zweifel nicht nur ein Schicksalsdatum der deutschen Arbeiterbewegung gewesen ist. Die Lehre: 1945 wollten allzuviele Funktionäre da weitermachen, wo die Nazis am 2. 5. 1933 ihre »erfolgreiche Tätigkeit« für 12 Jahre unterbrochen hatten. Die deutsche Arbeiterbewegung entsteht wieder, aber sie ist außerstande, eine soziale und ökonomische Neuordnung durchzusetzen und die Spaltung des Landes zu verhindern. Die Gewerkschaften ziehen sich auf ihre »soziale Kompetenz« zurück, und unter Mitbestimmung verstehen sie letztlich nur die paritätische Beteiligung ihrer Funktionäre an möglichst vielen ökonomischen und politischen Führungs- bzw. Verwaltungsgremien. Dies ist kein Ideal einer sozialen

Neuordnung, sondern nur die Vollendung ihrer Organisationspolitik. Angesichts dieser Bilanz und des erreichten sozialen Besitzstandes in der Bundesrepublik, dieser ersten funktionierenden deutschen Demokratie, die den Deutschen mittels der Militärdiktatur der Besatzungsmächte in den Jahren nach 1945 verordnet wurde, ist es nicht unverständlich, vom »Ende der Arbeiterbewegung« zu sprechen.

Trotzdem bleiben die Gewerkschaften der unverzichtbare und anerkannte Interessenverband der arbeitenden Bevölkerung dieses Landes und mit ca. 7,5 Millionen Mitgliedern und Hunderttausenden von ehrenamtlichen Aktivisten können sie schon mit Fug und Recht sagen, sie seien die berufenen Vertreter der abhängig Beschäftigten. Obwohl ihre Macht in der konservativen Publizistik überschätzt wird und in ihrer eigenen Betrachtung je nach tagespolitischer Notwendigkeit zwischen »machtvoll« oder »ohnmächtig« schwankt, bleiben sie als Organisation eine bedeutende politische Größe. Gerade wegen der Dominanz der Organisationspolitik an sich in der deutschen Gewerkschaftsbewegung müssen die organisationspolitischen Voraussetzungen der gewerkschaftlichen Autonomie diskutiert werden, um ein realistisches Bild dieser Organisation zu bekommen, auf die noch Millionen ihre Hoffnung setzen, wenn es um die Verteidigung der demokratischen Republik, um den sozialen Fortschritt und die Erhaltung des Friedens geht.

Die Frage ist: Kann sie diesmal die Hoffnungen erfüllen und wie sehen dafür die innerverbandlichen Voraussetzungen aus? Für mich steht dabei außer Zweifel, daß die Art und Weise der Organisation Möglichkeiten und Reichweite ihrer Politik nachhaltig bestimmen. In diesem Zusammenhang sei an die Worte Niccolo Macchiavellis erinnert: »Wie es denn ein gewöhnlicher Fehler der Menschen ist, bei gutem Wetter nicht mit dem Sturm zu rechnen.« Dieser Satz steht im Zusammenhang mit seiner Analyse der Gründe, warum die italienischen Fürsten ihr Land verloren, und er endet: »und als nun schlimme Zeiten kamen, dachten sie nur an Flucht und nicht an Gegenwehr und hofften, das Volk würde aus Erbitterung über den Übermut der Sieger sie zurückrufen.«[153]

6.3.1. Das gewerkschaftliche Informationswesen

Die Defizite der sozialwissenschaftlichen Diskussion über die innerverbandlichen Strukturprobleme der Gewerkschaften sind groß. Deshalb beginnen wir mit dem Zustand des gewerkschaftlichen Informationswesens.

Sieht man von den Eigeninteressen der Gewerkschaftsbürokratie einmal ab, so stellt die Gewerkschaftsführung die Spitze des gewerkschaftlichen Informationssystems dar, und ihre Leitungs- und Führungsfunktion beruhen auf dieser Informationsverarbeitung. Das gewerkschaftliche Informationswesen ist ein guter Indikator für die Verselbständigung der Gewerkschaftsbürokratie, die stets auch durch Informationspolitik betrieben wurde. Hierzu gehören einmal die vom Vorstand herausgegebenen Mitglieder- und Funktionärszeitungen, aber ebenso (und vielleicht ist dies in der Bedeutung noch wichtiger) die Ausbildung eines doppelten Informationsprozesses, nämlich einmal die nach außen getragene, propagierte Meinung, die auch für die breiten Mitgliedermassen bestimmt ist, und einen zweiten Informationsfluß, der wiederum in sich verschiedentlich gebrochen ist und der in der Regel hinter verschlossenen Türen oder im kleinen Kreis stattfindet. Hier findet dann der wirkliche, nicht öffentliche Willensbildungsprozeß über die zu verfolgende Gewerkschaftspolitik statt.

Ein *erstes Defizit* innerverbandlicher Autonomie zeigt sich bei der Frage nach dem Zustand der Informationsprozesse in den Gewerkschaften. Dabei geht es nicht nur um die Kommunikation zwischen Mitgliedern und Funktionären, sondern auch um die Informationsprozesse innerhalb des Apparates mit seinen bürokratischen Cliquenkämpfen und Zuständigkeitsquerelen.

Theo Pirker hat darauf hingewiesen, daß der Vormarsch der Bürokratie im Namen des Rationalismus »eine neue Form von Irrationalismus hervorgebracht« hat, den bürokratischen: »Dieser neue Irrationalismus kann am besten dadurch deutlich gemacht werden, daß man sich zwei oder drei Spezialisten vorstellt, die ihre einzelnen Gebiete ganz genau rational durchforscht haben und sie systematisch behandeln und die sich nun über eine Frage, die außerhalb ihres Sachgebietes liegt, zu verständigen haben. Diese Verständigung mißlingt in der Regel . . . Wir brauchen kaum darauf hinzuweisen, daß das Anwachsen der Bürokratien das rationale Niveau der Apparate bedeutend gesenkt hat und daß die in diesen bürokratischen Apparaten geltenden Normen der Auslese, der Ausbildung, des Aufstiegs, des Verhaltens keineswegs den ›Vormarsch des Rationalismus‹ in der Gesellschaft gefördert haben oder fördern. Im Gegenteil: In der Konkurrenz der Apparate untereinander und im internen Leben der bürokratischen Apparate herrschen äußerst feudalistische und irrationalistische Normen und Verhaltensweisen vor.«

Ein weiteres Phänomen dieses »Irrationalismus« ist die »Teilrationalisierung«: »Das zu rationalisierende Problem wird prinzipiell von den Beziehungen zu ›anderen außenstehenden‹ Problemen isoliert, und die Ordnungsvorstellungen allgemeiner Art, von denen man sich bei den Teilrationalisierungen leiten läßt, sind sehr unkritischer, allgemeiner und irrationaler Natur.«[154]

Bezogen auf die gewerkschaftliche Berufsbildungspolitik haben die zuständigen Fachsekretäre der IG Metall beim Hauptvorstand in Frankfurt, Ulrich Mignon und Lothar Pinkall, in einem Gespräch am 3.12.1975 illustriert, wie diese Teilrationalität in der Gewerkschaftsbürokratie aussieht: »Berufsausbildung wurde bisher betrieben von Fachleuten in Außenvertretung ohne Anbindung an die Strategie der Gesamtorganisation«.[155] Das *zweite Defizit* läßt sich also umschreiben mit der Frage: Wie weit sind die auf verschiedenen Gebieten betriebenen Gewerkschaftspolitiken innerorganisatorisch miteinander koordiniert und vermittelt, und inwieweit gibt es überhaupt so etwas wie eine »Gesamtstrategie der Gewerkschaften«? Ist nicht das von Ulrich Mignon und Lothar Pinkall beschriebene Spezialistentum hinsichtlich der Berufsbildungspolitik ein allgemeines Phänomen der Expansion des Gewerkschaftsapparates?

6.3.2. Gewerkschaften und Parteien

Ein *drittes Defizit* besteht in der Frage des Verhältnisses der Gewerkschaften zu den politischen Parteien, speziell aber zur SPD. Fritz Vilmar hat 1967 nach der Bildung der Großen Koalition zum Beispiel gefordert, daß der DGB als politisch unabhängige Einheitsgewerkschaft ganz konsequent in allen Parteien offen »Gewerkschaftsfraktionen« aufbauen und organisieren solle, damit die Gewerkschaften die Willensbildung in den Parteien aktiv im Sinne der gewerkschaftlichen Politik beeinflussen könnten.[156]

Theo Pirker hat fast zehn Jahre später dieses Thema erneut aufgegriffen. Er diskutiert die unangebrachte politische Zurückhaltung der Gewerkschaften und führt dies auf ihren politischen Immobilismus zurück. Der politische Immobilismus der Gewerkschaften äußert sich in der Hinnahme einer zunehmenden Ausschaltung der Gewerkschaften als Machtfaktor der bundesdeutschen Politik.

Felder, auf denen die Gewerkschaften eminente eigene Interessen zu vertreten haben, werden praktisch nicht wirklich angegangen. Theo Pirker benennt einige davon: »die Sicherung der Arbeitsplätze«, »die langfristige Beseitigung der Jugendarbeitslosigkeit«, »die steckengebliebene und ins verkehrte gewendete Bildungsreform«, »die Entwicklung bzw. Blockierung der Reform des Berufsbildungswesens«, »die Einschränkung der Macht der multinationalen Konzerne«.

Als Gründe für diesen politischen Immobilismus nennt Theo Pirker das Organisationsmuster des DGB mit seinen unterschiedlich starken, aber autonomen Industriegewerkschaften und der schwachen DGB-Spitze und die seit den fünfziger Jahren unterbliebene Verfassungsreform der Gewerkschaften. In seinem Gesamturteil darüber, ob es gelingen wird, den politischen Immobilismus der Gewerkschaften zu überwinden, äußert sich Theo Pirker eher pessimistisch. Voraussetzung hierfür wäre die Klärung des Verhältnisses von Gewerkschaften und politischen Parteien:

»Der politische Immobilismus kann nur aufgehoben werden, wenn die Gewerkschaften, kommt es zum politischen Stechen, nicht mehr auf die Partei bzw. die Parteien vertrauen, das heißt zuerst und zuförderst: Die Gewerkschaften müssen sich endgültig von den Parteien lösen. Die Dutzend enttäuschten Hoffnungen, die in den letzten Dekaden insbesondere auf die SPD gesetzt wurden, können nur zu dem einen Schluß führen: Der DGB und die Gewerkschaften müssen den harten und endgültigen Schnitt zur SPD vollziehen. Die oft beschworene politische Unabhängigkeit der Gewerkschaften wurde bis jetzt nur negativ bestimmt; sie muß nun und in Zukunft positiv gewertet und ausgefüllt werden. Das Gerede, daß die Gewerkschaften kein Parteiersatz seien, hat die politische Verantwortung der Gewerkschaften immer mehr verschleiert denn erhellt. Die Organisations- und Verfassungsfrage wird nur dann angegangen und gelöst werden können, wenn die Gewerkschaften den Katalog der politischen Probleme, die sie unmittelbar betreffen und die damit verbundenen gewerkschaftlichen und politischen Ziele selbst herausarbeiten und die politischen Mittel festlegen, mit denen diese Ziele erreicht werden können.«[157]

Die Kanditatur von Heinz-Oskar Vetter, Eugen Loderer und Karl Hauenschildt für das »Europa-Parlament« auf der SPD-Liste 1979 deutet nicht darauf hin, daß dieses Problem ernsthaft angepackt wird.

Das *vierte Defizit* der gewerkschaftlichen Autonomie hängt mit dem Verhältnis der Gewerkschaften zu den politischen Parteien zusammen. Es betrifft die Frage nach ihrer Rolle als anerkannter Vertretungsverband für die Lohnabhängigen in den verschiedenen staatlichen und halbstaatlichen Proporzbeiräten oder Verwaltungsgremien (zum Beispiel Rundfunkbeirat, Sozialversicherungen, Bundesanstalt für Arbeit).

6.3.3. Die Kompetenz der Organisationsebenen

Es hat nur Sinn, die Frage der gewerkschaftlichen Autonomie zu diskutieren, wenn genau angegeben wird, wo und wie in der Struktur der Organisation die Ebenen und Träger einer autonomen Politik angesiedelt werden sollen. Auf diesem Gebiet sind nun die zu benennenden Defizite besonders groß. Defizitär ist vor allem die inner- und außerverbandliche Diskussion dieses Problems. Das liegt unter anderem an dem Verhältnis der Intellektuellen zu den großen Organisationen und ihren Funktionen darin. Aber nicht nur die Gewerkschafts-Intellektuellen tun sich verständlicherweise in dieser Frage schwer. Auch die Sozialwissenschaftler an den Universitäten oder an den Forschungsinstitutionen, die sich mit der Erforschung der gewerkschaftlichen Politik beschäftigen, nehmen bei ihrer Forschung Rücksichten auf die zur Verfügung stehenden bzw. von den Vorständen zur Verfügung gestellten Materialien und darauf, daß Gewerkschaften, genauer gesagt die Gewerkschaftsführungen, Auftraggeber von Gutachten und Untersuchungen sind, das heißt daß man es mit dem Auftraggeber Gewerkschaft auch nicht verderben will.

Wird dennoch auf diese Fragen eingegangen, wird oftmals mit abstrakten theoretischen Postulaten vorschnell gewertet und eher verurteilt als geurteilt. Eine solche Kritik verhindert von vornherein, daß die Angesprochenen sie überhaupt zur Kenntnis nehmen. Sie empfinden sie als Denunziation. Die Funktionäre der Gewerkschaften rekrutieren sich bis zum heutigen Tag aus Arbeitern und Angestellten, denen die Schulen, die sie besuchten, nicht beigebracht haben, mit intellektueller Kritik und Analyse umzugehen. Sie fühlen sich verunsichert und wittern sofort Gefahr für ihre persönliche Position: Soll da etwa an meinem Stuhl »gesägt werden«? Die Gewerkschaften sind Verbände von abhängig Beschäftigten, das drückt sich auch im Verhalten ihrer Funktionäre aus.

Theo Pirker hat das problematische Verhältnis von Intellektuellen und Organisationen – festgemacht an seinen Erfahrungen mit den Gewerkschaften – wie folgt beschrieben:

»Das Engagement des Intellektuellen innerhalb der großen Bewegungen und Organisationen (ist) i. d. R. etwas sehr Einseitiges. Die großen Organisationen haben für den Intellektuellen keinen oder doch nur einen sehr engen Platz. Dieses Dilemma wird meistens auf den sogenannten unüberwindlichen Widerspruch zwischen Praktiker und Theoretiker zurückgeführt. Diese Anschauung vom unüberwindlichen Widerspruch zwischen Theorie und Praxis ist aber nichts anderes als der geistige Ausdruck eines unbegrenzten Herrschaftsanspruchs der Praktiker in den Organisationen, also der Bürokratie. Dem Intellektuellen bleibt nichts anderes übrig in den großen Organisationen, als sich zu spezialisieren, nur eng begrenzte Fragen der Organisation zu behandeln. Der Spezialist in den großen Organisationen ist in seiner freiwilligen Begrenztheit und Beschränktheit die Magd der Organisation. Es kommt nicht von ungefähr, daß diesen Spezialisten mit der Zeit etwas anhaftet, was in den ›dunklen Zeitaltern‹ der europäischen Geschichte nur Klerikern und Hofnarren zu eigen war. Die höchste Stufe, die ein Intellektueller in den großen Organisationen erreichen kann, ist die des ›Chef-Ideologen‹, was ungefähr dem Oberhofprediger früherer Zeiten entspricht. Nur Beschränktheit und Eitelkeit kann übersehen, daß weder die Existenz des Spezialisten noch die des Chef-Ideologen etwas mit der Gestalt und der Aufgabe des Intellektuellen in der industriellen Gesellschaft zu tun hat. Die großen Organisationen haben ›einen großen Magen‹, und der Leviathan der Organisation verdaut Jahr für Jahr Heringsschwärme junger Intellektueller und spuckt regelmäßig die aus, die er nicht zu verdauen vermag, die ihn stören.«[158]

Auf dem Hintergrund dieser Ausführungen, wird das Defizit der Diskussion über die Träger innerverbandlicher, gewerkschaftlicher Autonomie schon verständlicher, vor allem, wenn man bedenkt, daß die Zentralisation des deutschen Gewerkschaftsaufbaus von Beginn an verbunden war mit einem Kampf gegen Autonomiebestrebungen von Teilen der Mitgliederschaft, daß die Durchsetzung der zentralistischen deutschen Gewerkschaftsverfassung einherging mit dem Sieg über den »gewerkschaftlichen Lokalismus«. In der innerverbandlichen Auseinandersetzung ist der Begriff der Autonomie immer auch »das Losungswort . . . der Minoritäten«[159] gewesen. Vor allem die hauptamtlichen Funktionäre der höheren Ebenen der Gewerkschaftsorganisation haben Autonomiebestrebungen als Schwächung ihrer Verfügungsgewalt über die Organisation interpretiert und dementsprechend auch bekämpft.

1972 veranstaltete die IG Metall eine große internationale Arbeitstagung zum Thema »Aufgabe Zukunft: Qualität des Lebens«, und im Rahmen dieser Tagung wurde auch über die Zukunft der Gewerkschaften gesprochen und diskutiert. Im Zusammenhang unserer Frage ist der Diskussionsbeitrag des stellvertretenden Generalsekretärs des Internationalen Metallarbeiterbundes (IMB), Werner Thönnessen, dem langjährigen Pressesprecher der IG Metall, interessant. Er vergleicht die Diskussion über die Zukunft der Gewerkschaften mit den wirklichen Problemen ihrer zukünftigen Politik:

»Ich vermisse, daß die konkreten Gewerkschaftsprobleme, die in der Zukunft gelöst werden müßten und die eigentlich hier hätten zur Sprache kommen müssen, behandelt werden. Dafür halte ich zum Beispiel, wenigstens in den kapitalistischen Ländern, die Aufrechterhaltung der Tarifautonomie bei zunehmender Staatsintervention. Davon ist hier überhaupt nicht die Rede gewesen. Andere Beispiele sind die Integration der großen Protestbewegungen in allen Ländern, auch in den kommunistischen Ländern, in den Gewerkschaften; das Dilemma zwischen dem wünschenswerten Machtzuwachs der Gewerkschaften und der zunehmenden Gefahr der Bürokratisierung, Entfremdung und Professionalisierung in den Gewerkschaften; der Widerspruch zwischen der geforderten und schon bestehenden institutionellen Mitbestimmung der Arbeitnehmer und der mangelnden Selbstbestimmung des Arbeitnehmers im Produktionsprozeß; die Realisierung von Gewerkschaftsforderungen, die mit gewerkschaftlichen Mitteln, das heißt im direkten Kampf mit den Unternehmern nicht durchgesetzt werden können; die Zuwendung der gewerkschaftlichen Tarifpolitik, und das war ja ein zentrales Thema dieser Konferenz, zu qualitativen statt quantitativen Forderungen; die Komplizierung des gewerkschaftlichen Aufgabenbereiches einerseits und die mangelnde Qualifizierung der Funktionäre andererseits und das höchst problematische Verhältnis zur wissenschaftlichen Beratung dritterseits; und ein letztes Beispiel für solche unbehandelten Probleme: die konkrete Gestaltung der internationalen gewerkschaftlichen Zusammenarbeit angesichts der Konzentration des Kapitals in multinationalen Gesellschaften.«[160]

Die Frage nach innerverbandlichen Trägern einer autonomen Gewerkschaftspolitik wurde in den politischen und theoretischen Organisationsdebatten der letzten Jahre besonders angesprochen im Zusammenhang mit der Frage nach Rolle und Bedeutung der Vertrauensleute im Rahmen der Gesamtorganisation.

Allerdings muß zu der Debatte um die Stellung der Vertrauensleute in der Organisation angemerkt werden, daß sie oft nicht bis zu dem Punkt weiterverfolgt wurde, wo Gerhard Beier und vor ihm Siegfried Braun vor allem die Grundlage des gewerkschaftlichen Anspruchs auf Autonomie begründet sahen: Nämlich in der Organisation der Arbeit, genauer dem Mitbestimmungsanspruch der abhängig Arbeitenden über ihre betrieblichen und gesellschaftlichen Arbeits- und Lebensbedingungen.

Der Begriff der gewerkschaftlichen Autonomie als »Grundbegriff einer selbstgesteuerten, eigenständigen Gewerkschaftsbewegung« findet sich »nicht explizit im Düsseldorfer Grundsatzprogramm des DGB von 1963 ausformuliert«, dort ist allein in der Präambel von ›Tarifautonomie‹ die Rede, also von jenem verfassungsmäßigen Recht zur selbständigen Gestaltung der Lohn- und Arbeitsbedingungen, in das Gewerkschaften *und* Arbeitgeberverbände sich teilen.«[161] Diese Verankerung der Tarifautonomie im Grundsatzprogramm muß als ein Hinweis auf den eigentlichen Machtkern der gewerkschaftlichen Organisation gewertet werden. In den deutschen Gewerkschaften sind nämlich, wie Siegfried Braun feststellte, »die Tarifabteilungen ... nicht zufällig auch die eigentlichen Zentren bürokratischer Aktivität.«[162] Die Bedeutung der Tarifabteilungen und der Tarifpolitik innerhalb der Gewerkschaften deckt sich ja auch mit den von den

Gewerkschaften akzeptierten Zuweisungen eines gesellschaftlichen Gestaltungsraums für Gewerkschaften und Arbeitgeberverbände von seiten des Staates. Diese Formulierung ist also auch als Ausdruck eines legalistischen Selbstverständnisses der Gewerkschaften zu werten.

Das *fünfte Defizit* gewerkschaftlicher Autonomie hängt mit dem undiskutierten und ungeklärten Spannungsverhältnis zwischen legalistischer Funktionszuschreibung, umfassendem Mitbestimmungsanspruch, wie er sich immer noch in Grundsatzprogrammen ausdrückt, und den Mitgliederinteressen zusammen.

6.3.4. Die Berufsstruktur der Mitgliedschaft

Eine der Organisationsvoraussetzungen im »offiziösen« Selbstverständnis von »Einheitsgewerkschaft« scheint die umfassende Verdrängung der beruflichen Differenzierung der Gewerkschaftsmitglieder zu sein. Als *sechstes Defizit* läßt sich die Frage nach der Funktion und Rolle des Berufs für die organisatorische Kontinuität der Gewerkschaften formulieren. Obwohl wir das nicht genau wissen, scheinen sich doch alle Beobachter der Gewerkschaften darin einig zu sein, daß die Facharbeiter noch immer die Kerngruppe der Gewerkschaftsmitglieder bilden, aus denen sich vorzugsweise ehrenamtliche Aktivisten und der Funktionärsnachwuchs rekrutieren, abgesehen natürlich von den Angestellten- und Beamtenverbänden. Facharbeiter, Angestellte und Beamte verstehen aber ihre Arbeit immer noch als Berufsarbeit. In der vor allem von den Gewerkschaftsmitgliedern verteidigten Differenzierung der Lohn- und Gehaltsgruppen offenbart sich bis heute berufliche Abgrenzungspolitik. Innerorganisatorisch hat die Berufsfrage für die heutigen »Industriegewerkschaften« mindestens zwei Dimensionen: einmal geht es um die Funktion und Rolle der Branchen- und Fachgruppen und zum anderen um die der Personengruppen innerhalb der Organisation, Angestellte, Arbeiter, Beamte, Jugendliche und Frauen. Die Bedeutung des Berufs in der gewerkschaftlichen Organisation stand immer auch im Zusammenhang mit der Frage: Wer macht und bestimmt Gewerkschaftspolitik? Hier die Antwort des »Handbuchs für die Bevollmächtigten des Deutschen Buchbinder-Verbandes« 1914:

»Branchenvertrauensleute sind in solchen Zahlstellen notwendig, wo die Ortsverwaltung infolge der großen Zahl der vorhandenen Betriebe und Angehörigen der verschiedenen Branchen die Agitation nicht mehr allein auszuüben vermag und sich daher zur Hilfeleistung weitere Mitglieder heranziehen muß. . . . Die Branchenvertrauensleute sind Hilfsorgane der Zahlstellenverwaltung, unterstehen also auch derselben und haben daher ihre Maßnahmen im Einverständnis mit jener zu treffen. Das Recht, auf eigene Faust Gewerbepolitik zu treiben, kann den Branchenvertrauensleuten und Agitationskommissionen nimmermehr zugestanden werden, da dies der Verfassung unseres Verbandes widersprechen und dessen Einheit schwer erschüttern würde. Zu einer solchen Sonderbetätigung der Branchenvertrauensleute liegt ja auch keine Veranlassung vor, da die Geschichte unseres Verbandes aufs deutlichste beweist, wie sehr die Interessen aller Mitglieder, ohne Unterschied der Branchenangehörigkeit, von ihm gewahrt werden.«[163]

Eine »Berufspolitik, die von den »Berufsgenossen« selbst formuliert und ohne ständige Abstimmung mit »dem Verband« betrieben wird, war also bereits damals eine ständige Sorge der »Gewerkschaftsbeamten«. Solche Bestrebungen galt es zu bekämpfen. Diese Haltung hatte und hat ja schwerwiegende Konsequenzen; die Berufsstrukturen und ihre Abgrenzungen verschwinden ja nicht, indem man organisatorisch dafür sorgt, daß nicht offen über die Abteilung und Ungleichheit gesprochen wird. Damit entzieht man die beruflichen Strukturen der bewußten politischen Beeinflussung. Besonders die qualifizierten Berufsgruppen unter den Facharbeitern, Angestellten und Beamten sorgen durch Tarifpolitik und betriebliche Eingruppierung dafür, daß bestehende Strukturen fortgeschrieben werden, vollzogen wird dies durch Betriebsräte und Gewerkschaftsfunktionäre, für die die bestehende Ungleichheit unter den Berufen »natürlich« ist. Nur dies geschieht nicht öffentlich und bewußt, sondern durch die eigengesetzliche Entwicklung dieser Strukturen, die allenfalls durch die unternehmerische Rationalisierungs- und Innovationspolitik verändert wird. Die Folge ist, daß eine bewußte gewerkschaftliche Berufs- und Berufsbildungspolitik nicht existiert.

6.3.5. Die Zukunft der Gewerkschaften

Wie wird sich künftig die Rolle der Gewerkschaften in der politischen und wirtschaftlichen Ordnung gestalten und wie werden die Gewerkschaften künftig Politik durchsetzen? Auch die noch offenen Antworten auf diese Fragen gehören als *siebtes Defizit* in die gewerkschaftliche Autonomiediskussion. Unter dem programmatischen Titel »Der Zwang zur Sozialpartnerschaft« haben Werner Mühlbradt und Egon Lutz 1969 Hintergründe und Perspektiven der Beziehungen zwischen Gewerkschaften und Arbeitgeberverbänden untersucht. Dieses Buch ist geschrieben noch unter dem Eindruck der heftigen innergewerkschaftlichen Kontroversen um die Einrichtung der »Konzertierten Aktion« durch die Große Koalition und die Beteiligung der Gewerkschaften an derselben.

In seinem Resümee hat Egon Lutz den deutschen Gewerkschaften folgende Prognose gestellt:

»Wenn sich der Weg der Gewerkschaften folgerichtig weiterentwickelt, wird sich einmal das Institut der Mitbestimmung der Arbeitnehmer in der Wirtschaft als die logischste Verklammerung mit der herrschenden Gesellschaftsordnung herausstellen... Schier mit dem Rechenschieber kann der Tag festgestellt werden, an dem an die Stelle der konzertierten Aktion ein Bundeswirtschafts- und Sozialrat treten wird. Dieses Gremium, ausgestattet mit dem Recht, Gesetzesvorlagen an das Parlament zu geben und Einfluß auf die staatliche Wirtschafts-, Steuer- und Strukturpolitik zu nehmen, wird die Gewerkschaften weitgehend ihres tarifpolitischen Spielraums berauben. Lohn- und Sozialpolitik wird dann berechenbar sein, eingebettet in die von den politischen Instanzen vorgezeichneten Leitlinien. Wenn die Gewerkschaften über den Bundeswirtschaftsrat an der Formulierung der Politik beteiligt sind, werden sie noch weniger Lust als heute verspüren, mit gezielten Pressionen die bestehenden Einkommens- und Besitzverhältnisse zu verändern... Für unsere Denkgewohnheiten mag das noch einen recht spekulativen Anstrich haben. Gewerkschaftspolitik im und mit dem kapitalistischen System führt aber geradezu zwangsläufig in diese Richtung. Es hat viele Jahrzehnte gedauert, bis sich die Sozialkontrahenten an den Zwang zur Sozialpartnerschaft gewöhnten. Die Kraft des normativen Faktischen war auf beiden Seiten stärker als der ideologische Vorbehalt. Schließlich verkümmerte der Vorbehalt zur liebenswürdigen sentimentalen Erinnerung. Zur Zeit erleben wir die Übergangsphase von der erzwungenen Kooperation zur ersehnten.«[164]

Zur Zeit hat es nicht den Anschein, als würde der Wirtschafts- und Sozialrat morgen bereits Wirklichkeit. Trotzdem sollte nicht übersehen werden, daß die Lutzsche Prognose die Tendenz der Beziehungen zwischen den »Sozialpartnern« realistischer faßt, als dies durch die heftigen Tarifauseinandersetzungen der Jahre 1976–1978 den Anschein hat. Eine solche Entwicklung liegt ganz in der Tradition der deutschen Gewerkschaftsbewegung, die immer versucht hat, Reformen und Veränderungen im Einklang mit den Unternehmerverbänden und vor allem dem Staat herbeizuführen. Aber mit welchen Inhalten und Alternativen werden die Gewerkschaften ihre »Arbeitsgemeinschaftspolitik« betreiben; welche Ebene der Organisation wird Träger dieser Politik sein und welche Ebene wird gegen sie opponieren und wie wird dann mit dieser innerverbandlich verfahren?

Robert Michels Losungsworte für die innerverbandliche Auseinandersetzung: »Zentralisation sagt die Spitze im Namen der Majorität, und Autonomie sagt die Minderheit«, bleiben auch in Zukunft die Schlüsselworte im innerverbandlichen Streit um den Einfluß der verschiedenen Organisationsebenen auf die Politik des Gesamtverbandes. Die Beziehungen zwischen dem Gewerkschaftsvorstand, seinem Apparat und den Mitgliedern bleiben ein Problem und werden weiter innerverbandliche Konflikte produzieren. Die Konflikte werden vor allem dann eintreten, wenn das Wachstum der »Expertokratie« in den Gewerkschaften weiter anhält und die Gewerkschaftszentralen immer mehr den Charakter »verwissenschaftlichter Bürokratien«[165] annehmen, die keinesfalls eingebettet sind in eine klare, übersichtliche Struktur innerverbandlicher Demokratie, mit klaren Kompetenzabgrenzungen und Rückkopplungsmechanismen der einzelnen Ebenen mit- und untereinander. Diese Zentralen werden im Gegenteil – aus Eigeninteresse und Traditionalismus – versuchen, die Entscheidungsprozesse in den Gewerkschaften immer mehr zu zentralisieren.

IV. Funktionärsverband Gewerkschaft

1. Der Funktionär als Repräsentant und Organisator

Die Entstehung der Gewerkschaften fällt zusammen mit der allgemeinen Ausbildung von wirtschaftlichen Verbänden als »Selbsthilfeorganisationen« der an der kapitalistischen Produktionsweise beteiligten bzw. ihr unterworfenen Klassen und Schichten. Emil Lederer versteht die wirtschaftlichen Verbände als soziale Klassenorganisationen:

»1. Sie versuchen, die ganze Klasse zu erfassen,
2. die Politik des Verbandes richtet sich gegen eine andere Klasse und wendet sich dabei an die Allgemeinheit,
3. Ausgangspunkt sind die wirtschaftlichen Interessen der organisierten Klasse und
4. geht es dem Verband um die Beeinflussung der Gesetzgebung und der unmittelbaren Einflußnahme auf das Wirtschaftsleben.«[166]

Die deutschen Gewerkschaften fungieren gegenüber dem Staat als Träger der gesellschaftlichen Integration der Lohnabhängigen in den Interventionsstaat des organisierten Kapitalismus. Eine solche Repräsentations- und Integrationspolitik gegenüber dem Staat, besonders dem demokratischen Staat, entspricht auch dem Selbstverständnis der Gewerkschaften. Aus der Gewährleistung dieser ihrer Integrationsaufgabe hat Waldemar Reuter vom damaligen DGB-Bundesvorstand 1967 die Forderung nach wirtschaftlicher Mitbestimmung abgeleitet. Waldemar Reuter verstand die Gewerkschaften »als Ordnungsfaktoren des Arbeitslebens«, aus dieser Funktion heraus fordert er das Mitbestimmungsrecht in der Wirtschaft. Dieses Recht »soll nicht nur weitere Rechte für die Arbeitnehmer bringen, sondern gleichermaßen auch die Verantwortung stärken. Im staatlichen Bereich ist die Ordnungsfunktion der Gewerkschaften stärker anerkannt als in der Wirtschaft. Hierin gehören die Beteiligung in der Selbstverwaltung der Sozialversicherung und der Arbeitsverwaltung oder auch die Mitwirkung bei den Arbeits-, Sozial- und Verwaltungsgerichten. Diese Beispiele erfassen nur Teilbereiche, so daß ohne Übertreibung gesagt werden kann, daß die Tätigkeit der Gewerkschaften heute umfassend und vielseitig das vielschichtige staatliche und gesellschaftliche Leben widerspiegelt.« [167]

Diese Ausführungen von Waldemar Reuter lesen sich wie eine Illustration zu der von Otwin Massing beschriebenen Mechanik der Beziehungen von Verbänden zum Staat: »Insofern die Verbände tendenziell den gesamten Katalog des politisch zu Behandelnden auf dem Wege der Gesetzgebung und/oder des Verwaltungshandelns zu erledigenden Fragen in ihren Interessenbereich einbezogen haben, bringen sie die Gesamtgesellschaft in den Staat qua Verteilerapparat ein, wie sie umgekehrt der ›Politik‹ keinen gesellschaftlichen Schonraum mehr vorenthalten.« [168]

In den Auseinandersetzungen mit den Arbeitgeberverbänden, einzelnen Unternehmen oder Unternehmern und gegenüber Staat und Öffentlichkeit werden die Gewerkschaften durch ihre Funktionäre repräsentiert. Nimmt man den Bekanntheitsgrad von Funktionären als Maßstab, wie er durch die Massenmedien, besonders das Fernsehen, heute produziert wird, so ist für die »breite Öffentlichkeit« Heinz Oskar Vetter »der DGB«, Eugen Loderer »die IG Metall« und im Tarifkonflikt des Öffentlichen Dienstes ist selbstverständlich Heinz Kluncker »die ÖTV«.

Die Wirkung solcher Personalisierung ist keinesfalls zu unterschätzen, da der Öffentlichkeit der Eindruck suggeriert wird, daß die jeweilige Politik, die Heinz Oskar Vetter, Eugen Loderer und Heinz Kluncker in der Öffentlichkeit vertreten und die dann diskutiert wird, nur Ausdruck ihres persönlichen »Machtwillens« sei, für dessen Durchsetzung sie ihre »Privatmacht« – sprich: Gewerkschaft – einsetzen. Diese öffentliche Darstellung bzw. Selbstdarstellung der Gewerkschaftsspitze verstärkt nachhaltig den Eindruck im öffentlichen Bewußtsein: **Die Gewerkschaft, das sind die Funktionäre.**

Dieses Bild existiert nicht ohne Berechtigung, beinhaltet doch der Begriff der Repräsentanten ausdrücklich den Vertreter, der für andere handelt: »Der Tatbestand der ›Vertretung‹ besteht typisch bei Zweckvereinen und gesatzten Verbänden.« Der Vertretung immanent ist,

»daß ihre Politik in ihren Konsequenzen im guten wie im schlechten allen von ihnen Vertretenen ›zugerechnet‹ wird.«[169]

Karlheinz Messelken hat in seiner »Apologie des Parlamentarismus« die positiven Folgen der politischen Repräsentation des Volkes qua Parlament analysiert und auch für das Verhältnis von Politikern und Vertretenen die positiven Auswirkungen der Arbeitsteilung reklamiert. Wir zitieren seine Ausführungen, da das hier Gesagte analoge Gültigkeit für die Beziehung von Gewerkschaftsmitgliedern zu ihren Funktionären besitzt, wobei das Ergebnis deren Repräsentationspolitik hier zunächst außer acht bleiben kann.

»Die Selbstherrschaft des Volkes ist in industriellen Massengesellschaften nicht unmittelbar möglich. Sie muß arbeitsteilig wahrgenommen werden. Sollte sie direkt geübt werden, so verlangte sie, daß jedermann Politik als Fulltime-Job betriebe. Für die Produktion der Subsistenzmittel der Gesellschaft wäre dann keine Energie mehr frei. Ein Verzicht auf arbeitsteilige, einem speziellen System als Funktion obliegender Ausübung der politischen Herrschaft würde aber nicht nur einfach eine unerträgliche quantitative Mehrbelastung eines jeden Subjekts mit politischen Entscheidungen und deren Durchführung zur Folge haben, er würde darüber hinaus die von der Arbeitsteilung bewirkte Entpolitisierung der bürgerlichen Verhältnisse rückgängig machen, damit die Gesellschaft überhaupt um ihre Qualität bringen.«[170]

Auch für die Eigenexistenz der Gewerkschaften ist die Arbeit der Funktionäre ganz unentbehrlich, ihre innerorganisatorische Arbeit besteht in der Erfassung der Mitglieder, Einziehung der Beiträge und ihrer Verwaltung, der Regulierung der innerorganisatorischen Arbeitsteilung sowie der Organisation und Durchführung der innerverbandlichen Willensbildung der Mitglieder. Eli Ginzberg hat in seiner Studie über den »Arbeiterführer« die geschichtliche Wandlung des Gewerkschaftsfunktionärs vom »Kämpfer« zum »Bürokraten« beschrieben. In seinen Bildern wird der Weg der Gewerkschaften sichtbar, von ihrer umkämpften Gründung bis zum »befestigten Verband«:

»Die breiten Massen mochten wankelmütig sein: Die Führer waren es nicht. Trotz der Schwierigkeit ihrer Arbeit, ihrer bescheidenen Gehälter und des häufigen Zwiespaltes in den breiten Massen verblieben die Führer auf ihren Posten. Sie lenkten nicht nur ihre Gewerkschaftsverbände durch den Sturm, sondern schienen auch neuen Anforderungen gewachsen zu sein. Der Kämpfer aber formte sich selbst zu einem Bürokraten um. Als er noch organisierte, verließ er sich auf Faust und Stimme, später, da er zu verwalten und zu verhandeln hatte, lag seine Stärke in der Zielsicherheit des zeitlich richtigen Einsatzes; im Erfassen von Einzelheiten und dem Erkennen der wahren Lage im Gewerbe oder in der Industrie.« [171]

Wenn diese Aussage auch ihren Adressaten in den amerikanischen Gewerkschaften hat, trifft sie doch gleichermaßen für die deutschen Gewerkschaften zu. Max Weber hob die Bedeutung der Funktionäre für die dauerhafte kontinuierliche Existenz von Verbänden hervor:

»Die ›Existenz‹ des Verbandes haftet ganz und gar an dem ›Vorhandensein‹ eines Leiters und eventuell eines Verwaltungsstabes. Das heißt genauer ausgedrückt: An dem Bestehen der *Chance,* daß ein Handeln angebbarer Personen stattfindet, welches seinem Sinn nach die Ordnung des Verbandes durchzuführen trachtet: Daß also Personen vorhanden sind, die darauf ›*eingestellt*‹ sind, gegebenenfalls in jenem Sinne zu handeln.« [172]

Es ist danach nicht verwunderlich, wenn der DGB-Vorsitzende Heinz Oskar Vetter die Funktionäre als die »aktive Mitgliedschaft« der Gewerkschaft versteht, die die »Organisation« bilden, und er hat auch plausibel beschrieben, was die innergewerkschaftliche Willensbildung zu leisten hat, nämlich den Kontakt zu den »nicht aktiven Mitgliedern« aufrecht zu erhalten:

»Die Einheitsgewerkschaft als größte Massenorganisation unseres Landes ist ohne *Organisation* nicht denkbar. Die Organisation, die von der aktiven Mitgliedschaft gebildet wird, wird oft einseitig als Bürokratie oder als Apparat abgelehnt. Aber die Organisation bewahrt und überliefert auch die gewerkschaftlichen Traditionen, sie gibt der gewerkschaftlichen Politik Kontinuität und Richtung. Die innergewerkschaftliche Willensbildung hat dafür zu sorgen, daß die Organisation nicht den Kontakt mit den Mitgliederinterssen verliert.« [173]

Ist das nicht das offenkundige Selbstverständnis des Vorsitzenden eines Funktionärsverbandes?

2. Funktionärsverband Gewerkschaft?

Die Funktionäre der Gewerkschaften – Repräsentanten des »Gesamtinteresses der Organisation« nach außen – entwickeln innerverbandlich ein Eigeninteresse, das sich am deutlichsten in dem ständigen Bestreben des Gewerkschaftsapparates manifestiert, die Politik des Verbandes nicht nur zu repräsentieren, sondern auch ihre Inhalte zu bestimmen. Hierfür gibt es primär zwei Ursachen:
1. Die Gewerkschaft, das ist der Arbeitsplatz ihrer Funktionäre. Sie sind die Experten. Sie haben den »Überblick« und sie machen die tägliche Arbeit. Das sind Gründe genug, um die eigene Position innerverbandlich abzusichern.
2. Als Repräsentanten der Gewerkschaft nach außen müssen die Funktionäre das Verbandsziel glaubhaft vertreten können. Der Funktionär, aber auch sein Kontrahent, muß sicher sein, daß er tatsächlich im Namen und im Auftrag seines Verbandes verbindliche Beschlüsse fassen und vertreten kann. Sein Wort muß gegenüber dem Verhandlungspartner die von ihm Vertretenen binden. Ist dies nicht der Fall, steht seine Funktion als Repräsentant dieser Mitglieder auch und gerade gegenüber den Außenbeziehungen des Verbandes zur Disposition.

»In einem Interessenverband führt derjenige, der das Verbandsziel festzulegen imstande ist, und zwar nur insoweit, als er es *gegen* einen möglichen Widerstand der übrigen Verbandsmitglieder kann, wobei hinzuzusetzen ist, daß der Widerstand nicht tatsächlich vorhanden sein muß; notwendig ist nur, daß der oder die Führenden das Interessenverbandsziel oder die Interessenverbandsziele gegen den Willen Einzelner oder Gruppen, die fähig wären, ihrerseits Vorstellungen über das Interessenverbandsziel zu entwickeln, bestimmen können. ... Führung übt im Interessenverband derjenige aus, der das Verbandsziel bestimmt, wobei er die Entstehung jedes Widerstandes verhindern und/oder entstandenen Widerstand brechen können muß.«[174]

Die Ausrichtung der Gewerkschaftspolitik auf die »schlagkräftige Verbandsspitze«, bei der die politische Richtlinienkompetenz liegt, verstärkt natürlich das Bild vom Funktionärsverband in der Öffentlichkeit ebenso wie im Selbstverständnis der Funktionäre.

2.1. Funktionäre und ehrenamtliche Aktivisten

Bereits bei der Darstellung der Organisationsstruktur des DGB und seiner Einzelgewerkschaften wurde auf die Rolle der Funktionäre in der innergewerkschaftlichen Willensbildung hingewiesen. Ihre Bedeutung ist sowohl in der gewerkschaftspolitischen wie der sozialwissenschaftlichen Debatte unbestritten. So definiert Klaus von Beyme Gewerkschaften gar als »Kaderorganisationen mit hauptamtlichen Funktionären und Aktivisten« und fährt fort: »Die Zahl der Funktionäre ist ein sorgfältig gehütetes Geheimnis: Sie scheint jedoch mit dem Zentralisierungsgrad und der Finanzkraft zu korrelieren.«[175]

Die Unterscheidung zwischen den hauptamtlichen Funktionären und ehrenamtlichen Aktivisten ist sinnvoll. Wir wollen sie benutzen, um einen quantitativen Überblick über diese beiden Trägergruppen gewerkschaftlicher Politik zu gewinnen. Allerdings muß der Begriff des Aktivisten für unsere Zwecke dahin gehend präzisiert werden, daß zwischen Betriebsräten und sonstigen Aktivisten (Vertrauensleute, Jugendfunktionäre) unterschieden werden muß. Bedingt durch die deutsche Betriebsverfassung kommt den Betriebsräten in der Kategorie der Aktivisten besonderes Gewicht zu. Mit ihrer Wahl ist ein weitreichender Kündigungsschutz verbunden, und die freigestellten Mitglieder des Betriebsrates nehmen ihre Funktion hauptberuflich wahr.

Klaus von Beymes Behauptung, daß die Zahl der hauptamtlichen Funktionäre und der ehrenamtlichen Aktivisten gewerkschaftliches *»Betriebsgeheimnis«* sei, wird dadurch unterstrichen, daß es in den Geschäftsberichten des DGB weder eine zusammenfassende Statistik über die Ehrenamtlichen gibt noch eine aller Gewerkschaftsangestellten. Allerdings ist es möglich, diese Zahlen aus den Geschäftsberichten der Einzelgewerkschaften mühsam zusammenzusuchen. Nach Angaben von Kurt Hirche (Stand 1972), hat der DGB »in seinen Dienststellen einschließlich der Vermögensverwaltung annähernd 1700 Angestellte« beschäftigt und in den »16 ihm angeschlossenen Gewerkschaften sind nach den allerdings nicht vollständigen Ermittlungen des Verfassers in über 1600 Verwaltungsstellen rund 5600 Beschäftigte als Vertrags- und Wahlangestellte tätig, von denen etwa 10 % auf gewerbliches und Wirtschaftspersonal entfallen«.[176]

Die Zahl der DGB-Angestellten hat sich bis 1977 kaum (vgl.

S. 53/54) geändert. Schätzungen über die Gesamtzahl der hauptamtlichen Beschäftigten belaufen sich für alle fraglichen Gewerkschaftsverwaltungen auf ca. 10000. Im Geschäftsbericht 1974–1976 der IG Metall wird eine genaue Aufschlüsselung der 2316 Beschäftigten der IG Metall im Jahre 1976 vorgenommen:

540 Angestellte waren in der Vorstandsverwaltung tätig, davon waren 11 geschäftsführende Vorstandsmitglieder, 116 Sekretäre und Sachbearbeiter, 10 Redakteure, 34 Schwerpunktsekretäre. In der Vorstandsverwaltung arbeiteten also 171 Funktionäre. Die übrigen 369 Angestellten verteilten sich auf 295 Verwaltungs- und Büroangestellte, 36 technische Angestellte und 38 Haus- und Küchenangestellte. In den Bezirksleitungen waren 106 Angestellte beschäftigt und zwar: 9 Bezirksleiter, 36 Bezirkssekretäre, also 45 Funktionäre; die restlichen 61 Angestellten verteilten sich auf 48 Verwaltungs- und Büroangestellte, 9 technische Angestellte und 4 Hausangestellte.

1334 Angestellte arbeiteten in den Verwaltungsstellen, und zwar: 249 Bevollmächtigte und Kassierer, 229 Fachsekretäre, also 478 Funktionäre; die anderen Beschäftigten verteilten sich auf 735 Verwaltungs- und Büroangestellte, 4 technische Angestellte und 117 Hausangestellte.

174 Angestellte hatten in den Bildungsstätten ihren Arbeitsplatz, und zwar: 46 pädagogische Leiter und Sachbearbeiter, 33 Verwaltungsleiter und -angestellte, 13 technische Angestellte und 82 Haus- und Küchenangestellte; schließlich beschäftigte die IG Metall noch 162 Angestellte in den Erholungsheimen. Die Gesamtzahl der Funktionäre im Wortsinn betrug bei der IG Metall 1976 unter den 2316 Beschäftigten 700 (S. 119f.). Zum Vergleich: 1976 betrug die Mitgliederzahl der IG Metall 2555925 »abgerechnete Mitglieder« (S. 268).

Die Zahl der ehrenamtlichen Aktivisten in den 16 Einzelgewerkschaften gibt Kurt Hirche mit 300000 bis 350000 an. Darin waren auch die ehrenamtlichen Hauskassierer einbezogen. Da sie aber den Kontakt zwischen Gewerkschaft und Mitglied aufrechterhielten, kann man sie zur Gruppe der Aktivisten zählen. Die weitaus stärkste Gruppe der ehrenamtlichen Aktivisten stellen die Betriebsräte. Die Anzahl der Betriebe und Verwaltungen, in denen ein Betriebsrat bzw. ein Personalrat gewählt wurde, stieg von 23813 1965 auf 29298 1972, die Anzahl der Betriebsräte stieg von 142672 1965 auf 173670 1972 und erreichte 1975 ca. 200000.[177] Entfielen bei den 1972 gewählten Betriebsräten 77,6% auf die DGB-Gewerkschaften, so soll deren Anteil bei der Betriebsratswahl 1975 auf rund 80% angestiegen sein. In den DGB-Gewerkschaften sind demnach ca. 160000 Betriebsräte organisiert.[178] Wichtig ist die Tatsache, daß der Anteil der 1975 neu gewählten Betriebsratsmitglieder beachtlich ist. Ihre Verteilung auf die einzelnen Gewerkschaftsbereiche schlüsselte Wolfgang Schneider auf.

Bei der IG Bau-Steine-Erden betrug ihr Anteil 46,1%, bei der IG Bergbau und Energie unter den Arbeitern 29% und den Angestellten 30,1%, bei der IG Chemie-Papier-Keramik 35,05%, bei der Gewerkschaft Handel-Banken und Versicherungen 48%, bei der Gewerkschaft Holz und Kunststoff 42%, bei der IG Metall 38,4%, bei der Gewerkschaft Nahrung-Genuß-Gaststätten ca. 40% und bei der Gewerkschaft Textil-Bekleidung 42,8%.

Diese Zahlen über die neu gewählten Betriebsräte vermitteln einen Eindruck von der organisatorischen Anstrengung der Gewerkschaften, diese neu gewählten Betriebsräte zu informieren, zu erfassen, zu schulen und sie schließlich für eine aktive Mitgliederwerbung und Beteiligung an Tarifauseinandersetzungen zu gewinnen.

2.2. Zentralisierte Entscheidungsstrukturen und ihre Vorbilder

Wie ich in der Analyse der verschiedenen Organisationsebenen der Gewerkschaften gezeigt habe, sind diese in der Entscheidungsstruktur unverkennbar zentralistisch. Die bürokratische Zentralisierung hat eine hierarchische Organisationsstruktur zur Voraussetzung und Folge.

»Hierarchisch nennen wir ein Sozialgebilde, dessen Ordnung wesentlich durch ein institutionalisiertes Stufensystem eindeutiger Über- und Unterordnung bestimmt ist, wobei vorausgesetzt ist, daß dieses System mehr als zwei Stufen enthält. Eine Hierarchie ist eine ›Ordnung‹, nicht nur eine Machtabstufung. Die Unterordnung ist kein bloßes Hinnehmen, sondern enthält ein Moment der Anerkennung. Die jeweils höheren Stufen besitzen die Aura einer gewissen Autorität.«[179]

Aufbau, Struktur und Denkweise der Gewerkschaftsbürokratie sind Teil jener bürokratischen Überstruktur, die Ergebnis der kapitalistischen Produktionsweise und des Wachsens des Interventionsstaates ist, in der die Bevölkerungsklassen und -schichten durch ihre Verbände in unterschiedlicher Weise auf die staatliche Politik Einfluß nehmen. Dabei gehe ich keinesfalls davon aus, daß die Interessenverbände im Sinne der Theorie des Interessenpluralismus »gleichgewichtig« sind und es dem Staat gelingt, ein imaginäres gesamtgesellschaftliches Gleichgewicht durch »Interessenausgleich« zu sichern. Der jeweilige Status quo ist stets Ergebnis von Konflikten und ist keinesfalls statisch.

Es gibt auch strukturelle Unterschiede in der Ausgangsposition der Interessenverbände, die Konsequenzen für deren innere Struktur haben. Es liegt auf der Hand, daß in Arbeitgeberverbänden, bei denen die Mitglieder über eigene Unternehmen verfügen, sie also unabhängiger sind, der Verband für die Mitglieder nicht primär eine Schutz-, sondern eine Vertretungsfunktion ausübt. Der Arbeitgeberverband kann sich deshalb auch von der Zentralisierung der Gewerkschaften unterscheiden, in der sich die Mitglieder aufgrund ihrer »individuellen Ohnmacht« zusammenfinden, um sich kollektiv vor der ökonomisch-gesellschaftlichen Übermacht der Kapitalfunktionäre zu schützen.

Wie sehr aber die Praxis des Interventionsstaates im organisierten Kapitalismus die Vorstellungen über die Richtung gewerkschaftlicher Politik und ihre Adressaten geprägt hat, das mag die Resolution des 6. Kongresses der Gewerkschaften Deutschlands zur Entwicklung der sozialen Gesetzgebung in Deutschland aus dem Jahr 1908 verdeutlichen:

»Die Unternehmerverbände sind Machtfaktoren im wirtschaftlichen und politischen Leben, die den Kapitalprofit steigern, den politischen Einfluß der Unternehmer heben, aber den Arbeiter oft zum modernen Leibeigenen des Kapitals herabdrücken... Der große Einfluß der Unternehmerverbände (Centralverband deutscher Industrieller usw.) auf Gesetzgebung und Verwaltung wird ausgenutzt, um die Ausbeutung und Unterdrückung der Arbeiter zu steigern. Jedes Gesetz sucht der Centralverband so zu formen, wie es dem Ausbeuterinteresse entspricht. Dem Beispiel der Unternehmerverbände müssen die organisierten Arbeiter folgen und alle Gesetzesvorlagen darauf prüfen, wie sie für den Arbeiter im allgemeinen und für die einzelnen Berufe im sonderen wirken. Alle Bedenken gegen ganze Gesetze oder einzelne Teile von Gesetzen sowie Verbesserungsvorschläge der Arbeiter müssen in Resolutionen zusammengefaßt und den gesetzgebenden Körperschaften zur Kenntnisnahme unterbreitet werden.« (Protokoll, S. 48)

Da gerade in den ideologischen Debatten über den Gewerkschaftsstaat der Eindruck erweckt wird, als ob die mächtige Gewerkschaftsbürokratie in ihrem unersättlichen Machtstreben morgen Staat und Wirtschaft »übernehmen wolle«, muß hier nachdrücklich daran erinnert werden, nach welchem Strukturvorbild der Aufbau der Gewerkschaftsbürokratie erfolgte: Es waren dies die staatliche Verwaltung und die Industriebürokratie, deren gemeinsames Merkmal die hierarchische Ordnung und das hierarchische Denken der in ihr Beschäftigen gewesen ist. Deshalb geht es Hans-Paul Bahrdt in seiner Studie über die »Industriebürokratie« auch vor allem »um die Darstellung und Deutung eines sozialen Vorgangs, dessen Höhepunkt noch vor uns liegt. Fast noch unausgeprägter als andere Großorganisationen hatte bis jetzt die Bürokratie industrieller Großbetriebe eine institutionalisierte hierarchische Struktur. Diese wird auch heute im allgemeinen als selbstverständlich hingenommen, weil man sich nicht vorstellen kann, daß so umfangreiche und vielfältige kooperative Prozesse wie sie im Leben eines Großbetriebes und demnach auch in seiner Verwaltung anfallen, anders als hierarchisch organisiert werden könnten. Auch von den Versuchen einer Demokratisierung erhofft man sich in der Regel nicht einen Abbau der hierarchischen Organisation, sondern bestenfalls eine gewisse Gewaltenteilung, ferner eine Verrechtlichung von Beziehungen, deren Gestaltung früher der Willkür preisgegeben war und schließlich die Möglichkeit einer Kontrolle und Korrektur von Entscheidungen, die nach wie vor vorerst autokratisch gefällt werden. Aber niemand, der sich von dem Ablauf des Betriebsgeschehens eine konkrete Vorstellung macht – auch nicht der radikale Sozialist – glaubt, daß sich an der bekannten Stufenpyramide einer Betriebsorganisation etwas ändern könnte, das heißt, daß die alltägliche Tätigkeit eines Arbeitnehmers anders bestimmt sein könnte als durch die ständige Wirksamkeit von Über- und Unterordnungsverhältnissen.«[180]

Theo Pirker widerspricht der These von der staatlichen und industriellen Verwaltung als dem Vorbild für den Aufbau des Gewerkschaftsapparates. Nach seiner Meinung war der »Verein« das dominierende »Organisationsmuster . . . in der deutschen Arbeiterbewegung«, verbunden mit der »rigiden Überbetonung der Statuten, der

Kassaführung, der Beitragstreue sowie der Geselligkeit ... Die Sozialdemokratie und die Gewerkschaften haben ihr Organisationsprinzip von diesem Vereinswesen der deutschen Arbeiterbewegung her erhalten und nicht umgekehrt.«[181] Theo Pirker hält es auch für verfehlt, von den Gewerkschaftsfunktionären als »Bürokraten« im Sinne Max Webers zu sprechen, weil mit dieser Definition untrennbar ein Herrschaftsanspruch verbunden ist, der den Gewerkschaftsfunktionären in ihrer »Außenpolitik« weitgehend fehlt, hinzu kommt, daß es keine eindeutige Zuweisung der Aufgaben gibt. Wolle man sie vergleichen, dann sei schon das Bild vom »Vereinsfunktionär« angebrachter, der vor allem für und von seinem Verein leben will.

2.3. Willensbildung im Funktionärsverband

Der hierarchischen Organisationsstruktur der Gewerkschaften entspricht die Praxis der innerverbandlichen Willensbildung. Bei der Analyse der verschiedenen Ebenen gewerkschaftlicher Organisation war ein Merkmal regelmäßig anzutreffen: Die übergeordnete Instanz hat immer das letzte Wort. Gegen Personalentscheidungen der unteren Ebene hat sie zumindest ein Vetorecht. Die Ausnahme ist der Betrieb, in dem die Ortsverwaltung auf die Aufstellung von Listen zur Betriebswahl keinen unmittelbar satzungsmäßig sanktionierten Einfluß geltend machen kann.

Dieses Vetorecht gilt auch gegenüber Anträgen und Beschlüssen, die auf der unteren Ebene gefaßt werden. Die Willensbildung in den Gewerkschaften, verstanden als Wechselbeziehung von hauptamtlichem Apparat und Mitgliedern, ist eine der von der Gewerkschaftsbürokratie nachhaltig beeinflußten Variablen ihrer Politik, und zwar in der Regel in Form einer »Einbahnstraße« von oben nach unten.

Adolf Brock sieht das Charakteristikum der Willensbildung in den DGB-Gewerkschaften darin, daß »eine Arbeiterbürokratie, die sich selbst genügt, ... nur so viel innerverbandliches Leben zuläßt, daß die Beitragszahlen gesichert und damit der verselbständigte Organisationsrahmen bestehen bleibt« ... und die Legitimation der Spitze aus einem repräsentativen Vertretungssystem abgeleitet wird. »Die Politik der bürokratischen Spitze wird durch das repräsentative Vertreternetz in bestimmten Zeitabständen auf bestimmten, dafür eingerichteten Versammlungen legitimiert.«[182]

Die Leistungen der Funktionäre für diese Repräsentationsveranstaltungen in der Durchführung von Gewerkschaftspolitik sind in diesen Sätzen von Adolf Brock nicht hinreichend erfaßt. Es wird zum Beispiel nicht deutlich, daß auf diesen Legitimationsveranstaltungen – bei den Einzelgewerkschaften gilt dies auch für die Tarifkommissionen – nicht nur Politik der Spitze legitimiert wird, sondern sie auch mit den Meinungen und Stimmungen an der oft beschworenen Basis abgestimmt wird, die von den jeweils delegierten ehrenamtlichen Aktivisten artikuliert wird. In diesem Sinn sind diese Delegiertenversammlungen oder Tarifkommissionssitzungen durchaus Institutionen, in denen eine echte Willensbildung stattfindet. Sie vollzieht sich allerdings nicht von unten nach oben, sondern eher umgekehrt. Die jeweilige Spitze nimmt die Wünsche und Stimmungen der unteren Ebene entgegen, berücksichtigt sie bei der Formulierung ihrer Politik und schwört gleichzeitig die delegierten Aktivisten auf die in diesem »Meinungsaustausch« entstehende Politik ein. Bei dieser Willensbildung kommt es in der Regel zu Koalitionen zwischen den hauptamtlichen Funktionären und den freigestellten Betriebsräten in lokalen Großbetrieben oder in den wichtigsten überregionalen Konzernbetrieben. (Großbetrieb ist hier keine absolute Größe. Die Bezeichnung soll den spezifischen Einfluß des Betriebes auf die jeweilige Wirtschaftsregion und damit das Organisationsgebiet der Einzelgewerkschaft ausdrücken.)

Die Betriebsräte sind neben den hauptamtlichen Funktionären die wichtigste Personengruppe in der innergewerkschaftlichen Willensbildung, sie sind neben ihnen die »zweite Säule der Organisation«[183], um diesen Begriff von Joachim Bergmann zu zitieren. Adolf Brock stimmt dieser Charakterisierung zu, macht aber darauf aufmerksam, daß die Rolle der Betriebsräte und Vertrauensleute in der gewerkschaftlichen Willensbildung durchaus ambivalent sein kann:

»Die Betriebsräte und Vertrauenskörper können aber auch als Kontrollorgane der Gewerkschaftspolitik wirken. Denn in den Betriebsversammlungen und Vertrauensleuteversammlungen der Großbetriebe wird doch wesentlich offener diskutiert als auf den Gewerkschaftsversammlungen. Meiner Meinung und Erfahrung nach ist die Rolle der Betriebsräte so eindeutig zugunsten der Zentralen nicht festzulegen. Ihre Rolle ist ambivalent. Die Betriebsräte nur auf die Wahrnehmung von Basisinteressen festzulegen, hängt sowohl von der weiteren Politisierung der Betriebsbelegschaften wie von einsehbaren Gegenmachtpositionen ab.«[184]

Bei der Beurteilung der Willensbildung in den deutschen Gewerkschaften muß noch ein Tatbestand berücksichtigt werden, der von nicht zu unterschätzender Bedeutung ist. Auch die Ortsverwaltungen der Einzelgewerkschaften – deren Anzahl beschränkt ist, wie wir gesehen haben – und die Betriebsräte in den Betrieben verfahren mit den Mitgliedern und Wählern in der Regel nach dem Schema von oben nach unten. Die Funktionäre werden dann tätig, wenn das Mitglied oder der Betriebsangehörige die Gewerkschaft oder den Betriebsrat anspricht. Eine Einrichtung wie die systematische Sammlung von Beschwerden nach Abschluß eines Tarifvertrages, die die örtlichen und betrieblichen Funktionäre der Gewerkschaften in regelmäßigen Abständen bei den Arbeitern vornehmen, gemäß der Praxis amerikanischer Gewerkschaften, ist vollkommen unbekannt.

Dies verstärkt die sich ohnehin aus der Organisationsstruktur der deutschen Gewerkschaften ergebende Distanz – Ortsverwaltung statt Betriebsorganisation – zwischen Mitgliedern und Funktionären. Die <u>Einbahnstraße</u> von Unten nach Oben im Umgang zwischen Mitgliedern, Funktionären und Aktivisten verstärkt natürlich deren Gewicht auch in der innerverbandlichen Willensbildung. Für die IG Druck und Papier hat Hellmut G. Haasis diese Art von Selbstbestimmung beschrieben:

»Die Distanz äußert sich unter anderem in der Stellung des Bezirkssekretärs, der lediglich vor dem Amtsantritt von den Delegierten des Bezirkstages gewählt wird und dann auf Lebenszeit Gewerkschaftsbeamter bleibt. Eine alle drei Jahre wiederkehrende Wahl des Bezirkssekretärs wurde mehrfach gefordert, aber nicht beschlossen. Das übliche Gegenargument lautet: Ein Funktionär, der sich alle drei Jahre zur Wahl stellen muß, wird von der Mitgliedschaft abhängig, bei der er die Linie der Orgnsiation durchzusetzen habe. Inzwischen werden die Bezirkssekretäre, vorher Angestellte der Landesbezirke, als Angestellte des Hauptvorstandes geführt. Die Frage der Abhängigkeit ist jetzt geklärt. Das oberste Organ, der Gewerkschaftstag, ist nur beschränkt als repräsentativ für die Mitgliedschaft zu werten. Hauptamtliche machen mehr als ein Viertel der ordentlichen Delegierten aus. Ein weiterer, vermutlich erheblicher Prozentsatz der ehrenamtlichen Delegierten arbeitet mit der Perspektive hauptamtlicher

Arbeit in der Organisation. Auf dem Gewerkschaftstag, der die Politik der Organisation für die nächsten drei Jahre festzulegen hat, gibt es keine Trennung zwischen Legislative und Exekutive. Diejenigen, die die Beschlüsse auszuführen haben, beschließen selbst wieder über Rechenschaft, Entlastung, Zeitpunkt der Wahl (seit einigen Jahren vor der Diskussion über die künftige Politik), Besetzung der Ämter, Geldfragen usw.«[185]

Das Problem der Beziehungen zwischen Funktionären und Mitgliedern und des Anspruchs auf Beteiligung der Mitglieder an der innerverbandlichen Willensbildung begründet sich aus dem Selbstverständnis der Gewerkschaften als Vorkämpfer und Träger der demokratischen Republik und als demokratisch verfaßter Verband. Diesen demokratischen Anspruch der deutschen Gewerkschaften haben ihre Funktionäre oft überzeugend formuliert: »Die Gewerkschaften waren von Anbeginn demokratische Organisationen, in denen sich die arbeitenden Menschen solidarisch und gleichberechtigt zusammenschlossen, um sich gegen die Übergriffe und Mißstände einer ungehemmten frühkapitalistischen Gesellschaft zu behaupten. Die Demokratie war ihr Lebenselement.«[186]

Wolfgang Abendroth sah in der Integration der Arbeitnehmer »in eine *demokratische Gesellschaft* zur Teilnahme am ständigen Prozeß ihrer Selbstbestimmung« ihre wichtigste politische Aufgabe. Für ihn steht es außer Frage, daß auch der Organisationsaufbau an sich demokratisch ist: »Der Aufbau der Organisation ist streng demokratisch. Er beruht auf dem *Grundsatz gleichberechtigter Teilnahme aller Mitglieder an der Willensbildung des Verbandes* und der Bestellung seiner Vertrauensleute, Funktionäre und Organe bei Gewährleistung des Rechtes freier Meinungsäußerung, aber Ausschluß der Diskussion parteipolitischer oder konfessioneller Probleme.«[187]

Aber nach all dem bisher Gesagten muß zumindest ein Widerspruch zwischen Anspruch und Wirklichkeit konstatiert werden. Bereits in den Gewerkschaftsdebatten um 1900 wurde von Gewerkschaftsfunktionären das Argument der mangelnden Kompetenz der Mitglieder ins Feld geführt, wenn es darum ging, »das Prinzip der primitiven Demokratie, daß ›über das, was alle angeht, auch alle entscheiden sollen‹« – wie es damals von den lokalen Gewerkschaftsorganisationen vertreten wurde – abzuwehren, um Tagesentscheidungen »der Verbandsregierung« zu überlassen. So betonte schon

Bruno Poersch, daß in den zentralen Verbänden »eine Einschränkung des Selbstbestimmungsrechtes der Mitglieder« stattfindet:

»Die Praxis ist aber notwendig, wenn nicht Dummheiten zum Schaden der gesamten Organisation gemacht werden sollen. Die Arbeiter, welche vom frühen Morgen bis zum späten Abend in der Fabrik ihrer Beschäftigung nachgehen, sind in der Regel nicht so in der Lage, sich die genügenden Kenntnisse von der Konjunktur, der Organisation der Unternehmer, deren Schachzüge usw. anzueignen, wie die besoldeten Beamten der zentralen Verbände. Daher machen sie bei Lohnbewegungen oft die größten Fehler. Sie beschließen einen Streik, welcher der ganzen Sachlage nach verlorengehen *muß*. . . . Ich will nun zwar nicht behaupten, daß in den zentralen Verbänden solche Fehler gänzlich ausgeschlossen sind; aber sie kommen viel seltener vor. Die besoldeten Beamten der Zentralverbände haben tagtäglich mit diesen Dingen zu tun, sie erwerben sich auch auf dem Gebiete der Gewerkschaftspolitik ein größeres Maß von Kenntnissen und Fähigkeiten als der einzelne Arbeiter und handeln daher in kritischen Momenten richtiger, als dieser es bei dem besten Willen vermag. Es liegt hier also eine gewisse Arbeitsteilung vor; die Machtbefugnisse, welche man den Verbandsvorständen in den einzelnen Punkten erteilt hat, sind nur das Produkt einer fortgeschrittenen Gwerkschaftstechnik. Die Verbands-›Diktatoren‹ wären diese Machtbefugnisse oft selber gerne los, um sich den Ärger zu ersparen, der ihnen daraus nicht selten erwächst, aber sie *müssen* sie haben, im Interesse der Sache.«

Ganz im Sinne der Rationalität der arbeitsteiligen Spezialisierung verteidigte Bruno Poersch nachdrücklich die Expansion der hauptamtlichen Funktionäre in den gewerkschaftlichen Zentralverbänden und tat die Einwände der Lokalisten gegen die Einrichtung des »besoldeten Beamtenwesens« als bloße Rückständigkeit ab. Gleichzeitig bekannte er offen, welche Institutionen das Vorbild für den Aufbau der Gewerkschaftsbürokratie lieferten:

»Jeder Staat, jede größere Gemeinde, jedes größere Unternehmen braucht Leute, die *berufsmäßig* die notwendigen Geschäfte erledigen. Jede größere Gewerkschaftsorganisation muß auch Personen haben, die berufsmäßig für dieselbe tätig sind. Stellt sie solche nicht an, so leidet die ganze Bewegung darunter, indem ein großer Teil der notwendigen Arbeit liegen bleibt und durch den öfteren Wechsel in der ehrenamtlichen Leitung eine systematische, richtige Gewerkschaftspolitik zur Unmöglichkeit gemacht wird. Die Verbände, welche in den letzten Jahren ihren besoldeten Beamtenstab erweitert haben, können nur Gutes davon berichten. Die Agitation konnte viel intensiver betrieben, der Erledigung von praktischen Fragen konnte viel näher getreten werden, so daß der Mitgliederbestand sich ganz erheblich hob und ein viel regeres Leben begann.«

Und schließlich:

»Der Zentralverband arbeitet in verwaltungstechnischer Beziehung auch viel billiger als die vielen lokalen Vereinigungen. Er schafft das notwendige Material en gros an; die Lokalen kaufen en détail ein. – Der Zentralverband erleichtert den einzelnen Orten erheblich ihre gewerkschaftliche Arbeit. Seine Statuten und Reglements sind für das ganze Reich gleich, seine Kassenführung wird nach *einem* Schema vorgenommen.«[188]

2.4. Das »Führerproblem« in den Gewerkschaften

Bruno Poersch hat nachdrücklich die Vorzüge einer effizient arbeitenden Verwaltung für die Gewerkschaften hervorgehoben, wenn darunter auch die demokratische Selbstbestimmung der Mitglieder über die Politik *ihres Verbandes* leidet. Ein Vierteljahrhundert später hat Theodor Cassau das technische Problem der Kontrolle der vielen über ihre Repräsentanten aufgegriffen und das Hindernis des niedrigen Bildungsstandes der Massen herausgestellt. Auch wenn er beide Momente als erhebliche Erschwernisfaktoren einer Willensbildung der Mitglieder in den Gewerkschaften anerkannte, appellierte er an die Spitzen des Apparates, die Demokratie auch zu wollen.

»Es ist auch hier die Tragik der Arbeiterbewegung, daß sie unter ihrer Stärke leidet, die Stärke ist die große Zahl und sie leidet unter der *mangelnden Kontrollmöglichkeit* der Exponenten der großen Zahl durch diese.

Schmoller erklärt das Immer-wieder-Aufflammen wilder Streikbewegungen nach Jahren der Ruhe aus dem Überwiegen einer neuen Generation, der die alten Erfahrungen im Kampf fehlen, die sich erst einmal die Hörner ablaufen muß. Sollte es nicht vielmehr die mangelnde Beachtung dieser Differenzierung zwischen Masse und Führer sein, die bei der Masse schließlich das Gefühl hervorruft, daß sie von denen, die ihre ganze Existenz doch im Grunde ihr verdanken, mißachtet wird? ... Die Differenzierung zwischen Masse und Führer ist vorhanden, und ihre Folgen sind weder mit Demagogie noch mit zwangsweisem Versammlungsbesuch und ähnlichen technischen Aushilfsmitteln zu beseitigen. Die Abhilfe wird vielmehr von der Erkenntnis ausgehen müssen, daß die Differenzierung in einer so komplizierten Bewegung mit so großen Aufgaben, wie die moderne Gewerkschaftsbewegung sie darstellt, naturnotwendig ist und ihre Folgen nur durch eine *Verzahnung von Basis und Spitze der Pyramide durch eine Anzahl von Zwischenstufen* ausgeglichen werden können, wobei der Wille zu wirklicher Demokratie in allen oberen Schichten vorhanden sein muß. Der stufenweise Aufbau des Apparates ist überhaupt in der Arbeiterbewegung noch zu wenig erkannt und gewürdigt worden. Sie hat besondere Schwierigkeiten zu überwinden, die sich aus dem geistigen Tiefstand der Masse ihrer Anhänger ergeben. Diese können nur überwunden werden, wenn man lernt, die Schwäche der großen Zahl zu überwinden, indem man sie durch stufenweisen Aufbau zur Wirkung kommen läßt; denn dieser legt die Entscheidung stets in die Hände von Körperschaften, die für sachliche Arbeit noch nicht zu groß und für Überwiegen der Gefühlsmomente zu klein sind ... Ihn gilt es zu fördern, aber auch diese Arbeit hat nur Wert, wenn sie von dem Willen getragen ist, jedes Mitglied zu positiver Mitarbeit heranzuziehen und die Massenbeeinflussung durch billige Regiekünste nach Möglichkeit zu vermeiden.«[189]

Theodor Cassaus Ausführungen sind Teil der industriesoziologischen Debatte um das »Führerproblem« in den Gewerkschaften und den demokratischen und sozialistischen Parteien und Verbänden. Diese Debatte stand ganz im Zeichen von Max Webers Ausführungen über die Rolle und Bedeutung des freigewählten Führers in den parlamentarisch verfaßten Staaten mit ihren Massenparteien und von Robert Michels These über deren unvermeidliche »Oligarchisierung«. Für Max Weber ist die Figur des Führers Ausdruck eines antiautoritär umgedeuteten charismatischen Legitimitätsprinzips von Herrschaft, »sie besteht überall da, wo der Herr sich als Vertrauensmann der *Massen* legitimiert fühlt und als solcher anerkannt ist.«[190] Dementsprechend formulierte Ludwig Heyde das Führerproblem als »die jeder Organisation immanente Lebensfrage nach der tatsächlichen Willensbildung in ihr; es ist keine äußere Gestaltfrage, sondern die innerste aller Fragen, diejenige, die auf Wesen und Funktionen lebendigen Gruppendaseins abzielt.«

Bezogen auf die Gewerkschaften sah Heyde das Führerproblem in den Arbeitergewerkschaften besonders im Aufstieg des Arbeiters zum Gewerkschaftsbeamten und den damit zusammenhängenden Schwierigkeiten, angefangen von dem »Hineinwachsen in die äußeren Formen der überkommenen Kultur und Zivilisation, das heißt die bürgerlichen Konventionen, Umgangssitten, Verkehrsformen, geselligen Lebensansprüche und Kulturbedürfnisse« bis hin zur Kleidung: »Das Sonntagsgewand des Arbeiters ist das Werktagskleid des Angestellten . . . Das Entscheidende ist und bleibt: Der Arbeiter ist Masse, der Gewerkschaftsbeamte ist über die Masse aufgestiegen; der wahre Führer wird die Synthese finden, in kraftvollem Miterleben dem Leid der Massen nahezubleiben, nicht Offizier ohne Soldaten zu werden, aber auch nicht ›mit den Massen zu irren‹, sondern ihnen sein Wollen evident und zum gläubigen Eigenbesitz zu machen.«[191]

Heyde unterstreicht hier nachdrücklich die Differenz zwischen den gewerkschaftlichen Beamten und der Masse der Mitglieder und sieht in der Fähigkeit des Gewerkschaftsbeamten zum weiteren »Mitleiden mit der Masse« dessen wichtigstes Verbindungsglied zu ihr, über das er effektiv diese Masse leiten und führen kann. Für Heyde ist der Gewerkschaftsfunktionär und besonders die Spitze des Verbandes der Träger der gewerkschaftlichen Politik. Wie er dessen Rolle interpretiert, geht überdeutlich aus seinem keineswegs demokratischen Beispiel, mit dem er die Kommunikation zwischen Führung und Masse beschreibt, hervor: Er vergleicht das Sondieren der gewerkschaftlichen Provinz und ihr Kennen durch die Gewerkschaftsführung mit der Kommunikation des Generalstabs zwischen ihm und der Linie durch seine Offiziere.

Heyde hat die konservative Sicht eines Sozialtheoretikers und -politikers, er sieht die Mechanik der gewerkschaftlichen Politik von oben nach unten. Für ihn sind weder die Notwendigkeit einer starken Führung noch die Zentralisation der Entscheidungen an der Spitze ein Problem. An diesem Punkt gilt es, eine wichtige Unterscheidung zwischen den theoretischen Ansätzen zu machen, die versuchen, den Verband Gewerkschaften zu typologisieren und theoretisch zu fassen.

Der grundlegende Unterschied ergibt sich aus der Einschätzung des Verbandszwecks von Gewerkschaften. Die fachsoziologischen Ansätze oder die der klassischen Nationalökonomie laufen darauf hinaus, in den Gewerkschaften einen ökonomischen Zweckverband zu sehen, der zu seiner Aufrechterhaltung nach innen und zur Durchführung der Verbandspolitik nach außen selbstverständlich einen hauptamtlichen Verwaltungsstab und eine starke Verbandsführung braucht. Die innerverbandliche Willensbildung erfolgt dabei im wesentlichen plebiszitär und ist in ihrer Richtung auf Akklamation der Politik der Verbandsführung gerichtet.

Dieser Sicht stehen die Aussagen von Theoretikern entgegen, die ihre Arbeiten als Bestandteil der Theoriebildung der Arbeiterbewegung betrachten, deren Teil die Gewerkschaften sind. Die Politik der Arbeiterbewegung ist darauf gerichtet, entweder die Lohnarbeit und damit den Kapitalismus zu beseitigen oder zumindest den Arbeitenden die »soziale Gleichberechtigung«[192] zu erkämpfen. Dieses Selbstverständnis gewerkschaftlicher Politik drückt auch der Satz von Otto Brenner aus, daß »die Demokratie ihr Lebenselement« sei.

2.5. Funktionärsverband Gewerkschaft

Wolfgang Abendroth hat im Zusammenhang mit der Frage der innerparteilichen Demokratie einen Demokratiebegriff entwickelt, der die Utopie einer »unmittelbaren Identität von Herrschern und Beherrschten« ... »zum ›Richtziel‹, dem man sich progressiv anzunähern hat«, erhebt und diese anzustrebende Identität zur »Conditio sine qua non demokratischen Denkens« erklärt: »Wer diese Zielsetzung leugnet, unterwandert den Begriff der Demokratie, wenn er ihn für sich in Anspruch nimmt. Er sollte ehrlich genug sein, ihn aufzugeben.«[193]

Nimmt man diesen Demokratiebegriff zum Ausgangspunkt der Beurteilung der innerverbandlichen Willensbildung in den Gewerkschaften, so muß man deren demokratischen Anspruch zumindest mit einem Fragezeichen versehen. Unstreitig jedenfalls bleibt die Möglichkeit ehrenamtlicher Aktivisten, die Willensbildung des Verbandes aktiv zu beeinflussen. Die Dominanz der Funktionäre nicht nur in der Tagespolitik, sondern auch in der Willensbildung ist je-

doch unübersehbar. Sie wird unterstrichen durch die Art und Weise, wie die Gewerkschaften ihre Bildungsarbeit organisieren und ausrichten. Nach Adolf Brock ist sie im wesentlichen Funktionärsbildung:
»Hauptaufgabe der Funktionärsbildung ist die Erziehung und Ausbildung zum Funktionär in den Organisationen der Arbeiterbewegungen mit dem Ziel, Bestand und Aufgaben der Organisation zu sichern und durchzusetzen, als ›Funktionär zu funktionieren‹. Drei Gruppen von Funktionären sind zu unterscheiden:
a) Hauptberufliche Funktionäre in den Arbeiterorganisationen,
b) Arbeiterfunktionäre auf Zeit, die im Betrieb und in den Unternehmen für ihre Tätigkeit als Funktionär von ihrer Berufsarbeit freigestellt sind,
c) ehrenamtliche Funktionäre im Betrieb und Unternehmen, Betriebsräte, Jugendvertreter, Vertrauensleute der Gewerkschaften.« [194]
Alle diese Ausführungen legen es nahe, im Sinne von Rupert Breitling die Gewerkschaften als Funktionärsverband zu charakterisieren:
»Funktionäre sind Fachleute (Experten), die zur Leitung des Verbandes vom Verband, seinen Organisationsstufen oder Einrichtungen als Schlüsselkräfte angestellt und bezahlt werden. Der Verband ist die Grundlage ihrer Lebensexistenz, die Verbandsarbeit ihr Beruf ... Sie sehen ihr persönliches Interesse und das Verbandsinteresse als ein und dasselbe an. Funktionäre identifizieren sich mit dem Verband, verkörpern den Verband ... Beim Funktionärsverband rangiert das Interesse der Verbandsgemeinschaft vor dem Interesse des Einzelmitgliedes. Deshalb und zur Vereinfachung der Verbandsverwaltung ist der Funktionärsverband zentralistisch aufgebaut. Alle Vollmachten und Mittel sind bei der Verbandsspitze konzentriert, von deren Entscheidung alle übrigen Organisationsstufen (Verbandsgliederungen) und alle Einzelmitglieder abhängen. Seine Größe, die Vielfalt seiner Organisationsformen und Aufgaben, seine Unübersichtlichkeit ist andererseits eine der Ursachen, warum der Funktionärsverband nur von Fachleuten geleitet werden kann, warum die Funktionäre Experten sind. Zur Deckung der Personalkosten benötigt der Funktionärsverband laufende Einnahmen aus Mitgliedsbeiträgen oder aus Einnahmen verbandseigener Unternehmen. Der Funktionärsverband strebt nach Gewinn und verwendet einen Teil seines Einflusses und

seiner Mittel zur Schaffung von Pfründen für verdiente Verbandsfunktionäre. Oberstes Verbandsorgan im Funktionärsverband ist der Verbandsvorstand. Er ist von den Mitgliedern weitgehend unabhängig, denn die Verbindung von leitender Funktion und Spezialistentum macht die Ablösung der Funktionäre durch Wahlen sinnlos. An ihre Stelle treten bewußte Schulung, Ernennung und Zuwahl (Kooptation). Verbandstage im Funktionärsverband werden zu sorgfältig vorbereiteten Kundgebungen, Wahlen zu Popularitätsdemonstrationen für die Verbandsleitung.«[195]

3. Der Funktionär – der Mann ohne Eigenschaften

3.1. »Funktionär« oder »Funktionsträger«

Im Hauptvorstand der IG Metall wird offiziell der Begriff »Funktionär« nicht mehr benutzt, man spricht von »gewerkschaftlichen Funktionsträgern«. Diese Sprachregelung kann nur als Reflex auf die negativen Bedeutungsinhalte des Begriffs »Funktionär« in der Umgangssprache verstanden werden. So eine bemerkenswerte Sprachregelung, deren Bedeutung noch dadurch unterstrichen wird, daß eine Minderheit von »Funktionsträgern« trotzig weiterhin darauf besteht, in Abgrenzung zur bürgerlichen Gesellschaft »Funktionär« zu sein, verweist darauf, daß die Gewerkschaftsfunktionäre sich selbst in diesem Begriff nicht wiederfinden. Der innergewerkschaftliche Umgang mit diesem Wort signalisiert ein Identitätsproblem.

Das ist gegenüber der Vergangenheit neu. Vor 1914 wurden die Funktionäre in den Gewerkschaften entweder nach der ausgeübten Funktion, also Redner, Lehrer, Redakteur, Zahlstellenbevollmächtigter oder Vorstandsmitglied unterschieden oder auch gemäß dem in der sozialwissenschaftlichen Diskussion geprägten Begriff als »Gewerkschaftsbeamter« bezeichnet.[196] Gegenüber dem »Funktionär« hat der Begriff des Gewerkschaftsbeamten einige Vorzüge:
– Er verdeutlicht das Vorbild, nach dem der Gewerkschaftsapparat aufgebaut wurde bzw. wen die Gewerkschaftsbeamten sich zum Vorbild nahmen;
– die Gewerkschaftsbeamten organisierten gewerkschaftliche Politik ebenso wie ihre staatlichen Namensvettern;
– ebenso wie die Beamten die Kontinuität des Staates durch seine Re-

gierungsbürokratie garantieren, stellten die Gewerkschaftsbeamten mit ihrer Arbeit »den Verband auf Dauer«.

Adolf Braun teilt die Gewerkschaftsbeamten in Außen- und Innendienstbeamte ein. Unter der »eigentlichen gewerkschaftlichen Bürokratie« verstand er diejenigen gewerkschaftlichen Angestellten des inneren Verwaltungsdienstes, die Registraturarbeiten ausführten, für die Ordnung des Materialbestandes, die Erledigung der Korrespondenzen und das Versenden von Drucksachen sorgen, die weiter die Mitgliedsbücher ausstellen und für die Buchhaltung verantwortlich sind. Von dieser Gewerkschaftsbürokratie unterschied er diejenigen, »die den Verband dirigieren«. Ihre Aufgabe besteht darin, mit allen Ebenen der Organisation in Verbindung zu bleiben, als Redner und Berater in Versammlungen aller Art zu fungieren: »Es gibt zum Beispiel im Deutschen Holzarbeiterverband nun schon einzelne Beamte, die ununterbrochen auf Reisen sind: als Kontrolleure, Tatsachenfeststeller vor Streiks, als Führer von Lohnbewegungen und als Abschließer von kollektiven Arbeitsverträgen.«[197] Diese Gewerkschaftsbeamten klassifizierte Braun als »eine gewerkschaftliche Diplomatie«.

Die Aufgliederung Adolf Brauns macht die Funktionsbereiche sichtbar, für die Gewerkschaftsbeamte verantwortlich sind. In der Auflistung ihrer Tätigkeiten entsteht das Bild ihrer Arbeit.

Mit dem Begriff Gewerkschaftsbeamter hatte die ältere Gewerkschaftssoziologie den hauptamtlichen Verbandsangestellten klar von dem gewerkschaftlichen Aktivisten »vor Ort« unterschieden. Eine solche klare Begriffsbestimmung findet sich nicht im gewerkschaftlichen Selbstverständnis, wo ausnahmslos von »Funktionsträgern« bzw. »Funktionären« gesprochen wird, die sich nur hinsichtlich ihres hauptamtlichen bzw. ehrenamtlichen Status voneinander unterscheiden.

Dieser Begrifflichkeit folgt auch weitgehend die heutige sozialwissenschaftliche Gewerkschaftsdiskussion. Im 2. Band der Studie über die Gewerkschaften in der BRD des Frankfurter Instituts für Sozialforschung, der sich mit der »gewerkschaftlichen Lohnpolitik im Bewußtsein der Funktionäre« beschäftigt, wird die in den Gewerkschaften übliche Vermischung von haupt- bzw. ehrenamtlichen Funktionären reproduziert. Im Sample werden zwar die verschiedenen Organisationsstufen (Verwaltungsstelle und Bezirksleitung) berücksicht, aber die gewerkschaftlichen Funktionäre werden nur nach »haupt-

bzw. ehrenamtlich« unterschieden. Immerhin werden die ehrenamtlichen Funktionäre in sich noch einmal eingeteilt, und zwar in die Gruppe derer, die durch »ihr Amt einen direkten Einfluß auf den organisationsinternen Willensbildungsprozeß haben: die Mitglieder von Tarifkommissionen, Hauptvorständen, Beiräten und Bezirksvorständen; die Mitglieder des Verwaltungsstellenvorstandes und des örtlichen Jugendausschusses; die Delegierten des letzten Gewerkschaftstages bzw. DGB-Kongresses sowie der letzten Bezirkskonferenz; schließlich aus den größten Betrieben des Verwaltungsstellenbereichs die freigestellten Betriebsräte und die Mitglieder von Vertrauenskörperleitungen« und »eine Zufallsauswahl der Betriebsräte und Vertrauensleute aus den größeren Betrieben im Verwaltungsstellenbereich«.[198]

Da die Studie auf das Bewußtsein der Funktionäre abstellt, haben die Autoren auf eine detaillierte Beschreibung der Aufgabengebiete der Funktionäre verzichtet. Die Antworten auf die Frage 98, mit der die Autoren nach dem Rollenverständnis des Funktionärs als Gewerkschafter fragen, liefern einige bemerkenswerte Ergebnisse. In dieser Frage standen fünf normative Sätze zur Auswahl:

Satz 1 formuliert eine organisationsbezogene Auffassung der Funktionärstätigkeit;

Satz 2 ein klassenkämpferisches Selbstverständnis;

Satz 3 »ein unpolitisches Selbstverständnis, die Aufgaben eines Gewerkschaftsfunktionärs werden als die eines ›Sozialarbeiters‹ definiert«;

Satz 4 bringt ein unspezifisches politisches Engagement der Gewerkschaften zum Ausdruck und akzentuiert die innerorganisatorische Demokratie;

Satz 5 rückt die Sorge um die Sicherung der Organisation, also die Entwicklung des Mitgliederbestands und der Beiträge in den Mittelpunkt der Funktionärsaufgaben.

46% aller befragten Funktionäre charakterisierten mit Satz 3 ihre Selbsteinschätzung, 25% wählten die Sätze 1 und 5 und nur jeweils 14% fanden ihr Selbstverständnis in den Sätzen 2 und 4 ausgedrückt.[199]

Eine Differenzierung dieses Selbstverständnisses am Beispiel zweier Verwaltungsstellen, einer der IG Metall, die in den tarifpolitischen Auseinandersetzungen der vergangenen Jahre eine wichtige Rolle gespielt hat, in denen auch die Mitglieder mobilisiert wurden, und einer Verwaltungsstelle der Gewerkschaft Textil und Bekleidung, wo solche Lohnauseinandersetzungen nicht stattgefunden haben, ergeben weitere interessante Aufschlüsse. Die Antworten wurden nach Hauptamtlichen und Betriebsfunktionäre aufgeschlüsselt. Die beiden Funktionärsgruppen bei der Gewerkschaft Textil-Bekleidung sahen zu 66% (Hauptamtliche) und 68% (Betriebsfunktionäre) ihr Selbstverständnis in Satz 3 (persönlicher Rat und Hilfe) wiedergegeben. Bei der IG Metall zeigt sich hier eine sehr wichtige Differenzierung, und zwar sehen von den Hauptamtlichen nur 7% ihre Aufgabe darin, den Mitgliedern persönlichen Rat und Hilfe zu geben, während 41% der Betriebsfunktionäre dies durchaus als ihre Aufgabe ansehen. Neben der Frage nach Art und Weise der gewerkschaftlichen Lohnpolitik – Mitgliedermobilisierung ja oder nein – dürfte die Größe des Mitgliederbestandes eine wichtige Rolle spielen. Dem unteren IG Metall-Funktionär wird es nur in Ausnahmesituationen, zum Beispiel als Rechtsschutzsekretär, möglich sein, das Mitglied persönlich zu beraten. Ganz anders dagegen die Hauptamtlichen der Gewerkschaft Textil und Bekleidung, die wesentlich weniger Mitglieder in ihrem Organisationsbereich betreuen müssen. Für die Betriebsfunktionäre hat die persönliche Beratung dagegen einen ganz anderen (Wiederwahl-)Stellenwert. Interessant ist noch, daß in der Verwaltungsstelle der IG Metall fast ⅔ der hauptamtlichen Funktionäre (64%) und ein Drittel der Betriebsfunktionäre die Stärkung des Klassenbewußtseins und die Weckung politischer Interessen bei den Mitgliedern als ihre Hauptaufgabe ansehen. Joachim Bergmann und Walter Müller-Jentsch interpretieren dieses Ergebnis aus der innerorganisatorischen Funktion dieser Gruppe, »der vor allem bei tarifpolitischen Konflikten die Aufgabe der Information, Aufklärung und Aktivierung der Mitglieder zufällt«.

»Die Vermutung, es handle sich dabei um eine instrumentelle, für die begrenzten Ziele der Tarifpolitik eingesetzte radikale Rhetorik, ist nicht stichhaltig. Ohne die subjektiv überzeugte Identifikation mit den proklamierten Zielen vermöchten sie wohl kaum ihre Aufgabe der Aktivierung von zumeist passiven Mitgliedern zu übernehmen.«[200]

Auf dem Gebiet der Parteiensoziologie hat Ulrich Lohmar »die ehrenamtlichen Mitarbeiter« der Partei unter dem Begriff des Funktionärs eingeordnet,[201] während er die Hauptamtlichen in der Partei als die »Parteibürokratie«[202] bezeichnete. In der Arbeit der Geschäftsführer, wie sie Ulrich Lohmar schildert, wird die Individualität des Partei- bzw. Verbandsfunktionärs sichtbar.

Danach »befassen sich Geschäftsführer speziell mit Finanzfragen, mit der Frauen- und Jugendarbeit, mit der politischen Bildung oder mit der Pflege des Kontaktes zu bestimmten sozialen Gruppen oder Verbänden. Die Wahlkämpfe (Tarifbewegungen bei Gewerkschaften M. W.) nehmen einen wesentlichen Teil der Zeit der Geschäftsführer in Anspruch ... Sie werben und registrieren Mitglieder, steuern ihre Meinung zu personalpolitischen Kontroversen bei, sie organisieren Parteiversammlungen und Parteifeste; kurzum, sie erinnern die Mitglieder daran, daß es in einer Partei auch Leute geben muß, die etwas tun. Gleichmaß und Berechenbarkeit des Geschehens sind ihnen dabei oberstes Gesetz. Sie bemühen sich, das Getriebe der Partei von allem freizuhalten, was in die Speichen ihres Räderwerks eingreifen und ›die äußere Form, die Organisation bedrohen könnte‹ (Robert Michels, M. W.).«[203]

Ulrich Lohmar unterscheidet sorgsam zwischen Parteibürokratie und Parteiführung. Die Parteiführung ist in den Führungsorganen Bundesvorstand und Bundesausschuß konzentriert. Die klare Unterscheidung zwischen Parteiführung und Parteibürokratie und einer damit verbundenen genaueren Funktionsbestimmung der Aufgaben beider geht im Begriff des hauptamtlichen Funktionärs bei den Gewerkschaften unter. Ihre Kompetenzen und Zuständigkeiten werden mit diesem undifferenzierten Begriff eher verwischt als geklärt.

Die Konturenlosigkeit des hauptamtlichen »Funktionärs« bzw. »Funktionsträgers« hat in der innerverbandlichen Debatte und Willensbildung negative Folgen. Das fehlende »Berufsbild« des »Funktionärs« und das Fehlen einer genauen Aufgabenbeschreibung erschweren sowohl die Aufgabenzuweisung – außer per Dekret von oben – für ihren Arbeitsplatz als auch die nachträgliche Kontrolle im Prozeß der innerverbandlichen Rechenschaftslegung. Wenn es auch kein differenziertes Bild vom Gewerkschaftsfunktionär als dem des »Experten« oder Managers gibt, so ist doch ein anderes Bild des »Funktionärs« aus der Geschichte der Gewerkschaftsbewegung heute um so verbreiteter: das »Bonzen«-bild vom Funktionär, dessen Analyse wir uns jetzt zuwenden wollen.

3.2. »Funktionär« = »Bonze«?

Der frühere DGB-Vorsitzende Ludwig Rosenberg hat das negative Image der Gewerkschaftsfunktionäre in der Öffentlichkeit mit dem anderer Verbandsfunktionäre verglichen, die über ein weitaus positiveres verfügen: »Funktionäre von Arbeitgeberverbänden und Industrie- und Handelskammern sind grundsätzlich vernünftiger als Funktionäre von Gewerkschaften. Das macht offenbar das Milieu. Funktionäre der Kirchen sind aufgrund allgemeiner Übereinkunft überhaupt keine. Funktionäre der Bauernverbände sind nur gelegentlich unvernünftig – im allgemeinen treten sie nur etwas zu massiv auf – ganz schlimm sind eigentlich nur die Funktionäre der Arbeiter, Angestellten und Beamten. Sie sind grundsätzlich dumm, frech, unverantwortlich und bringen in regelmäßigen Abständen Staat, Wirtschaft und Gesellschaft in Gefahr.«[204]

3.2.1. Die Funktionärskritik in der Arbeiterbewegung

Dieses von Rosenberg beklagte Image der Gewerkschaftsfunktionäre hat bereits eine lange Geschichte, die in der Arbeiterbewegung mit den Auseinandersetzungen um Stellung und Einfluß der hauptamtlichen Gewerkschaftsfunktionäre in der Verbandspolitik begann. Die Kritik an den Funktionären setzte in der Regel innerhalb der Gewerkschaften an ihrem Habitus gegenüber den Mitgliedern an.

Bevor wir diese Kritik zitieren, betrachten wir kurz den Boden, auf dem sich dieser Habitus entwickelt hat. Die Verhandlungsgegner, gegenüber denen die Gewerkschaftsfunktionäre die Politik ihres Verbandes formulieren und durchsetzen müssen, waren und sind die Kapitalfunktionäre aus den Chefetagen der großen Konzerne, Unternehmer, Funktionäre von Unternehmerverbänden oder Beamte der Staatsbürokratie und Politiker. Diese Gruppe hat in der Regel eine akademische Ausbildung, in ihr gibt es vorwiegend Wirtschaftswissenschaftler und Juristen. Dagegen sind die Gewerkschaftsfunktionäre bis heute nicht »gleich gut ausgebildet«. Sie waren es in der Vergangenheit noch viel weniger. Adolf Braun beschrieb 1913 diese Rolle des »Gegenübers«.

»Das Leben des Gewerkschaftsführers (muß) vielfach ein anderes sein als das seines Auftraggebers, des Arbeiters in der Werkstätte. Er muß mit den reichsten Männern des Landes, mit den großen Unternehmern, mit den oft überreich bezahlten Leitern der Unternehmerorganisationen, mit Beamten, vom Gendarmen bis zum Ministerpräsidenten verhandeln. Er muß in jeder Hinsicht die vollständige Gleichberechtigung bei den Verhandlungen fordern. Dadurch wird auch sein Auftreten bestimmt. Er muß ebenso die Möglichkeit haben, die Unternehmer und ihre Sekretäre zu empfangen, wie er sich sicher und selbstbewußt in ihren Büros bewegen können muß. Das zwingt zu Aufwendungen in der Kleidung, bei der Wahl des Hotels usw. Diese äußere Repräsentierung, die dem einzelnen oft unbequem und unsympathisch ist, wird weit weniger erzwungen durch den Wunsch des Beamten als durch die Pflichten seines Amtes.«[205]

Genau diese von Adolf Braun als notwendig charakterisierten Äußerlichkeiten im Auftreten der »Gewerkschaftsführer« waren der Ansatzpunkt für das Aufkommen des Denunziationsbegriffs »Bonze« in der innergewerkschaftlichen Diskussion. (Der Fremdwörter-Duden verzeichnet als zweiten Bedeutungsinhalt des Wortes: »verächtlich für Parteigröße«).

Wie das japanisch-portugiesisch-französische Wort »Bonze« in die deutsche Gewerkschaftsdiskussion gekommen ist, entzieht sich meiner Kenntnis. Jedenfalls haben in der Vergangenheit radikale Minderheiten in der Gewerkschaft ihre Kritik an der Politik der Gewerkschaftsführung in dieses Schlagwort gekleidet, um dem Unbehagen, das sich unter den Mitgliedern wegen der Distanz zwischen ihnen und ihrer Verbandsführung ausbreitete und das oftmals dann in Unmut umschlug, wenn die hauptamtlichen Funktionäre diesen Mitgliedern »arrogant« entgegentraten, Ausdruck zu geben. Ausführlich ist das Rote Gewerkschaftsbuch auf die Verwendung des Wortes »Bonze« in der innerverbandlichen Diskussion eingegangen:

»Die Gewerkschaftsfunktionäre nehmen in der Regel bei ihrer gewerkschaftlichen Betätigung *Eigenschaften* an, die in den Mitgliederkreisen unangenehm empfunden und als ›bürokratisch‹, ›autokratisch‹, ›streberisch‹, ›bonzenhaft‹ usw. bezeichnet werden. Es ist ein schlimmer Vorwurf von Mitgliedern gegenüber einem Gewerkschaftssekretär, er sei ein ›Bonze‹ geworden. Damit wird zumeist nicht nur die berufliche *Arbeitsweise*, die bürokratische Überheblichkeit, der organisatorische Schematismus, sondern auch die ganze *Denkart*, die geistige *Haltung* und die persönliche *Lebenshaltung* des

Betreffenden kritisiert. Nicht bloß die berufsamtliche Tätigkeit, sondern die ganze Art und Weise, wie sich der Funktionär den Mitgliedern gegenüber ›gibt‹, wird der Kritik ausgesetzt. Wenn ein Mitglied seinem Funktionär zuruft: ›Du bist so ein richtiger Bonze‹!, so meint er damit nicht bloß den ›Bürokraten‹ (der doch seine ›Pflicht tut‹) und nicht bloß den ›Autokraten‹ (der ihn doch ganz klug führt und anführt); es liegt beim Sprechen ein Unterton vor, hinter dem sich ein moralischer Vorwurf verbirgt, etwa der: ›Wie kannst du nur so tun, wo du doch durch uns, die Mitgliedschaft, das geworden bist?!«[206]

Besonders in den Jahren nach 1929, als die KPD versuchte, mittels der »Revolutionären Gewerkschaftsopposition« (RGO) selbständige Verbände neben den großen sozialdemokratischen Gewerkschaften aufzubauen, waren die Worte »Bonze« und »Bonzokratie« gängige Kampfbegriffe, um die Politik der sozialdemokratischen Gewerkschaftsfunktionäre zu denunzieren. Allerdings ging der agitatorische Kampfbegriff der KPD immer noch einher mit dem analytischeren Begriff der Gewerkschaftsbürokratie.

3.2.2. Die »Bonzenhetze« der Nazis

Signalisierte die Bezeichnung »Bonze« bis zu ihrer Umwandlung in ein kommunistisches Agitationsschlagwort in den Auseinandersetzungen der Arbeiterbewegung immer noch irgendwo die individuelle Gesprächsbereitschaft auch mit den »Bonzen«, so gebrauchten die Nazis diesen Begriff eindeutig und unmißverständlich diskriminierend als Ruf-Mord-Vokabel.

In ihrer Propaganda waren die Gewerkschaftsfunktionäre generell Bonzen, »gewöhnliche Bonzen«[207], wie sich Hitler in »Mein Kampf« ausdrückte. In den Richtlinien der nationalsozialistischen Betriebszellenorganisation (NSBO) von 1932 zum Kampf gegen den »Betriebsmarxismus« zielen die Nazis auf das bereits zitierte Unbehagen der Mitglieder gegenüber den Gewerkschaftsfunktionären:

»Die Betriebe müssen vor allen Dingen *ständig mit Flugblättern, Broschüren und Zeitungen bearbeitet werden.* Werden eigene Betriebszeitungen herausgegeben, so sind in den Illustrationen und im Text die *Herren Arbeitgeber und leitenden Beamten nach Möglichkeit nicht zu kritisieren.* Ist es unumgänglich notwendig, dann in *maßvoller* Form. *In den Betriebszeitungen ist vor allem aufs schärfste das heutige System anzugreifen, sowie die arbeiterverräterische Politik der Gewerkschafts- und SPD-Bonzen. Gerade das letztere leuchtet dem Arbeiter am meisten ein. So zum Beispiel Lebensweise und Gehalt der Bonzen (insbesondere ist Privatleben derselben zu beobachten, ihr Werdegang usw.).* Hier muß vor allem verstanden werden, die soziale Lage des Arbeiters der der Bonzen gegenüberzustellen und deren einstigen Berufen ... Wir dürfen in der Politik kein Mittel scheuen, und gerade Weckung des persönlichen Neides und Minderwertigkeitsgefühls beim Arbeiter führen oft später zur Reife politischer Erkenntnis.«[208]

Die Kämpfe innerhalb der Arbeiterbewegung, in denen das böse Wort von den Bonzen kursierte und der Totschlagbegriff der Nazis haben die Gleichsetzung des Gewerkschaftsfunktionärs mit »Bonze« tief in das allgemeine Sprach(unter)bewußtsein eingehämmert.

3.2.3. Das Feindbild »DDR-Funktionär«

Verstärkt wurde das negative Image des Gewerkschaftsfunktionärs in der Bundesrepublik noch durch die Funktionärs-Inflation in der DDR. Dort gab es fast nur noch Funktionäre, die sich öffentlich äußerten als »Beauftragter, Vertrauensmann, Angestellter einer Partei oder einer Massenorganisation«[209] Bleibt noch anzumerken, daß im Wörterbuch der marxistisch-leninistischen Soziologie in beiden Auflagen der von 1969 und der neuen von 1977, das Stichwort »Funktionär« fehlt. Immerhin wird in der Auflage von 1977 der Funktionär im Stichwort »Kader« wenigstens erwähnt.[210]

Die bundesdeutsche Öffentlichkeit machte daher insbesondere die DDR-Funktionäre als die Systemträger für die schlechte Wirtschaftsführung, den Terror gegenüber Andersdenkenden, die borniete Kulturpolitik und anderes mehr verantwortlich. Der Funktionär wurde zum Abgrenzungs- und Propagandabegriff. In der bundesdeutschen Definition des DDR-Funktionärs – besonders der des SED-Funktionärs – verbinden sich die Trägerschaft des Regimes mit der Privilegierung der Funktionäre gegenüber der Bevölkerung.[211] Damit knüpft ein wesentlicher Bedeutungsinhalt der bundesdeutschen Definition des DDR-Funktionärs unmittelbar an den bereits genannten Wortsinn des Bildes vom »Bonzen« an. Es ist dieser Bedeutungshintergrund, der in der aktuellen Debatte aktiviert wird, wenn es um den »Funktionärsstaat« oder die »Macht der Funktionäre« geht.

Der Begriff des Funktionärs ist von seiner Entstehung und seiner Verwendung her so mit der Geschichte der Arbeiterbewegung und den Gewerkschaften verbunden, daß die Funktionäre von anderen Interessenverbänden (»Geschäftsführer«) in der öffentlichen »Funktionärs-Diskussion« vollkommen außer Betracht bleiben. Bezeichnend für den Umgang mit dem Begriff des Funktionärs ist noch, daß er nicht weiter präzisiert wird. So betitelt Günther Triesch sein Buch über die bundesdeutschen Gewerkschaften zwar »Die Macht der Funktionäre«, aber eine Begriffsbestimmung, wer und was ein Funktionär ist, wird man darin vergeblich suchen. Der Funktionär – ein »gewöhnlicher Bonze«?.

Bei der Eingängigkeit und Wirksamkeit des Images vom »machtbesessenen Gewerkschaftsfunktionär« dürfte sich zumindest unterbewußt das Leitbild vom Parteifunktionär und der Rolle des Parteiapparats in den Gesellschaften des »realen Sozialismus« anbieten. Dort ist der Parteiapparat das zentrale Lenkungssystem aller sonstigen staatlichen und gesellschaftlichen Verwaltungen. Genau auf diese Funktion zielt das Bild von der Rolle der Gewerkschaft im »Gewerkschaftsstaat«, wie er in den letzten Jahren in der bundesdeutschen Öffentlichkeit diskutiert wurde:

»Im Frühjahr 1974 war der Anteil der Bundesbürger, die glaubten, daß die Gewerkschaften ›den meisten Einfluß in Gesellschaft und Wirtschaft‹ haben, sprunghaft auf 77% gestiegen. (Laut Umfrage des Wickert-Instituts, M. W.) Es muß sehr vieles zusammengekommen sein, um ein solches Meinungsbild zu bewirken: Der fast täglich in Presse und Funk geäußerte Allzuständigkeitsanspruch des DGB, das überzogene Auftreten maßgebender Funktionäre in der Öffentlichkeit mit der unglaubwürdigen Klage, ihre Forderungen würden nicht ausreichend berücksichtigt; das weitgehende Drohen mit der eigenen Macht zur Durchsetzung ihrer Interessen; das Unbehagen der Bürger über massive gewerkschaftliche Einwirkungen auf die Politik.«[212]

3.2.4. Das »Feindbild« Gewerkschaft

Karl Otto Hondrich hat in seiner vergleichenden Analyse über »die Ideologien von Interessenverbänden« die Äußerungen des Bundesvorstandes der Deutschen Industrie (BDI), der Bundesvereinigung der Deutschen Arbeitgeberverbände (BDA) und des Deutschen Gewerkschaftsbundes gegeneinander abgewogen und ist ausführlich auf die Funktionen eingegangen, die sie für die Verbände haben. Dabei hat er eine gemeinsame Struktur der vorgetragenen Verbandsideologien herausgefunden, deren wichtigstes Merkmal darin besteht, »daß sie dem einzelnen Unternehmer und Arbeitnehmer eine umfassende Orientierung über seine Stellung in der Welt vermitteln«.

Hierbei spielt der »Feind-Verband« eine wichtige Rolle. Das beginnt damit, daß »man ihn als Popanz ausstaffieren und so der allgemeinen Verachtung preisgeben [muß]«, denn

»wenn die Absichten des Gegners entstellt werden, so hat das nicht zuletzt die Funktion, die Gefährlichkeit der gegnerischen Pläne heraufzubeschwören und sie dadurch zugleich zu bekämpfen. Die Ideologien aller drei Verbände sind um das Aufzeigen von Gefahren, die von der Gegenseite drohen, nicht verlegen. Aus der Bekämpfung dieser Gefahren entwickeln sie zugleich ihre Aufgaben für die Zukunft...

In den Augen der BDA bedrohen die Gewerkschaften mit ihren Machtansprüchen und der ›zügellosen Ausnutzung ihrer Machtposition‹ diese erwünschten Gleichgewichtszustände (Tarifautonomie, Preisstabilität und sozialer Friede, M. W.). Der DGB seinerseits wirft der Gegenseite einen ›rücksichtslosen Willen zur Macht‹ vor. Beide Seiten versuchen einander also durch den Machtvorwurf zu diskreditieren...

Die Anprangerung der Macht an sich und der scheinbare Machtersatz Sachlichkeit haben eine gefährliche Konsequenz: Sie erwecken den Anschein, als seien Verteilungsprobleme und Probleme der menschlichen Gesellschaft überhaupt ohne Macht und politische Entscheidungen, rein sachlich zu lösen. So wird von dem eigentlichen Problem der Macht: ihrer Kontrolle abgelenkt auf einen Gegensatz, der nicht besteht: zwischen Macht und Sachlichkeit.«[213]

Die Analyse der Dramaturgie der Verbandsideologien ist ein Schlüssel zum Verständnis der »Funktionärsstaats-Diskussion«, die ja zusammenfiel mit jenem »Semantik-Krieg«, der bewußt vornehmlich von der CDU/CSU und den Konservativen in der Bundesrepublik um die Besetzung der Bedeutungsinhalte der politischen Sprache geführt wurde und wird.

In der aktuellen »Feindbild-Debatte« über die Gewerkschaften wird zumindest unterschwellig mit dem Bild vom Funktionär als dem Bonzen gearbeitet. Die vorgetragenen Ideologien zielen ja darauf, in der politischen Öffentlichkeit das gesellschaftliche Denken über die Gewerkschaften und ihre Funktionäre zu beeinflussen und womöglich zu programmieren. Diese Propaganda hat nachhaltige Rückwirkungen auch auf das Selbstverständnis von Gewerkschaftsfunktionären und -mitgliedern, und sie steht damit einer präzisen Begriffsbestimmung des »Berufsbildes« Gewerkschaftsfunktionär nicht nur im Wege, sondern verstärkt die Konturlosigkeit des Funktionärsbildes. Da aber, wie ich bereits angeführt habe, die Begrifflichkeit der innerverbandlichen Diskussion oftmals von der Sozialwissenschaft undifferenziert übernommen wird, beeinträchtigen deren Schlagworte nicht nur die sozialwissenschaftliche Analyse der Gewerkschaften, sondern jegliche öffentliche Diskussion.

In den ideologischen Scheingefechten um solche Schimären wie »Gewerkschaftsstaat« wird die unmittelbare Auseinandersetzung um Themen und Gegenstände der gewerkschaftlichen Tagespolitik für alle Beteiligten mehr vernebelt als geklärt. Damit wird »Glaube« verbreitet, aber nicht »Wissen«, und es entstehen groteske Legenden, die rationale Auseinandersetzung und öffentliches Abwägen der Gründe und Folgen einer bestimmten Politik unmöglich machen. Dies läßt sich am Beispiel der Diskussion um die Berufsbildungspolitik der Gewerkschaften sehr gut nachzeichnen.

Ganz oben stand in der Öffentlichkeit der Streit um die unterschiedlichen Machtansprüche von Gewerkschaften und Unternehmern bei der Organisation und der Bestimmung der Inhalte der Berufsausbildung. Dieser Streit hatte durchaus die Qualität der Auseinandersetzung um den »Gewerkschaftsstaat«. Er kam über Allgemeinplätze und mehr oder weniger griffige Agitationsformeln nicht hinaus. Die Fülle »funktionaler« und grundsätzlicher Probleme, die durch eine Reform der Berufsausbildung gelöst und zu der gewerkschaftlichen Politik einen oder sogar den entscheidenden Beitrag liefern sollte, wurde dagegen kaum oder nur unzureichend zur Kenntnis genommen. Die im Stil der »Wir-fordern-Politik« vorgetragenen gewerkschaftlichen Reformkataloge ließen sich darauf auch nicht ein; das hatte innerverbandlich die Folge, daß zum Beispiel bei der Gewerkschaftsjugend zwar ein Gefühl für die Notwendigkeit der Reform, die sie forderte, verbreitet war, aber mit keiner Silbe wurde darauf eingegangen, welche Schwerpunkte der anzustrebenden Reform von den Gewerkschaften aktiv durch ihr Tun gesetzt werden könnten. Die zuständigen Funktionäre erklärten auf die Frage, warum die gewerkschaftliche Argumentation in Sachen Berufsbildungsreform auch innerverbandlich nicht über Allgemeinplätze hinauskomme, daß die Mitglieder diese schwierigen Detailprobleme doch nicht verstehen würden.

Sie beschränkten mit dieser Art der ideologischen Argumentation den Kreis der sich kompetent fühlenden Personen in der Gewerkschaft. Damit verzichteten die Verantwortlichen darauf, den Sachverstand der Lehrer und Ausbilder, die die Lehrlingsausbildung organisierten, zu nutzen und aktiv in die Auseinandersetzung um die Reform der beruflichen Bildung einzubringen, von einer möglichen Beteiligung der Lehrlinge ist erst gar nicht zu reden. Diese Vorgehensweise der Gewerkschaften ermöglichte es den Arbeitgeberverbänden die Öffentlichkeit relativ leicht davon zu überzeugen, daß es bei der Reform der Berufsausbildung nur um einen neuen »Machtanspruch der Funktionäre« ging.

Immerhin vergrößerte diese Argumentation innerverbandlich den Spielraum der bürokratischen Vertretungspolitik der zuständigen Funktionäre, weil der Kreis derjenigen klein gehalten wurde, der eine kompetente Beratung und Kontrolle ihrer Politik hätte tragen können.

Somit liegt die »Popanz-Bildung« der Verbandsideologie der Arbeitgeber durchaus im Interesse der gewerkschaftlichen »Fachbeamten«, da der Streit um die Gewerkschaftspolitik nicht primär darum geht, was sie tatsächlich machen. Der »Popanz-Bildung« muß statt dessen von den eigenen Ideologen widersprochen werden. Die Gewerkschaftsvorstände können gegnerische »Popanz-Bildung« ausschlachten, um die innerverbandlichen Debatten über ihre Politik auf das Problem der Solidarität aller Kollegen gegen diese »gemeinen Verleumdungen« der Gewerkschaften durch den »Klassenfeind« zu reduzieren.

Es bildet sich innerverbandlich eine doppelte Ebene des Verständnisses gewerkschaftlicher Politik:

1. Die nach außen gekehrte öffentliche Auseinandersetzung mit der gegnerischen Verbandsideologie, die als »Popanz-Diskussion« geführt wird, und

2. die Ebene des stillen sachlichen Vollzugs der tatsächlichen Gewerkschaftspolitik, bei der zähe Verhandlungen um einzelne Details und der tagtägliche Kompromiß mit der Gegenseite typisch sind. Da diese Seite nicht spektakulär ist, fällt sie nicht auf und wird kaum öffentlich.

Diese doppelte Ebene gilt auch für den Gewerkschaftsfunktionär. Das offizielle Bild, das die konservative bzw. unternehmerische Propaganda von ihm zeichnet, steht in einem auffallenden Kontrast zur offiziellen, aber nicht öffentlich geäußerten Respektierung des individuellen Funktionärs als Verhandlungspartner.

Man könnte den Eindruck gewinnen, daß die »Popanz-Diskussion« um den »Funktionärsstaat« den Gewerkschaftsfunktionären irgendwie ganz gut in den Kram paßt, wird doch ihre »Wir-fordern-Politik« vom Gegner öffentlich als »gefährlich« anerkannt. Die wirkliche Gewerkschaftspolitik wird nicht öffentlich und der Kreis derjenigen, der sie kritisch innerverbandlich diskutiert, ist klein, weil die Mehrheit der Mitglieder und ehrenamtlichen Aktivisten auf die »Popanz-Diskussion« fixiert ist. Durch die zwei Ebenen ist aber weder eine sachliche Willensbildung über die einzuschlagende Gewerkschaftspolitik möglich, noch kann eine effektive Kontrolle der Ausführung der einmal beschlossenen Politik durch die Betroffenen erfolgen.

Für einen »Funktionärsverband« ist das ja auch nicht wichtig, sind doch für ihn die Mitglieder auch nur Gegenstand, aber nicht Subjekt der Verbandspolitik.

4. Der Funktionär – Beschreibung eines Berufsbildes

Indem die IG Metall versucht, mit der Sprachregelung Funktionsträger statt Funktionär diesen Begriff aus dem gewerkschaftlichen Selbstverständnis und der öffentlichen Debatte zu verbannen, erkennt sie an, daß die Distanz zwischen Funktionären und Mitgliedern real existiert, und daß diese Distanz, verbunden mit der öffentlichen Auseinandersetzung, genug Stoff liefert, um das Bild »Funktionär« = »Bonze« immer wieder neu zu reproduzieren. Es ist ein völlig aussichtsloses Unterfangen, den Begriff des Funktionärs aus der politischen und sozialwissenschaftlichen Sprache eliminieren zu wollen, um ihn durch einen Kunstbegriff, der möglichst griffig und weder historisch noch emotional besetzt ist, zu ersetzen. Der Versuch zeigt nur, daß die Distanz zwischen Funktionären und »ihren Mitgliedern« fortbesteht und ihr Verhalten und ihre Politik immer wieder Stimmungen bei »ihren Mitgliedern« erzeugt, die das böse Bild vom »Bonzen« wieder aufleben lassen, und die es den Popanzbildnern ermöglicht, »echtes Material« für ihre Zwecke zu verwenden. Da die Funktionäre sich selten zu ihrem »Berufsbild« äußern und gelegentlich versucht sind, sich und anderen weiszumachen, ihr Amt wäre eine undankbare und schwere »Bürde«, das für sie keinerlei Vorteile beinhalte, helfen sie sogar mit, die Vermutung zu nähren, »sie hätten etwas zu verbergen«. Um die Diskussion von der Ebene des Rufmordes, nichts anderes ist die »Bonzenhetze«, wegzubekommen, gibt es nur den Weg, ein »Berufsbild Gewerkschaftsfunktionär« zu entwickeln.

4.1. Herkunft und Qualifikation

Ulrich Borsdorf hat die Biographien deutscher Gewerkschaftsführer von den Anfängen der Gewerkschaften am Ende des vorigen Jahrhunderts bis heute verfolgt. Er schreibt über die Verschiebung der Herkunft der Spitzenfunktionäre:

»Sind es vor dem ersten Weltkrieg die Handwerker, so treten in der Weimarer Zeit auch Facharbeiter hinzu. Nach 1945 beginnen die Angestellten, die Führungspositionen zu erklimmen ... Die gewerkschaftliche Funktionärslaufbahn ist ein besonderer Karriereweg für Arbeitnehmer mit formal geringerem Schulabschluß, als er in anderen Eliten verlangt wird, geblieben.« Borsdorf geht dann auf das Durchschnittsalter der Vorsitzenden zum Zeitpunkt ihrer Amtsübernahme ein, das in der Regel hoch ist und bei Mitte 50 liegt. Das begründet er folgendermaßen:

»Die Gewerkschaften rekrutieren ihre Führungen aus sich selbst. Eine Hereinnahme von Angehörigen anderer Eliten findet nicht statt, es gibt ein, wenn auch nicht formalisiertes, festes Aufstiegsschema. Innergewerkschaftlich ist der Wechsel in Führungspositionen personell nur im Rahmen der jeweiligen Gewerkschaft möglich. Der Wechsel in dem DGB erfolgt nur in einer Richtung – in der Regel ist der DGB die Endposition. Und dies auch, weil die Zirkulation in den Positionen minimal ist. Abwahlen finden so gut wie nie statt ... das

Ausscheiden aus dem Amt geschieht, wenn nicht aus Gesundheitsgründen, mit dem Erreichen der Altersgrenze.«[215]

Die Ergebnisse einer Untersuchung über den Beruf des DGB-Sekretärs, die im Auftrag des DGB von der Friedrich-Ebert-Stiftung vorgenommen wurde, bestätigen im Trend die Aussagen, die Ulrich Borsdorf für die Vorstandsetage des gewerkschaftlichen Dachverbandes gemacht hat. Danach sind 94% der DGB-Sekretäre Männer, 26% der Kreisvorsitzenden sind älter als 57 Jahre, 79% älter als 47 Jahre, selbst 39% der Organisationssekretäre sind 47 Jahre und älter.[216]

Die DGB-Position als Endpunkt einer Karriere als Gewerkschaftssekretär, die Ulrich Borsdorf für die Vorsitzenden konstatierte, gilt auch für die unteren Organisationsebenen des DGB. Das hohe Einstiegsalter in die hauptamtlichen Funktionen hängt auch damit zusammen, daß die Tätigkeit des Gewerkschaftsfunktionärs ein Zweitberuf ist. Die Studie der Friedrich-Ebert-Stiftung bestätigt die These, daß die Stellung als Gewerkschaftssekretär eine der wenigen Aufstiegsmöglichkeiten für Lohnabhängige mit einem vergleichsweise geringen Schulabschluß bietet. 70% der befragten Funktionäre haben einen Volks- oder Hauptschulabschluß, 10% einen Hochschulabschluß und 73% waren vor ihrer Tätigkeit als Gewerkschaftsfunktionär Betriebs- oder Personalrat. 41% der Gewerkschaftsfunktionäre besuchten im Rahmen des Zweiten Bildungsweges eine Akademie. Es sind dies die »Akademie der Arbeit« in Frankfurt mit dem ihr angeschlossenen Rechtsseminar, die »Sozialakademie« in Dortmund und eingeschränkt auch die »Hochschule für Wirtschaft und Politik« (HWP) in Hamburg. Die »Akademie der Arbeit« und die »Sozialakademie« sind im Wortsinn Gewerkschafts-Akademien, während die »HWP« eine selbständige Bildungseinrichtung ist, deren Lehrprogramm nicht auf die Ausbildung von Gewerkschaftsfunktionären ausgerichtet ist. Bemerkenswert ist der hohe Prozentsatz von ehemaligen Personal- und Betriebsräten unter den DGB-Sekretären. Dies ist ein Indiz für die Kooperation zwischen den beiden tragenden Säulen der bundesdeutschen Gewerkschaftsbewegung: den hauptamtlichen Funktionären und den freigestellten Betriebsräten.

Die an der Hamburger »Hochschule für Wirtschaft und Politik« 1973 durchgeführte Studie über die berufliche und soziale Situation von Gewerkschaftssekretären am Beispiel des DGB und seinen Einzelgewerkschaften im Kreis Hamburg bestätigen die Ergebnisse der umfangreicheren Studien der Friedrich-Ebert-Stiftung von 1977/78. Danach stammt fast die Hälfte der befragten Gewerkschaftssekretäre aus Arbeiterfamilien. Die Sekretäre haben in der Mehrzahl einen Arbeiterberuf ausgeübt, die restlichen Befragten stammten aus Angestellten- und Beamtenfamilien und haben in diesem Bereich gearbeitet. Was den Schulabschluß der Hamburger Gewerkschaftsfunktionäre angeht, so war er etwas höher als der von der Friedrich-Ebert-Stiftung ermittelte Wert. Von den befragten Gewerkschaftsfunktionären hatten 54% einen Volksschulabschluß, 31% hatten die mittlere Reife oder einen gleichwertigen Abschluß und die restlichen sogar das Abitur.

Nachdrücklich unterstrichen wird das Ergebnis über den Zusammenhang von ehrenamtlichen Funktionen als Voraussetzung und Einstellungsbedingung für die *Hauptamtlichen*: »Das Reservoir, aus dem Gewerkschaften ihre Mitarbeiter rekrutieren, ist also der ehrenamtliche Funktionärskörper. Diese Aussage wird durch das erhobene Material voll unterstützt.«[217]

Die Gewerkschaftsfunktionäre kommen also mehrheitlich aus Arbeiter- und Angestelltenfamilien. Bevor sie Gewerkschaftssekretär wurden, waren sie in diesem Bereich tätig. Sie haben mehrheitlich einen niedrigen bis mittleren Schulabschluß, waren vor ihrer hauptamtlichen Tätigkeit ehrenamtliche Aktivisten, und ihre Rekrutierung geschah im Wechselspiel zwischen Arbeitsplatzangebot des hauptamtlichen Apparates und dem Einfluß der wichtigen ehrenamtlichen Aktivisten in der die Besetzung betreibenden Ebene der Gewerkschaftsorganisation.

4.2 Kenntnisse und Fertigkeiten der Gewerkschaftsfunktionäre

Es gibt keine formalisierte Ausbildung zum Gewerkschaftssekretär. Das organisatorische und politische Handwerkzeug eignen sich die Gewerkschaftsfunktionäre im wesentlichen autodidaktisch an, und zwar in ihrer Tätigkeit als ehrenamtliche Aktivisten im Betrieb. Das gilt sowohl für ihre Fähigkeit zur Repräsentation nach außen als auch für die Kenntnisse und Fertigkeiten in den innerorganisatorischen Auseinandersetzungen. Allerdings gehen der GB seit 1975 und seit 1978 die ÖTV dazu über, den Funktionärsnachwuchs in einer 18-monatigen Ausbildung zu schulen. Die Studie der HWP befragte die

Funktionäre auch nach ihren fachlichen Kenntnissen und Fähigkeiten und kam zu folgenden Ergebnissen:
»Die genannten Fähigkeiten und Qualifikationen sind sehr heterogen. Das läßt die Vermutung zu, daß die Antworten in starkem Maße durch die konkreten Erfahrungen und auch Einstellungen der einzelnen beeinflußt worden sind und daß es keine exakt zu spezifizierenden Qualifikationen gibt, die durchgängig von allen Gewerkschaftssekretären erbracht werden müssen. Hierfür gelten jedoch zwei Einschränkungen. So werden von den meisten Gewerkschaftssekretären (77%) Kenntnisse im Arbeits-, Tarif- und Sozialrecht als erforderlich angesehen. Daneben nehmen einen sehr breiten Raum die Nennungen ein, die Führungseigenschaften und den Umgang mit Menschen betreffen (86%); hierzu gehören z. B. Überzeugungsvermögen, rhetorische Fähigkeiten, Lebenserfahrung, Menschenkenntnis, Einfühlungsvermögen und psychologische Kenntnisse jeweils in den vielfältigsten Kombinationen. Erstaunlich ist, daß organisatorische Fähigkeiten nur von 4 Gewerkschaftssekretären genannt werden; Berufserfahrungen bzw. Kenntnis der zu betreuenden Berufsgruppe wird von 10 Gewerkschaftssekretären (29%) erwähnt. Nur 13 Gewerkschaftssekretäre (37%) nennen das Erfordernis, wirtschaftliche und/oder politische Zusammenhänge erkennen zu können.«[218]

Wenn auch der Beruf des Gewerkschaftsfunktionärs, der mittlerweile knapp 100 Jahre alt ist, unzweifelhaft als »verfestigt« angesehen werden muß, so ist es doch bemerkenswert, daß bislang beim Eintritt in die Laufbahn des Hauptamtlichen keine formalisierte Ausbildung erwartet und vorgenommen wurde.

Für das Funktionieren der gewerkschaftlichen Tagespolitik, wie sie sich in der Bundesrepublik herausgebildet hat, erscheint es aber auch nicht weiter erforderlich zu sein, eine formalisierte Ausbildung für diesen Beruf zu entwickeln. Dort, wo sie unabdingbar ist, wie z. B. bei den Rechtsschutzsekretären oder Pressereferenten, wird diese Qualifikation entweder in eigenen Akademien vermittelt (Rechtsseminar in Frankfurt für die Rechtsschutzsekretäre) oder werden entsprechend qualifizierte Personen eingestellt. Die Ausbildung zum Gewerkschaftsfunktionär findet in ausreichendem Maße in der Praxis der ehrenamtlichen Aktivisten statt, um die Verbandsfunktionen der Gewerkschaften nach außen und innen gewährleisten zu können.

Die von der HWP-Studie zitierten Fähigkeiten, die die befragten Gewerkschaftsfunktionäre selbst angegeben haben – ihr Erwerb kann in der Tat nur in der Praxis erfolgen – sind nur schwer in einer formalisierten Ausbildung zu vermitteln, dort könnte man z. B. »Menschenkenntnis« und »Überzeugungsvermögen« nur bedingt lernen.
Bereits im Zusammenhang mit dem Habitus des Gewerkschaftsbeamten haben wir die Bedeutung des Kontrahenten für das Selbstverständnis der Gewerkschaftsfunktionäre von ihrem Beruf diskutiert. Nach der Studie der HWP ordneten 31% den Beruf des Gewerkschaftssekretärs in die Kategorie 1 (leitende Angestellte und Beamte, Professoren, Ärzte, Richter, Rechtsanwälte) ein. Diese Kategorie repräsentiert die obere Mittelschicht, während sich 60% der Befragten in die mittlere Mittelschicht eingliederten (mittlere Angestellte und Beamte, Ingenieure, Fachschullehrer, mittlere Geschäftsinhaber, Apotheker) und nur eine verschwindende Minderheit stellte den Gewerkschaftssekretär auf die gleiche Stufe mit den unteren Angestellten, Kleinhändlern und hochqualifizierten Arbeitern.
Diese Selbsteinschätzung der Qualität ihres Berufes wird in entscheidendem Maße dadurch geprägt, daß die Funktionäre einen wichtigen Verband in der Öffentlichkeit repräsentieren. Zum gleichen Ergebnis kommt die Studie der Friedrich-Ebert-Stiftung. So sind die DGB-Sekretäre nicht mehr die »Schutzengel für den einzelnen Arbeitnehmer«, sondern sie sind »zur Schaltstelle von institutionalisierten Kontakten« geworden:
»33% der bei den Kreisstellen vorstellig werdenden Mitglieder waren Vertrauensleute, 29% Betriebs- oder Personalräte, 16% Mitglieder von Selbstverwaltungsorganisationen, 7% Arbeitsrichter. Als Anlaß ihres Besuchs nannten die Befragten öffentliche und bildungspolitische Veranstaltungen, Schulungen, DGB-Angebote von Urlaubsreisen, Steuerberatung. Die basisnahe DGB-Stelle ist auch da Umschlagplatz der Kommunikation in der Gewerkschaftsorganisation und mit den Funktionären, nicht der ›nur‹ Beitrag zahlenden Mitglieder.«
Die Rolle des DGB als der Repräsentationsbürokratie für die Lohnabhängigen in den Proporzgremien der staatlichen Verwaltung und in Parlamenten und Parteien wird in derselben Studie offenbar bestätigt. 90% der DGB-Sekretäre gehören einer politischen Partei an und sind zu »über 49% Mitglied eines Parlamentes. Jeder fünfte ist

ehrenamtlicher Richter, die Hälfte unterhält berufliche Gesprächskontakte zur SPD und Jusos, 40% zur CDU und 41% zur FDP«.[219]

Auch hier zum Vergleich die Zahlen der Hamburger Befragung. Dort gehörten 89% einer Partei an, und zwar ausschließlich der SPD, die überwiegende Mehrheit der SPD-Mitglieder (55%) hat Parteifunktionen ausgeübt oder übt sie aus, die meisten Gewerkschaftssekretäre, nämlich 86%, »hielten es für nützlich und erforderlich, daß Gewerkschaftssekretäre Funktionen in Parteien und Parlamenten ausüben« und 66% »sind sogar der Auffassung, die Übernahme einer solchen Funktion sei häufig unvermeidlich«.[220] In bezug auf die politische Betätigung der Gewerkschaftsfunktionäre, die ja offenbar nach ihrer Selbsteinschätzung so gut wie unvermeidlich ist, erhebt sich die Frage: Welche Politik verfolgen die Gewerkschaftsfunktionäre in den Parteien? Sind für sie die Gewerkschaftsfunktionen nur das Sprungbrett zu einer politischen Karriere? Der amerikanische Gewerkschaftssoziologe Selig Perlman hielt die Abwanderung gewerkschaftlicher Führungskräfte in die Politik für ein Zeichen der Schwäche der Gewerkschaften und Ausdruck einer Krise.[221]

Die positive Haltung der Gewerkschaftsfunktionäre zu ihrer aktiven parteipolitischen Betätigung wurzelt besonders in der Tradition der Sozialdemokratischen Partei. So hatten bereits in der Nationalversammlung 1919 Gewerkschaftsfunktionäre 38,2% aller SPD-Mandate inne, im Reichstag von 1920 waren es 31,9% und auch der Anteil von Gewerkschaftsfunktionären an den USPD-Mandaten war erwähnenswert. 1919 in der Nationalversammlung waren es 13,6% und 1920 im Reichstag 18,5%.[222] Zur Tradition kommt jener mit ihr zusammenhängende Vorstellungskomplex hinzu, den Siegfried Braun »die Machtanbetung« genannt hat, »jene Einstellung ... die alles von einer Machtveränderung durch politische Reformen oder einen Machtumschlag durch politische Revolution erwartet«, sowohl im Denken der Funktionäre als auch der Mitglieder ist Politik »auf die Sphäre der Gesetzgebung reduziert«.

Mit dieser Auffassung von Politik hängt zusammen, daß die Gewerkschaften die vorgefundene Arbeitsteilung zwischen Interessenverbänden und Parteien akzeptiert haben. Gewerkschaftsfunktionäre reflektieren gegenüber Parteien und Konkurrenzverbänden »politische und geschichtliche Situationen und ihre Aufgaben auf der Ebene von (bürokratischen) Statusproblemen«, und sie reduzieren Politik allzu gerne auf Personalpolitik, wo es darum geht, »die ›eigenen Leute‹ in die entscheidenden und gehobenen Plätze zu bringen«.[223]

Aber es ist einfach irreführend, aus der Zahl der Abgeordneten, die Gewerkschaftsmitglieder sind, auf die politische Macht der Gewerkschaften zu schließen.

Die Gewerkschaftsfunktion ist als Sprungbrett für eine politische oder öffentliche Karriere dienlich. Dies kann aber nicht als bewußte gewerkschaftliche Parteipolitik gewertet werden. Blockabstimmungen von Gewerkschaftern unterschiedlicher Parteien quer durch Regierungs- und Oppositionsparteien hindurch sind in Deutschland so gut wie ausgeschlossen. In solchen Fällen hat im Zweifel immer die Partei recht und nicht die Gewerkschaft.

4.3. Funktionärsvorbild Manager

Auf die Vergleichbarkeit von Funktionär und Manager als eines neuen »Führungstyps« der verwalteten Massengesellschaft hat Eugen Kogon bereits auf dem 2. Europäischen Gespräch des DGB 1952 hingewiesen:

»Wir leben also in einer mehr und mehr verwalteten Welt. Daß diese verwaltete Welt eigene Führungstypen hervorbringen muß, scheint mir selbstverständlich zu sein. Das war, wenn man den Ausdruck ›natürlich‹ im organisatorischen Gefüge der Gesellschaft anwenden darf – ein natürlicher Vorgang in der modernen Gesellschaft. Diese Führungstypen nennen wir heute entweder ›Funktionäre‹ als die Delegierten, die Beauftragten, der an sich souverän gemeinten Mitglieder solcher Organisationen oder Kollektive; oder wir nennen sie an bestimmten Standorten der Gesellschaft, vor allem in der industriellen Produktion, ›Manager‹. Mit dem Wort ›Manager‹ sind viele Gefühle verknüpft und meistens recht negative . . . Die Probleme, die sich da erheben, sollten wir nicht moralisch bewerten, sondern sie gesellschaftlich sehen: wo ist die Abgrenzung der Kompetenzen in diesen Sachbereichen; wie kann die Ausübung führender Funktionen in ihnen kontrolliert werden; welche Qualitäten sind von den, die Funktionen Ausübenden, zu erwarten?«[224]

Eugen Kogon hat die Sinnfrage der Arbeit von Funktionären und Managern für Individuen und Gesellschaft gestellt, indem er Technik und rationale Organisation und deren Funktionäre danach befragte, ob sie »wirkliche Hilfsmittel« sind, »die die Existenz des Menschen erleichtern und die Kulturentwicklung sichern«.[225] Um aber die Verwendung des Begriffs Manager für den Gewerkschaftsfunktionär ausführlicher zu begründen, bedarf es noch einer genaueren Bestimmung dessen, was ein Manager eigentlich ist. James Burnham verstand unter Manager jene Personen, die mit ihrer Arbeit die »Aufgabe der technischen Leitung und Koordinierung des Produktionsprozesses« lösten:

»Alle erforderlichen gelernten und ungelernten Arbeiter und alle Wissenschaftler und Ingenieure reichen nicht aus, um Automobile herzustellen. Die verschiedenen Aufgaben müßten organisiert und koordiniert werden, so daß die verschiedenen Rohstoffe, Werkzeuge, Maschinen, Fabriken und Arbeiter im richtigen Augenblick und in der nötigen Anzahl an der richtigen Stelle bereitstehen. Diese Aufgabe der Leitung und Koordinierung ist selbst wieder eine ganz spezielle Funktion.«[226]

Die Frage nach der Bedeutung des Management ist die Frage nach der Führung moderner Wirtschaftskonzerne, aber bei James Burnham ist sie auch die Frage nach der Führung von Verwaltungen und Staatsbetrieben.

Die Frage, wer die Produktionsprozesse in der Industrie leitet und koordiniert, wird von John K. Galbraith dahingehend beantwortet, daß sich in den großen Wirtschaftsunternehmen eine »Technostruktur« herausgebildet hat, deren Aufgabe es ist, die mannigfaltigen Entscheidungen über die Geschäftspolitik systematisch zu erarbeiten und zu fällen. John K. Galbraith beginnt seine Beschreibung dessen, was er Technostruktur nennt, damit, daß er dem Bild unserer Kultur von der Leistung des einzelnen ausdrücklich widerspricht und die Bedeutung der Gruppe und damit der Organisation für die Geschäftsorganisation und deren Funktionieren hervorhebt: »Die Macht im Geschäftsleben und die gesellschaftliche Macht liegen nicht mehr bei Einzelpersonen, sondern sind auf Organisationen übergegangen. Und die moderne Wirtschaftsgesellschaft kann man überhaupt nur als einen im ganzen erfolgreichen Versuch verstehen, auf dem Wege der Organisation eine künstliche Gruppenpersönlichkeit zu schaffen, die *für ihre Zwecke* einer natürlichen Person weit überlegen ist und zudem noch den Vorzug der Unsterblichkeit genießt. Die Notwendigkeit einer solchen Gruppenpersönlichkeit beginnt mit dem Umstand, daß in einer modernen Industrie eine große Anzahl von Entscheidungen – und in erster Linie alle wirklich wichtigen Entscheidungen – auf Informationen beruhen, die nicht ein einzelner allein besitzt. In der Regel gründen sich solche Entscheidungen auf spezialisiertes wissenschaftliches und technisches Wissen, die gemeinsame Kenntnis oder Erfahrung sowie den künstlerischen oder intuitiven Sinn vieler Einzelpersonen. Die Fakten werden wiederum mit Hilfe weiterer Informationen gesammelt, analysiert und von Fachleuten mit hoch entwickelten technischen Anlagen ausgewertet. Die endgültige Entscheidung ist nur dann wohl begründet, wenn sie aus allen wichtigen und einschlägigen Informationen gebildet ist.«[227]

Folgerichtig hat die Führung in Industrieunternehmen nur noch einen beschränkten Stellenwert, und ihre wichtigste Aufgabe liegt in der richtigen Personalpolitik: »Führung bedeutet die Formung der Gruppe, die die Entscheidungen fällen und die laufende Veränderung ihrer Zusammensetzung gemäß den wechselnden Anforderungen und Aufgaben. Dies ist die wichtigste Funktion der Führungsarbeit. In einer Wirtschaft, in der organisiertes Wissen der entscheidende Produktionsfaktor ist, kommt dem eine besondere Bedeutung zu. Man darf aber nie davon ausgehen, daß eine solche Führung bei wesentlichen Entscheidungen das organisierte Wissen ersetzen oder überspielen könnte.«[228]

Da wir noch nicht einmal genügend Informationen darüber besitzen, wie oft Bezirksleiter z. B. bei der IG Metall abgesetzt werden und wer wirklich diese Bezirksleiter nominiert, kann es nicht verwundern, daß wir über die gewerkschaftspolitischen Entscheidungsprozesse in der »Technostruktur Gewerkschaftsapparat« noch viel weniger wissen. Da aber diese Willensbildung über die einzuschlagende Gewerkschaftspolitik entscheidet und diese auf einem angebbaren Datenkranz beruht, wäre es schon wichtig zu wissen, wie die Gruppe aussieht, um John K. Galbraith's Bild zu gebrauchen, die diesen Datenkranz zusammenstellt, dessen Verarbeitung dann der Öffentlichkeit und den Mitgliedern als Gewerkschaftspolitik präsentiert wird.

Sicher zu sein scheint, daß dieser Gruppe vor allem die Vorstandsetagen der Einzelgewerkschaften, auch und gerade im Fall der DGB-Politik, angehören, wobei bei der Tarifpolitik, und hier sind sich von

Claus Noé bis hin zu Joachim Bergmann alle Analytiker der Gewerkschaftspolitik einig, die wichtigsten hauptamtlichen Betriebsräte der die einzelnen Branchen dominierenden Großbetriebe eine große Rolle spielen. Kompliziert wird die gewerkschaftspolitische Willensbildung aber dadurch (dies dürfte bei den Großkonzernen und ihren verschiedenen Tochterverwaltungen nicht anders sein), daß die einzelnen Ebenen der gewerkschaftlichen Organisation ihre eigenständigen Partikularinteressen mit in diese Willensbildung einbringen. Die Konkurrenz zwischen etablierten »Funktionsträgern« und nachdrängenden Anwärtern und die Sonderinteressen von Betriebsräten dürften diese Willensbildung nachhaltig beeinflussen. Hinzu kommt, daß die Gewerkschaftsfunktionäre bei ihren Entscheidungen in der Regel auf wissenschaftlichen und technischen Sachverstand angewiesen sind, den sie selbst nicht besitzen. Sie brauchen zur Fundierung ihrer Politik das Urteil von Experten. Selbst die relativ gut ausgestatteten Stabsabteilungen bei den großen Einzelgewerkschaften mit ihren Spezialisten für Arbeitssicherheit, Berufsbildung, Wirtschaftspolitik, Sozialpolitik, Arbeitrecht usw. reichen nicht aus, um diese Aufgabe hinreichend zu bewältigen. (Horst Kern hat bereits vor Jahren darauf aufmerksam gemacht, daß es technologische Stäbe bei den Gewerkschaften überhaupt nicht gibt.[229]

Der wissenschaftliche und technologische Sachverstand, der zur Organisierung, Leitung und Fortentwicklung von Wirtschaft, Produktions- und Organisationstechnologie, Staat und Gesellschaft notwendig ist, steht in der Regel nicht zur Disposition der Gewerkschaften. Ihr Charakter als Vetoverband der abhängig Beschäftigten wird auch in diesem Tatbestand sichtbar. Die gewerkschaftliche Führungsspitze, und zwar von der zentralen bis zur Ortsebene, muß sich also bei der wissenschaftlich fundierten Prognostik über die zukünftige Entwicklung im Zweifel auf das Urteil von Experten verlassen, deren Urteile gewöhnlich die Fortschreibungen bestehender Verhältnisse und Machtstrukturen beinhaltet. Dies bedeutet allzu oft, daß die Kosten der künftigen Entwicklung, wie sie Unternehmen und ein auf die Produktivität und das Wachstum dieser Unternehmen programmierter Staat betreiben, von den abhängig Beschäftigten getragen werden (z. B. Rationalisierungsprozesse und damit verbunden Vernichtung von Arbeitsplätzen usw.). Es ist aber gerade die Aufgabe der Gewerkschaften, ihre Mitglieder vor den Folgen einer solchen Politik zu

schützen oder deren Auswirkungen so gering wie möglich zu halten. Andererseits erhebt sich in diesem Zusammenhang die Frage: Wie muß eine Politik des »gewerkschaftlichen Managements« aussehen, die selbst aktiv Einfluß nehmen will auf die Gestaltung der künftigen Entwicklung? Auf alle diese Fragen gibt es kaum Antworten.
Die Gleichsetzung von Gewerkschaftsfunktionär und Manager, wobei letzterer das Leitbild ist, ist nicht nur gerechtfertigt wegen der Koordinationsfunktion nach innen und der Vertretung der Gewerkschaften nach außen, sondern auch dann, wenn man die Stellung der Funktionäre gegenüber den Mitgliedern mit der vergleicht, die die Manager in großen Kapitalgesellschaften gegenüber den Aktionären haben, wie das z. B. Helge Pross getan hat. Sie versteht unter Managern diejenigen, »die selbst nicht oder nur geringfügig am Gesellschaftskapital beteiligt, eine Unternehmung autonom dirigieren, deren Eigentümer nicht die Macht oder den Willen zur Verwirklichung ihrer Kontrollrechte haben. In diesen Firmen nehmen Angestellte faktisch die Rechte wahr, die de jure den Aktionären zustehen. Sie sind autonom, insofern sie keine Vorgesetzten über sich haben. Sie bestimmen – in Aktiengesellschaften deutschen Rechts – die Beschlüsse, die, vom Gesetz der Aktionärsversammlung vorbehalten, von dieser nur noch formell bestätigt werden. Wo Manager sich durchsetzen, hat das ursprüngliche Verhältnis von Eigentum und Dispositionsgewalt sich umgekehrt: Die Angestellten entscheiden über die Verwendung des Unternehmensvermögens und des Reingewinns, wogegen die Eigentümer lediglich die Beschlüsse ihrer Beauftragten ratifizieren; die Manager bestimmen, ob sie selbst und die zu ihrer Beaufsichtigung berufenen Personen im Amt verbleiben, wer ihre Nachfolge antreten soll, die Aktionäre akklamieren oder verzichten auf ein eigenes Votum.«[230]
Angesichts der von uns beschriebenen Willensbildung im Funktionärsverband Gewerkschaft kann man auch in diesem Zusammenhang unschwer die gleiche Struktur erkennen, die nach Max Weber allen Repräsentationsorganen eigen ist, der »Vorteil der kleinen Zahl«:
»Die beherrschende Stellung des jenem Herrschaftsgebilde zugehörigen Personenkreises gegenüber den beherrschten ›Massen‹ ruht in ihrem Bestande auf dem neuerdings sogenannten ›Vorteil der kleinen Zahl‹, d. h. auf der für die herrschende Minderheit bestehenden Möglichkeit, sich besonders schnell zu verständigen und je-

derzeit ein der Erhaltung ihrer Machtstellung dienendes rational geordnetes Gesellschaftshandeln ins Leben zu rufen und planvoll zu leiten, durch welches ein sie bedrohendes Massen- oder Gemeinschaftshandeln solange mühelos niedergeschlagen werden kann, als nicht die Widerstrebenden sich gleich wirksame Vorkehrungen zur planvollen Leitung eines auf eigene Gewinnung der Herrschaft gerichteten Gesellschaftshandelns geschaffen haben. Der ›Vorteil der kleinen Zahl‹ kommt voll zur Geltung durch *Geheim*haltung der Absichten, gefaßten Beschlüsse und Kenntnis der Herrschenden, welche mit jeder Vergrößerung der Zahl schwieriger und unwahrscheinlicher wird. Jede Steigerung der Pflicht des ›Amtsgeheimnisses‹ ist ein Symptom entweder für die Absicht der Herrschenden, die Herrengewalt straffer anzuziehen, oder für ihren Glauben an deren wachsende Bedrohtheit. Jede auf Kontinuierlichkeit eingerichtete Herrschaft ist an irgendeinem entscheidenden Punkt *Geheimherrschaft*.«[231]

Nach Max Weber gehört zum Wesen bürokratischer Politik – und wir erinnern uns, wer Organisation sagt, der sagt Bürokratie – das »Mittel der Geheimhaltung ihrer Kenntnisse und Absichten«[232]. Auch dieses Mittel findet sich im Umgang des Funktionärsverbands Gewerkschaft mit »seinen« Mitgliedern. Zu Recht kann eingewandt werden, daß taktische Manöver, Koalitionen usw., soweit sie die Außenpolitik der Gewerkschaften betreffen, natürlich im Interesse des Verbandes nicht auf dem offenen Markt diskutiert werden können. Allerdings übersieht eine solche Betrachtungsweise, daß sich damit der Kreis derjenigen, die auf die tatsächliche Politik Einfluß nehmen können, automatisch auf den Kreis des gewerkschaftlichen Managements reduziert, die Gewerkschaften jedoch Millionen von Mitgliedern haben. Wo soll deren Politik sonst diskutiert werden, wenn nicht auf dem »offenen Markt«?

James Burnham behauptete, daß das Regime der Manager eine neue Form der Klassenherrschaft sei und daß besonders die totalitären Diktaturen Rußlands, Deutschlands und Italiens »auf dem Weg zur Managergesellschaft am weitesten fortgeschritten sind.«[233] Es war vor allem diese These, die dazu geführt hat, daß sein Buch heute fast vergessen ist, obwohl damit seine Prognose noch längst nicht »vom Tisch« ist.

Aber erinnern wir uns an die von Eugen Kogon 1952 gestellte Frage nach dem Sinn der Arbeit von Funktionären und Managern für die Gesamtgesellschaft, so zeigt sich ihr besonderes Gewicht für die Gewerkschaften, die sich selbst als Garanten der politischen Demokratie und der freiheitlich-demokratischen Gesellschaft verstehen. Wie sorgen ihre Manager durch ihre innerverbandliche und nach außen gerichtete Politik dafür, daß ein gesellschaftlicher Zustand erreicht und bewahrt wird, den Ludwig Rosenberg, der frühere Vorsitzende des DGB, als Ziel gewerkschaftlicher Politik umschrieben hat?

»Es ist eine Gesellschaft, in der man unabhängig von Dogmen und unumstößlichen ›Wahrheiten‹ sich auf den verschiedensten Gebieten menschlicher Unternehmungen jeweils die beste Form schafft, die weit möglichste Freiheit des einzelnen und der Gesamtheit sichert, die Menschenwürde aller wahrt und die Selbstbestimmung des Menschen im Rahmen der Rücksicht auf das Recht anderer möglich macht.«[234]

Es scheint unstreitig zu sein, daß auch heute der Funktionärsverband Gewerkschaft im wesentlichen das leistet, was seine Mitglieder von ihm erwarten: Er organisiert und systematisiert die Mitgliederwünsche hinsichtlich Lohnerhöhungen, Arbeitsschutz, Urlaub usw., setzt sie um in Forderungen und bemüht sich, diese mittels Tarifverträgen oder als politische Lobby der abhängig Beschäftigten im Bereich der Politik durchzusetzen. Die Interessen der Lohnabhängigen werden heute von den Gewerkschaftsfunktionären für diese gemanagt. Was diese Herausbildung einer Schicht von Koordinierungs- und Organisationsspezialisten in den industriellen Massengesellschaften eigentlich bedeutet, einer Schicht, für die sich der Name »Technokratie eingebürgert hat«, dies hat André Gorz in seinem Aufsatz »Technokratie und Arbeiterbewegung« auch als Symptom des Verfalls der politischen Demokratie beschrieben:

»Der Verfall der politischen Demokratie, den die Technokraten gern einer ›Sklerose‹ der Parteien und dem Zurückbleiben der politischen Ideologien hinter den wirtschaftlichen Realitäten zuschreiben, hat also in Wirklichkeit tiefere Gründe: Es ist der Rückstand in Kultur und Erziehung, der die Individuen (seien sie organisiert oder nicht, seien es die Arbeitgeber, die politischen ›Eliten‹, die Bourgeoisie als Klasse, die Arbeitnehmer) unfähig macht, selbst die Verwaltung der gesellschaftlichen Produktion und der Gesellschaft zu übernehmen – ganz gleich auf welcher Ebene: auf lokaler, regionaler oder

Landesebene, in den Wirtschafts- oder Industriesektoren, in den Städten etc.«[235]

André Gorz diskutiert ferner das sich aus der Koordinierungsfunktion ergebende Selbstverständnis der Technokratie, die um diese Koordinierung leisten zu können, eine relative Autonomie besitzen muß:

»Die Technokratie ist *ideologisch* (d. h. subjektiv) konservativ, insoweit ihre *objektive* Fortschrittlichkeit als *Alibi* für ihre Funktion der Konsolidierung des herrschenden Systems dient, ... diesen Konservatismus teilen sie mit allen Technikern, insofern sie Empiriker sind. Indem der Techniker sich nur um die Funktions- und Leistungsfähigkeit des Apparates kümmert, sieht er nur das Werkzeug, nicht das Ziel, dem es dient. Er siedelt sich von vornherein innerhalb einer gegebenen Rationalität an, innerhalb vorbestimmter Ziele und leitet aus seiner Arbeit (und zwar vor allem auch aufgrund seiner Ausbildung) keinen Anlaß ab, diese Ziele in Frage zu stellen. Für ihn ist nur wahr, was funktioniert.«[236]

Gewerkschaftsfunktionäre »managen« ihren Verband und seine Politik, auch in der eigenen Benennung ihres Tuns wirkt das Vorbild.

Es gibt aber nicht nur eine Angleichung im Habitus des Gewerkschaftsfunktionärs an seinen »Kollegen« Kapitalfunktionär, auch dessen Lebenszuschnitt übt eine nicht unerhebliche Anziehungskraft aus. Diese Seite des »Vorbilds« wird in der sozialwissenschaftlichen Literatur kaum angesprochen. Alfred Horné hat dies in bezug auf die Einkommen und Lebensführung der »Mitbestimmungsfunktionäre« einmal kritisch untersucht. Dabei waren für ihn die Gewerkschaftsfunktionäre immer noch Träger einer gesellschaftlichen Alternative gegen die Welt des Kapitals und des konsumorientierten Eigennutzes. Alfred Horné beschwor das »Berufsethos« der Gewerkschaftsfunktionäre, aufgrund dessen sie sich als Vertreter der abhängig Beschäftigten radikal von ihren »Vorbildern« unterscheiden sollten:

»Der Lebensstil und die Verhaltensweise der kaufmännischen und technischen Vorstandsmitglieder, der Aufsichtsratsmitglieder der Anteilseigner, sollten für die Träger der Mitbestimmung allerdings nicht maßgebend sein. Wir können weder unsere gesellschaftlichen, erst recht nicht die moralischen Maßstäbe von den Vertretern jener Gruppen beziehen, denen wir ein gerütteltes Maß Schuld an der Entwicklung der letzten hundertfünfzig Jahre zusprechen; wobei wir gern voreilig diesen Vorwurf bis zur Gegenwart ausdehnen, ohne unseren eigenen Anteil an dieser Schuld in den letzten fünfzehn Jahren mit einzuschließen. Die Gewerkschaften und ihre Vertreter sind nach einem anderen Gesetz angetreten als ihre Gegner und deren Vertreter. Sie können sich weder das Gesetz des Handelns noch das des Verhaltens von diesen vorschreiben lassen.

Es wäre aber eine naive oder gewaltsam konservierte Ignoranz, wollte man die gegenwärtige Gefahr übersehen, die darin liegt, daß nahezu die gesamte gewerkschaftliche Führungsschicht bis hinunter zur Bezirks- und Abteilungsebene ihr Jahreseinkommen vom kapitalistischen Gegner auf irgendeinem Umweg verdoppeln, verdreifachen, verfünffachen läßt.

In einer Zeit, in der beispielsweise evangelische und katholische Theologen und Pfarrer gemeinsam mit den Arbeitern deren Leben und Alltagswirklichkeit teilen, nicht um zu »wirken«, sondern weil sie wieder glaubwürdig sein und werden wollen – gibt es kaum noch einen halbwegs einflußreichen Gewerkschaftsfunktionär mehr, der nicht darauf angewiesen wäre, das tatsächliche Leben derer, für die er tätig sein sollte, vom Hörensagen und aus Zeitungsberichten zu erfahren! Der Stil, der Lebenszuschnitt und – offenbar – auch das Lebensgefühl der Gewerkschaftsfunktionäre stehen der Gruppe ihrer Gegner von Amts wegen viel näher als den Kollegen von Amts wegen.

Die Arbeiterbewegung bringt eine bessere Auffassung vom Leben und Lebensinhalt mit; sie überliefert einen anderen Stil als den, der dem Arbeitsdirektor täglich und vielen Aufsichtsratsmitgliedern häufig begegnet. Die besten Vorteile der Arbeiterbewegung, und zu ihnen sollten die Gewerkschaftsfunktionäre ebenso gehören wie die Arbeitsdirektoren und Arbeitnehmervertreter in den Aufsichtsräten, müssen ohne Arroganz, Star-Allüren, Bestechlichkeiten, luxuriöse Lebensgewohnheiten, leicht verletzbare Eitelkeit und Selbstbeweihräucherung auskommen. Wenn sie das nicht können, taugen sie nicht für ihr Amt.«[237]

Aber es kann nicht weiter überraschen, daß bei einem fehlenden Berufsbild »Gewerkschaftsfunktionär« auch keine verbindliche Verhaltensethik ausgebildet wurde. Allerdings beweisen die immer wieder auflebenden Debatten über die Verwendung der Diäten der Mitbestimmungsfunktionäre auf den Gewerkschaftstagen, daß es dort noch nicht selbstverständlich geworden ist, auch den Vorstandsbezügen von Kapitalfunktionären Vorbildcharakter für ihre »Gewerkschafts-Kollegen« einzuräumen.

4.4. *Verwalter und Manager*

Nach alldem scheint es mir angebracht, das *Berufsbild Gewerkschaftsfunktionär* als das eines Verwalters und Managers zu charakterisieren. Wobei die »Geschäftsführung«, also die eigentlich »managerielle Funktion« nach Satzung und Selbstverständnis bei den jeweiligen Verbandsspitzen angesiedelt ist.

Adolf Braun unterschied die Gewerkschaftsbeamten vor 1914 nach gewerkschaftlicher Verwaltungsbürokratie und gewerkschaftlichem Führungsapparat, dessen Aufgabe es war, die »Außenpolitik« des Verbandes zu betreiben. Diese Unterscheidung bezog sich auf die gewerkschaftlichen Zentralverbände mit ihren Zentralverwaltungen und Vorständen. Auf der Ebene der Vorstandsverwaltungen ist diese Unterscheidung auch heute noch angemessen. Auf den Ebenen des Bezirks und der Verwaltungsstelle der Einzelgewerkschaft ist sie wenig sinnvoll, da die Bezirks- und Ortsfunktionäre beide Aufgaben – die des Organisators nach innen und die des Repräsentanten nach außen – übernehmen müssen.

Vor allem die Ortsfunktionäre der Einzelgewerkschaften müssen dieser doppelten Aufgabe gerecht werden. Von ihrer innerverbandlichen Arbeit hängt wesentlich die lokale Mitgliederentwicklung ab. Nach der Erhebung der HWP steht die Mitgliederbetreuung im weitesten Sinn im Mittelpunkt der Tätigkeiten der örtlichen Funktionäre der Einzelgewerkschaften.[238]

Nach der gleichen Quelle beschränken sich die Funktionäre der Einzelgewerkschaften in ihrer Arbeit auf die Mitgliederbetreuung und die Tarifvertragsarbeit. Dagegen überwiegen nach der Untersuchung der Friedrich-Ebert-Stiftung bei den DGB-Sekretären die Außenbeziehungen. Gertraut Witt beschreibt in ihrem Artikel den DGB-Kreis als »Schaltstelle von institutionalisierten Kontakten«.[239]

Schon in Adolf Brauns Unterscheidung war die im Wesen der Zentralisierung liegende Aufgabenteilung enthalten, die es notwendig macht, bei den Funktionären von Verwaltern und Managern zu sprechen. Die Satzungs- und Organisationsreformen in den deutschen Gewerkschaften verstärkten immer die Tendenz, gerade die Funktionäre vor Ort in Verwaltungsbeamte der Verbandsspitze zu verwandeln. Am Fall Patschkowski hat der geschäftsführende Hauptvorstand der IG Chemie-Papier-Keramik dies geradezu exemplarisch durchexerziert. Diese Arbeitsteilung zwischen der Spitze und unteren Ebenen der Gewerkschaftsorganisation kann auf lange Sicht für Politik und Nachwuchsrekrutierung der Gewerkschaften fatale Folgen haben; sie entmündigt die Basis der Organisation und entpolitisiert sie damit, Homogenität und Subalternität unter den Funktionären werden prämiert.

Neben dem Eigengewicht der Verbandsspitze und der Tradition des einmal eingeschlagenen Weges, der Organisationsentwicklung, sind es auch die äußeren Rahmenbedingungen, die die Differenzierung in »Verwalter« und »Manager« vertiefen: Da ist zunächst einmal die Politik der Arbeitgeberverbände, Tarifverhandlungen zentral zu führen; hinzu kommt die Regierungspolitik, die bei wirtschafts- und sozialpolitischen Entscheidungen die Interessenverbände zur Beratung hinzuzieht und schließlich ist es auch die Öffentlichkeit, die nach »dem Verantwortlichen« verlangt. Auf der Ebene der Gewerkschaftsspitze ist die Angleichung des Habitus des Gewerkschaftsfunktionärs an den seines Widerparts auf seiten des Kapitals unübersehbar, und das Fernsehen belegt fast täglich die These Adolf Brauns von der Bedeutung des Verhandlungspartners für den Habitus »des gewerkschaftlichen Führungsapparates«.

Über die geteilte Differenzierung im »Berufsbild Gewerkschaftsfunktionär« gibt es keine innerverbandliche und keine öffentliche Debatte: Der Funktionär bleibt für alle Beteiligten »der Mann ohne Eigenschaften« – und somit ohne öffentlich anerkanntes Selbstverständnis seiner Arbeit und ohne öffentlich zu verankernde Verantwortung. Obendrein bleiben die Funktionäre dem innerverbandlichen und öffentlichen Rufmord ausgesetzt, doch nur »gewöhnliche Bonzen« zu sein.

V. Kampf um den Funktionärsstaat?

In der öffentlichen Meinung der Bundesrepublik wird unablässig die Sorge und die Angst vor dem kommenden Gewerkschaftsstaat verbreitet. Die »Machtübernahme« der »Funktionäre« steht vor der Tür. Der gewerkschaftliche Machtanspruch bedroht unsere Wirtschaft. Unter der Parole »Mitbestimmung« erfolgt kaum wahrnehmbar der Vormarsch der unauffälligen »gesichtslosen« Funktionäre in die Vorstandsetagen der großen Konzerne. Ihrem Machtanspruch fehlt die »Sachkenntnis«, und das ist die eigentliche Bedrohung für unsere »Wirtschaft«. Die Mitbestimmungspolitik des DGB ist eng »verfilzt« mit der Politik der »Systemveränderung« unserer »freiheitlichen Wirtschaftsordnung«, wie sie die SPD betreibt, deren »freiheitlicher Sozialismus« durch die allgemeine »Verfilzung« von Staat und Wirtschaft verwirklicht werden soll; im Unterschied zu den Kommunisten, die eine Revolution wollen, um zum gleichen Ziel »Sozialismus« zu kommen.

Rettung verspricht allein eine konsequente Politik im Zeichen von »Freiheit oder Sozialismus«, die mit dieser »Machtanmaßung« des »roten Filzes« Schluß macht, mit einem Verbändegesetz die Gewerkschaftsmacht bändigt und mit dem Aufbau des CGB (Christlicher Gewerkschaftsbund) für alle Demokraten eine echte Alternative zum »roten Kampfverband« DGB schafft.

Im 30. Jahr seines Bestehens wird der DGB sein drittes Grundsatzprogramm veröffentlichen, die CSU kündigt ein massives Aufrollen der Gewerkschaftsfrage an und so steht zu befürchten, daß die ideologische Gewerkschaftsdiskussion in den Bahnen des oben skizzierten Szenarios verlaufen wird. Es versteht sich, daß die Presseabteilungen des DGB und »seiner Einzelgewerkschaften« entsprechende Proteste, Grundsatzpapiere und Erklärungen ihrer jeweiligen Vorsitzenden zu diesen »Verleumdungen« verbreiten werden. Die Fülle des be-

druckten Papiers, die die Gewerkschaften zu produzieren imstande sind, wird ihnen selber und ihren Feinden auf eindrucksvolle Weise ihre Macht »belegen«. Schon im Interesse des Umweltschutzes und der Bäume, die für diese Popanzdiskussion abgeholzt werden müssen, wäre es wichtig, diese Spiegelfechterei zu verhindern. Aber da ja hinter den öffentlichen Popanzbildern reale Interessen stecken, wird diese Diskussion unweigerlich auf uns zukommen.
Wenden wir uns zunächst den Interessen derjenigen zu, die mit Vehemenz die »Funktionärsstaatdiskussion« betreiben und noch verstärken werden. Wenn die CSU die Gewerkschaftsfrage auf die politische Tagesordnung setzt, so verfolgt sie zum einen ein rein politisches Ziel im Rahmen eines möglichen Polarisierungswahlkampfes im Stil der Glaubenskriege: Trennung von Wählern von der SPD. Arbeitern, Angestellten und Beamten wird »bewiesen«, daß ihnen in Form des gewerkschaftlich-sozialdemokratischen »Filzes« die »Funktionärsfremdbestimmung« droht. Mit welchen Funtionärsbildern dabei operiert wird, habe ich aufgezeigt. Zum anderen wird in dieser Diskussion aber auch ein Unbehagen aus den Kreisen der »Wirtschaft« deutlich: Die Aussichten sind ungewiß, niemand weiß genau, welche Konflikte sich aus der ungesicherten Erdölversorgung, aus den ökologischen Problemen eines ungehemmten Wachstums und aus weiteren Spannungen bei weltpolitischen Konflikten zwischen West und Ost, der Sowjetunion und China und nicht zuletzt aus dem Süd-Nord-Konflikt ergeben werden. Die achtziger Jahre dürften stürmisch werden. Angesichts dieser ungewissen Zukunft ist Vorsorge angezeigt. Dabei geht es nicht nur darum, dem Kostendruck vorzubauen, den gewerkschaftliche Tarifpolitik und Expansion des Sozialstaats verursachen, der programmatisch aufrechterhaltene Mitbestimmungsanspruch der DGB-Gewerkschaften scheint ja immer noch mit einer Veränderung der Wirtschaftsverfassung zu drohen, eine Drohung, die in Krisenzeiten leicht zur praktischen Politik werden könnte. Da aber das Bundesverfassungsgericht in seinem Mitbestimmungsurteil die Mitbestimmung für verfassungskonform erklärt hat, braucht es einen neuen Aufhänger, um die Gewerkschaften propagandistisch unter Beschuß zu halten. Dies dürfte die CSU-Initiative leisten, da es die Gewerkschaften kaum wagen werden, mit einem eigenen »Krisenprogramm« für die achtziger Jahre massiv auf eine Koalition zwischen SPD und CDU – gleichermaßen gegen die CSU

und den FDP-Wirtschafts-(Konzern) Liberalismus – auf Bundesebene hinzuarbeiten.

Deshalb haben auch die DGB-Gewerkschaften an einer solchen Popanzdiskussion ein so großes Interesse, zumal anzunehmen ist, daß sie vor allem mit dem neuen Grundsatzprogramm »zitatologisch« geführt werden wird. Erspart doch diese Diskussion den Gewerkschaften einige Antworten nach den Ergebnissen ihrer Politik:
– Seit Jahren lebt die Gewerkschaft mit einer Arbeitslosenzahl von einer Million. Die DGB-Vertreter im Vorstand der Bundesanstalt für Arbeit (BfA) stimmten der Senkung des Zumutbarkeitsstandards zur Annahme von Arbeit zu. Eine aktive Betreuungsarbeit für die Arbeitslosen und deren sporadische Initiativen wird von seiten der Gewerkschaften nicht geleistet.

Die Behandlung der Arbeitslosenfrage durch die DGB-Gewerkschaften unterstreicht mit Nachdruck die Richtigkeit von Siegfried Brauns Gewerkschaftsdefinition: »Verbände von Arbeitsplatzbesitzern«. Die Nichtbesitzer bleiben draußen vor der Tür. Abgesehen von den Forderungen nach staatlichen Arbeitsförderungsprogrammen verfügen die Gewerkschaften über wenig Instrumente, um eine aktive Arbeitsbeschaffungspolitik zu betreiben. Die Genossenschaften und gemeinwirtschaftlichen Unternehmen, die früher die dritte Säule der Arbeiterbewegung waren – neben der politischen und gewerkschaftlichen – und in der früher einige wenige Theoretiker der Arbeiterbewegung auch einen Ansatzpunkt für die Entwicklung einer gemeinwirtschaftlichen Ordnung sahen, sind längst gewöhnliche Großkonzerne, die sich qualitativ in nichts von ihren »privatwirtschaftlichen« Konkurrenten unterscheiden. Damit hat sich die Gewerkschaft eines Instruments begeben, daß ein positives, staatlich subventioniertes Arbeitsplatzbeschaffungsprogramm hätte tragen können. Selbst wenn man überzeugt ist, daß Genossenschaften im Kapitalismus unter dem gleichen Druck stehen, Gewinn zu machen und zu »wachsen« wie ihre privatwirtschaftlichen Konkurrenten und deshalb »Gemeinwirtschaft« ein frommer Wunsch ist, selbst dann bleibt es verwunderlich, warum der DGB über seine »Bank für Gemeinwirtschaft« keinen »Arbeitsplatzbeschaffungsfond« eingerichtet hat, mit dem wenigstens beispielhafte Strukturpolitik gemacht werden könnte. Ein solcher Fond wäre »systemimmanent«, für ihn könnte man sammeln und ihn könnte man durch Tarifpolitik aufstocken – aber solche Solidaraktionen dürften mit Sicherheit blockiert werden durch die Eigeninteressen der 17 »Aktionäre« des DGB. Es wird beim Fordern bleiben. Da keine positive gewerkschaftliche Strukturpolitik in Sicht ist, bleiben nur betriebliche Abwehrkämpfe gegen Arbeitsplatzvernichtung. In diesen Kämpfen sind die Betriebsräte allzuoft auf sich selbst angewiesen, denn für solche Kämpfe erhalten sie von den Zentralen zu wenig Unterstützung. Da die Gewerkschaften – vor allem die IG Metall und IG Chemie – ihre Mitglieder vorzugsweise aus Großbetrieben rekrutieren, fordern sie in ihrer Struktur- und Wirtschaftspolitik Subventionen: Für die Großbetriebe, die wiederum unter Rationalisierungszwang stehen, und der führt zu Arbeitsplatzvernichtung ...

Die sich abzeichnenden Grenzen des Wachstums berühren die Gewerkschaften kaum. Die Energiediskussion wurde z. B. bislang von den Betriebsräten der Atomkraftwerksbau- und zuliefererbetriebe bestimmt, und die forderten für ihre Wähler Sicherheit der Arbeitsplätze. Daß die Grenzen des Wachstums über kurz oder lang die gewerkschaftliche Forderungsphilosophie »mehr, mehr« ebenso an ihre Grenzen stoßen läßt wie die der unendlichen Kapitalakkumulation, ist absehbar.

Hans Paul Bahrdt sah im Rahmen der Automationsdebatte den Vorteil der Gewerkschaften gegenüber den Unternehmern darin, daß diese leichter als die Unternehmer ein Problembewußtsein entwickeln könnten, weil sie nicht »durch apologetische Bedürfnisse« hinsichtlich der Folgen der Automation behindert würden. »Das bedeutet, daß die Gewerkschaften sich nicht auf rein defensive Funktionen beschränken brauchen, sondern die Möglichkeit haben, in entscheidenden Fragen der modernen Gesellschaft positiv formend und reformierend mitzuwirken.«[240]

Eine geradezu drängende Aufgabe für die IG Metall wäre es, jetzt im Interesse der Arbeitsplätze in der Automobil- und Zulieferungsindustrie rückhaltlos die Zukunft des Autos zu diskutieren und z. B. in Verbindung mit der Gewerkschaft ÖTV ein integriertes Verkehrsprogramm zu entwickeln. Vor allem auf die Entwicklung benzinsparender Autos zu drängen.

In solchen Fragen hätte sich ein Beitrag zur positiven Gesellschaftsgestaltung zu bewähren. Die Mitbestimmungsforderungen der Gewerkschaften verlangen zumindest eine bewußte Mitverantwortung für das Schicksal der eigenen Gesellschaft und als Vetoverband müssen sie sich im Gegenmanagement bewähren, wenn die funktional Verantwortlichen aus gesellschaftlich katastrophalen, kurzsichtigen Geschäftsinteressen die rationale Lösung des berühmten »gesellschaftlichen Wandels« rechtzeitig und ohne zu viel Leid blockieren. Im Falle des Autos sind Konsequenzen absehbar. Es steht zu fürchten, daß die Industrie diese Konsequenzen formulieren wird.

Wir werden sehen, welche Antworten das neue Grundsatzprogramm erteilen wird.

– Goetz Briefs 1927 sah in der Verteidigung des »Menschseins des Arbeiters« und »die Wertung . . . des Menschen als Subjekt der Wirtschaft«[241] durch die Gewerkschaften eine ihrer großen Leistungen. In der Behandlung der Gastarbeiter und in der Frage der Gleichberechtigung der Frau beweisen die DGB-Gewerkschaften nachdrücklich, daß sie immer noch von männlichen Facharbeitern und Angestellten getragen werden. Die negative Tradition des Berufsverständnisses der Arbeit als Abgrenzung von »Minderqualifizierten« lebt ungebrochen weiter. Anders die positive Tradition von Beruf, die dem Arbeitenden seine »Subjektrolle« in der arbeitsteiligen Wirtschaft bestätigte – davon haben die Gewerkschaften nicht einmal mehr einen Begriff. Der Mythos von der Einheitsgewerkschaft verbietet es, vom Beruf zu reden.

Wie wollen wir in Zukunft arbeiten, unter welchen Bedingungen und wie lange? Sollen die Arbeitenden am Arbeitsplatz über die Gestaltung ihrer Arbeitsplätze unmittelbar mitbestimmen oder sind die Arbeit und ihre Bedingungen kein Gegenstand mehr für Gewerkschaftspolitik? Findet die Sinngebung menschlichen Lebens nur noch außerhalb der Arbeit statt?

Immerhin hat die Bezirksleitung Stuttgart der IG Metall im Mai 1979 eine großangelegte Befragung der Beschäftigten der Metallindustrie beschlossen, um herauszufinden, wo den Mitgliedern »der Schuh drückt«. Gegenstand der Aktion soll die krankmachende Arbeit sein.

Was sich gegenüber Frauen und Gastarbeitern ausdrückt, ist auch in der Tarifpolitik vorfindbar, die Beamtengewerkschaften betreiben Standespolitik und die beruflich vorgeprägten Lohn- und Gehaltsgruppen sind in ihrer Differenzierung kein Gegenstand gewerkschaftlicher Diskussion. Die gesellschaftlich unterschiedliche Wertung von

Arbeit, die sich in der Einkommensdifferenzierung ausdrückt, aber auch im öffentlichen Ansehen, dem Status der Arbeit, ist für die »Einheitsgewerkschaft« kein Thema.

– Kein Thema ist eigentlich auch ein Trauerspiel, genannt »Gewerkschaftliche Jugendpolitik«. Der gewerkschaftliche »Druck« in der Berufsbildungspolitik schlägt sich vornehmlich in vielen Broschüren und Forderungsprogrammen nieder. Die jugendlichen Schulabsolventen, die keine Lehrstelle finden, sind nicht einmal »organisationsfähig«. Die Gewerkschaftsjugend verfügt über zu wenig Treffpunkte, wo sich Arbeiter- und Angestelltenjugend versammeln kann. Ängstlich bemüht, alles unter Kontrolle zu halten, besitzen die Jugendgruppen keine wie auch immer geartete Autonomie; jede Veranstaltung, jedes Flugblatt und jedes Wochenendseminar muß vorher genehmigt werden. Generationskonflikte gibt es in der Gewerkschaft nicht. Hier gibt es keinen Raum, in dem die Jugend selbständig gehen lernen kann. Der Öffentlichkeit wird dann obendrein noch Sand in die Augen gestreut, wenn kühn der Rang des »größten politischen Jugendverbandes der Bundesrepublik« beansprucht wird und man ca. 1,2 Millionen Mitglieder anmeldet, die man organisiert haben will. Dabei sind in den einzelnen Jugendgruppen immer weniger Aktive zu finden.

In der Debatte um die Berufsbildungsreform waren DGB-Funktionäre stolz darauf, daß sie »den Staat nicht aus ihrer Verantwortung« entlassen würden. Die Aushöhlung der dreijährigen Lehre und damit die systematische Unterhöhlung beruflich strukturierten Arbeitsmarktes zu Lasten der Lohnabhängigen war ebenso wenig Gegenstand der gewerkschaftlichen Diskussion, wie Apathie, Resignation und Hoffnungslosigkeit unter den Jugendlichen. Für die Folgen ist die nächste Funktionärsgeneration zuständig.

– Schließlich erspart die Popanzdiskussion den Gewerkschaften auch die Debatte über ihre Organisationsstruktur. »Das Dach ohne Mauern«, wie Nobert Blüm treffend die Befugnisse und die Macht des DGB charakterisiert hat, wird aber weiterhin in der Öffentlichkeit gemäß dem umfassenden Mitbestimmungs- sprich Proporzanspruch der Gewerkschaften zu vielen Fragen Stellung nehmen und sein machtvolles »Wir fordern!« ertönen lassen, und das DGB-Grundsatzprogramm muß immer wieder über die letztlich entscheidenden Fragen gedeckt werden: Wer will was, warum, wer ist bei welcher Forderung organisatorisch »die Gewerkschaft« und wer wird wo mit welchen Mitteln gegenüber wem was durchsetzen.

Ich hoffe, mit meinem Buch wenigstens dazu beitragen zu können, daß in der kommenden Debatte bei jeder Forderung, die von den Gewerkschaften erhoben wird, gefragt wird: Wer, warum, wozu, mit welchen Mitteln und für wen?

Anhang

Rückblick in die Zukunft

Der Sozialwissenschaftler und Jurist Franz Neumann, Syndikus des ADGB-Vorstandes vor 1933 hat in seiner Analyse der Struktur und Praxis des Nationalsozialismus 1933–1944, die er erstmals 1952 in den USA unter dem Titel »Behemoth« veröffentlichte, ein Kapitel dem Ende der deutschen Gewerkschaften 1933 gewidmet. 1977 erschien das Buch endlich auch in Deutsch bei der Europäischen Verlagsanstalt. Franz Neumann schildert den Zusammenbruch der ach so imposanten und machtvollen »Maschinen«, zu denen die Gewerkschaften 1933 erstarrt waren. Er beteiligt sich nicht an dem Spiel, das unter Historikern und Soziologen der deutschen Arbeiterbewegung so beliebt ist: Die Suche nach dem Sündenbock. Wer hat schuld an dieser Katastrophe, ohne die Auschwitz und die Spaltung der deutschen Nation nicht stattgefunden hätte? Gerade weil in den Gewerkschaften heute niemand mehr mit solchen Katastrophen rechnet, die auch durch die eigene (Nicht-) Politik herbeigeführt werden können, sei dieser Rückblick in eine hoffentlich nicht stattfindende Zukunft hier als »letztes Wort« abgedruckt:

Die Weimarer Republik, eine Demokratie der Sozialdemokratischen Partei und Gewerkschaften, erreichte zweierlei: sie hat für den arbeitenden Menschen ein vergleichsweise hohes kulturelles Niveau errungen, und sie hat begonnen, ihm eine neue politische und soziale Stellung zu verschaffen.

In der Periode der Anerkennung von Gewerkschaften haben sich zwei grundlegende Entwicklungen ergeben: die kapitalistische Konkurrenzwirtschaft wurde vollkommen in ein monopolistisches System, der konstitutionelle Staat in eine Massendemokratie verwandelt. Beide Entwicklungen veränderten die gesamte Struktur von Staat und Gesellschaft. Der staatliche Einfluß erfreute sich eines ununterbrochenen Wachstums. Der Staat übernahm selber umfassende ökonomische Funktionen. Durch seine in allen paritätisch besetzten Gremien präsidierenden Vertreter gewann er einen immer entscheidenderen Einfluß im Bereich der Sozialpolitik, zumal die beiden Tarifparteien so selten zu einer Übereinkunft unter sich gelangten.

Die Massendemokratie stärkte das politische Bewußtsein der Arbeiterklasse. Der Erste Weltkrieg ließ die Arbeiterklasse in der ganzen Welt sich ihrer Bedürfnisse und ihrer Macht bewußt werden und hat die Arbeiterbewegung schließlich von den bürgerlichen politischen Pareien gelöst.

Das Funktionieren der Gewerkschaften wurde von jeder dieser Entwicklungen ernsthaft beeinträchtigt. Die umfassende Einführung verbesserter wissenschaftlicher Produktionsmethoden schuf technologisch bedingte Arbeitslosigkeit. Zunehmende Standardisierung und Rationalisierung der Industrie veränderten die Zusammensetzung der Arbeitsbevölkerung. Das Aufkommen von Kartellen, Trusts und Konzernen schuf eine neue Bürokratie. Die Zahl von Büroarbeitern, Angestellten, Beamten und technischem Aufsichtspersonal wuchs. Die Zahl der un- und angelernten Arbeiter (besonders Frauen) ging verglichen mit und zu Lasten von Facharbeitern sprunghaft in die Höhe. Schrumpfende Märkte und heftige Konkurrenz erfordern einen vergrößerten Distributionsapparat, was der Zahl und dem Verhältnis nach eine Zunahme der in diesem Bereich Beschäftigten bedingt.

Die Sozialgesetzgebung begünstigte die Konzentrationstendenz des Kapitals mit all ihren Begleiterscheinungen. Hohe Löhne, kurze Arbeitszeit und gute Arbeitsbedingungen bedeuten für die mittleren und kleinen Unternehmen die größte finanzielle Belastung. Die Großbetriebe kommen davon, weil sie verhältnismäßig wenig Arbeitskräfte und viel Maschinerie einsetzen. Jede errungene Lohnerhöhung und jede Ausgabensteigerung, die durch Forderungen der Sozialgesetzgebung auferlegt wurde, zwang den Produzenten, an anderer Stelle zu sparen. Und »Sparen« bedeutet gewöhnlich »Arbeitskräftesparen«.

Die deutschen Gewerkschaften förderten diesen Rationalisierungsprozeß willentlich, da sie in fehlerhaftem Optimismus glaubten, die technologisch bedingte Freisetzung der Arbeiter würde zu einer vermehrten Beschäftigung im Investitionsgütersektor beitragen, die daraus folgende Steigerung der Kaufkraft die Produktion insgesamt erhöhen und dann wieder zur Aufnahme der Arbeitslosen in der Konsumgüterindustrie führen.

Angesichts des machtvollen monopolistischen Gegners benötigten die Gewerkschaften die Hilfe des Staates. Zugleich führte aber das Anwachsen wirtschaftlicher Tätigkeit des Staates zu einem neuen Konflikt. Da er sich als Produzent und Aktionär an der Industrie beteiligte, wurde der Staat selbst in Fragen von Löhnen und Arbeitsbedingungen häufig zum Gegenspieler der Gewerkschaften.

Die veränderte Zusammensetzung der Arbeitsbevölkerung und die chronische Arbeitslosigkeit während der Wirtschaftskrise wirkten sich meßbar auf die Anziehungskraft der Gewerkschaften aus. Die Zahl ihrer Mitglieder sank, die Arbeitslosigkeit leerte ihre Kassen. Sie mußten ihre Unterstützungsgelder kürzen, und dies gerade zu der Zeit, als die ungeheure Arbeitslosigkeit eine starke Beschneidung von Umfang und Höhe der staatlichen Arbeitslosenunterstützung erzwang.

Der verhältnismäßige Anteil von ungelernten Arbeitern, Aufsichtspersonal, Verwaltungskräften, Verkäufern und weiblichen Arbeitskräften wuchs. Sie gewerkschaftlich zu organisieren, ist äußerst schwierig. Die wachsende Rolle von Experten und Angestellten erhöhte die Bedeutung ihrer Gewerkschaften, doch hatten die meisten von ihnen ein mittelständisches Gehabe. Der angestellte Gehaltsempfänger wollte nicht »mit der Masse auf eine Stufe gestellt« werden. Er kämpfte um die Erhaltung seines dürftigen Mittelstandsdaseins und seiner Privilegien, und er hatte Erfolg damit. Angestellte und Arbeiter wurden in der Sozialgesetzgebung unterschiedlich behandelt. Die Sozialversicherungsleistungen für die Angestellten waren höher, ihre Kündigungsfrist länger. Keine Partei wagte es, sich ihren Forderungen oder denen der kleineren Beamten, deren Gefolgsmänner in jeder Fraktion saßen, zu widersetzen. Die Haltung des Kapitals war einfach: teile und herrsche, gewähre der kleineren Gruppe auf Kosten der größeren Privilegien. So wurde der »neue Mittelstand« zur Hochburg der Nationalsozialisten.

Selbst der Appell der Gewerkschaften an die Berufsinteressen der Arbeiter wurde durch die zunehmende Aktivität des Staates bei der

Regelung von Löhnen und Arbeitsbedingungen geschwächt. Das Schlichtungswesen, die gesetzliche Ausdehnung von Tarifvereinbarungen auch auf die nicht organisierten Arbeiter, die Arbeitslosenversicherung und das ganze Netz der Sozialversicherung gaben dem Arbeiter das Gefühl, daß er seine Gewerkschaft nicht mehr brauche. »Wenn der Staat für all diese Dinge sorgt, welchen Nutzen haben dann noch die Gewerkschaften?« – das war eine in Deutschland ständig wiederkehrende Frage.

Die Zahl der Streiks ging stetig zurück. 1931 wurde nicht ein einziger offensiver Streik von einer deutschen Gewerkschaft ausgerufen. Das damit verbundene Risiko wurde größer, der Erfolg ungewisser. Nur große Sympathiestreiks versprachen noch reale Siegeschancen. Jeder Streik konnte leicht einen Bürgerkrieg auslösen, sowohl wegen der akuten politischen Krise wie aufgrund der Tatsache, daß in einer Monopolwirtschaft jeder Streik das gesamte Wirtschaftssystem und den Staat selbst ergreift.

Endlich bindet die kollektive Demokratie Gewerkschaften und Staat enger aneinander. Obwohl die Gewerkschaften unabhängig und frei bleiben, führt ihr enger Kontakt zum Staat dazu, eine psychologische Abhängigkeitshaltung zu entwickeln, die vor dem Streik zurückschreckt.

Weder die Gewerkschaften noch die politischen Parteien waren imstande, der neuen Lage Herr zu werden. Sie waren zu bürokratischen, durch zahllose Bande an den Staat gefesselten Apparaten geworden. 1928 brüstete sich die Sozialdemokratische Partei mit phänomenalen Regierungserfolgen. Unter der Überschrift »Zahlen, die jeder Funktionär kennen sollte« erschien folgender statistischer Überblick:

33 Bezirksorganisationen
152 Sozialdemokratische Reichstagsabgeordnete
419 Sozialdemokratische Provinzialabgeordnete
353 Sozialdemokratische besoldete Stadträte
532 Sozialdemokratische Landtagsabgeordnete
947 Sozialdemokratische Bürgermeister
1 109 Sozialdemokratische Gemeindevorsteher
4 278 Sozialdemokratische Kreistagsabgeordnete
9 057 Sozialdemokratische Stadtverodnete
9 544 Ortsvereine

37 709 Sozialdemokratische Gemeindevertreter
1 021 777 Parteimitglieder (803 442 Männer, 218 335 Frauen)
9 151 059 Sozialdemokratische Stimmen (Reichstagswahl 1928)[242]
Die Kommunistische Partei gab sich ähnlichen Prahlereien hin:
360 000 Mitglieder
33 Zeitungen
20 Druckerein
13 Reichstagsabgeordnete
57 Landtagsabgeordnete
761 Stadtverordnete
1 362 Gemeindevertreter[243]

Und das ist noch nicht alles. Die Gewerkschaftsbürokratie war weitaus mächtiger als die entsprechende Parteibürokratie. Nicht nur in den Gewerkschaften gab es viele Posten, sondern auch bei der Arbeiterbank, den Bau- und Grundstücksunternehmen, den gewerkschaftseigenen Druck- und Verlagshäusern, den gewerkschaftlichen Versicherungsgesellschaften. Es existierte sogar eine gewerkschaftliche Fahrradfabrik. Da waren die der Sozialdemokratischen Partei und den Gewerkschaften angeschlossenen Genossenschaften, und da waren unzählige staatliche Stellungen: in den Arbeitsgerichten, den Sozialversicherungsbehörden, der Organisation des Kohle- und Kalibergbaus, bei der Eisenbahn. Manche Gewerkschaftsfunktionäre nahmen fünf, sechs und sogar zehn Positionen gleichzeitig ein, oft politische und gewerkschaftliche Posten miteinander verquickend. *Derart eng mit dem bestehenden System verbunden und zugleich vollkommen bürokratisiert, verloren die Gewerkschaften und die Sozialdemokratische Partei ihre Handlungsfreiheit.* Wenngleich sie es nicht wagten, in vollem Umfang mit Brüning, Papen oder Schleicher zu kooperieren, deren Regierungen die bürgerlichen Freiheiten und den demokratischen Prozeß schlechthin schlimm beschnitten, Löhne gesenkt und die Lebensbedingungen verschlechtert haben, konnten sie sich doch beide diesen Regimes nicht ernsthaft entgegenstellen. Wirkliche Opposition hätte Streiks, vielleicht sogar Generalstreik und Bürgerkrieg bedeutet. *Die Bewegung war weder ideologisch noch organisatorisch auf eine drastische Auseinandersetzung vorbereitet.* Sie war nicht einmal in der Lage, ihre gewerkschaftliche Innenfunktion zu erfüllen. Das wenige, was nach der Wirtschaftskrise an finanziellen Mitteln übriggeblieben war, steckte sie in *prachtvolle Büroge-*

bäude, Gewerkschaftsschulen, Grundstücke, Baugesellschaften und Druckereien. Für ihre arbeitslosen Mitglieder reichte es nicht mehr.

1932 war das pluralistische Gesellschaftssystem der Weimarer Republik vollends zusammengebrochen. Keine Organisation konnte noch ihren Zweck erfüllen. Der gesellschaftliche Mechanismus funktionierte nicht mehr. Die Spontaneität der Arbeiterklasse war bürokratischen Organisationen geopfert worden und diese waren unfähig, ihr Versprechen einzulösen, die Freiheit eines jeden durch Vereinigung der individuellen Rechte in kollektiven Organisationen zu verwirklichen. Auf diesem Nährboden gedieh der Nationalsozialismus.

Bei der Machtergreifung plante die Nationalsozialistische Partei, die Gewerkschaftsorganisationen weiterzuführen, die drei verschiedenen Flügel zusammenzuschließen und dann als einheitliche Gruppe der nationalsozialistischen Führung zu unterstellen. Durch ihre »Betriebszellenorganisation« (NSBO) trat sie mit der sozialdemokratischen Gewerkschaftsführung in Verhandlungen. Die beiden Vorsitzenden der freien Gewerkschaften, Leipart und Graßmann, zeigten sich kooperationswillig. Sie erklärten sich mit ihrem Rücktritt einverstanden, sofern die gewerkschaftliche Organisation erhalten bliebe. Sie lösten öffentlich das Bündnis der Gewerkschaften mit der Sozialdemokratischen Partei und versprachen, daß die Gewerkschaftsbewegung künftig politisch neutral sein werde. Als das neue Regime 1933 den 1. Mai zum nationalen Feiertag erhob, verabschiedeten die freien Gewerkschaften eine zustimmende Resolution. Diese Tat, so sagten sie, bedeute die Verwirklichung eines alten Traumes der Arbeiterklasse.

Der Verrat an dieser jahrzehntealten Tradition aus dem Versuch, die Gewerkschaftsorganisationen vor der völligen Zerschlagung zu bewahren, war mehr als bloße Feigheit. Er war Ausdruck der vollkommenen Unfähigkeit, den wahren Charakter des Nationalsozialismus zu erkennen. Zugleich öffnete er den Nationalsozialisten die Augen. Sie sahen nun, daß selbst das bißchen Stärke, das sie den Gewerkschaften zugebilligt hatte, eine Illusion war. Außerdem traute die deutsche Industrie der Nationalsozialistischen Betriebszellenorganisation nicht allzusehr über den Weg. Hatte sie nicht in der Vergangenheit Streiks angezettelt und unterstützt, und sei es auch nur zu Propagandazwecken? Der ehrgeizige Dr. Ley an der Spitze der Politischen Organisation der NSDAP beschloß daher, die Gewerkschaften unter seine Kontrolle zu bringen.

Am 1. Mai 1933 wurde der neue nationale Feiertag begangen. Eine Reihe von Gewerkschaftsfunktionären und ein paar Mitglieder, die immer noch hofften, ihre Organisation retten zu können, nahmen Seite an Seite mit den Nationalsozialisten an den Veranstaltungen teil. Am folgenden Tag stürmten ganze Lastwagen voll Schwarz- und Braunhemden sämtliche Hauptgeschäftsstellen der freien Gewerkschaften, verhafteten deren Führer, beschlagnahmten deren Vermögen und übertrugen Nationalsozialisten die kommisarische Leitung. Inzwischen hatte Dr. Ley ein »Aktionskomitee« gegründet, das sich aus Braun- und Schwarzhemden, Parteifunktionären, Vertretern der NSBO und ihm selbst als Leiter zusammensetzte. Es dauerte genau dreißig Minuten, bis der riesige Gewerkschaftsapparat zusammenbrach. Es gab keinen Widerstand, keinen Generalstreik, ja nicht einmal eine größere Demonstration. Braucht es noch weitere Beweise, daß die deutschen Gewerkschaftsorganisationen ihren Zweck verloren hatten? Sie *waren Maschinen geworden, zu keiner Begeisterung fähig und völlig unbeweglich.* Sie hatten den Glauben an sich selbst aufgegeben.

Anmerkungen

1 Jürgen Seifert: Gegenmacht in der Verfassungsordnung, in: Festschrift für Otto Brenner, (Hg.) Peter von Oertzen, Frankfurt 1967, S. 88.
2 Max Weber: Politik als Beruf, München/Leipzig 1926, S. 9.
3 Max Weber: Soziologische Grundbegriffe, Tübingen 1960, S. 42.
4 Siegfried Braun: Schlußwort zur Diskussion um die Grundsätze eines gewerkschaftlichen Programms, in: Arbeitshefte, Jahrgang 2, Nr. 8, 15. 10. 1963, S. 24 und 25.
5 Karl Marx: Das Kapital I, Berlin (Ost) 1960, 9. Auflage, S. 316f.
6 Paul Umbreit: Die Deutschen Gewerkschaften im Weltkrieg, Berlin 1917, S. 13.
7 Rudolf Schottlaender: Römisches Gesellschaftsdenken, Weimar, 1969, S. 59.
8 Goetz Briefs: Gewerkschaftswesen und Gewerkschaftspolitik, in: Handwörterbuch der Staatswissenschaften, Band 4, Jena 1927, S. 1146.
9 Theo Pirker: Die blinde Macht, Band I, München 1960, S. 238.
10 Kurt Brigl-Matthiaß: Das Betriebsräteproblem, Berlin 1926, Reprint in: R. Crusius, G. Schiefelbein, M. Wilke (Hg.): Die Betriebsräte in der Weimarer Republik, Band 2, Berlin 1978, S. 144f.
11 Vgl. Peter von Oertzen: Betriebsräte in der Novemberrevolution, 2. erweiterte Auflage, Berlin, Bad Godesberg 1976.
   Adolf Brock: Die Arbeiter- und Soldatenräte von der revolutionären Aktion zur Integration, in: Die Betriebsräte in der Weimarer Republik, Bd. 1, a. a. O., S. 9ff.
12 Josef Winschuh: Praktische Werkspolitik, Berlin 1923, zit. nach: Die Betriebsräte in der Weimarer Republik, a. a. O., Band 1.
13 Ebenda, S. 99.
14 Vgl. hierzu: Beschlüsse der Ausschußsitzungen des ADGB zur Betriebsorganisation und Aufruf und Richtlinien des ADGB und der Afa zur Betriebsrätefrage (Dokumente 16/17), ebenda, S. 157ff.
15 Ernst Fraenkel: 10 Jahre Betriebsrätegesetz, in: Die Gesellschaft, Erster Halbband, 1930, S. 122.
16 Arbeiterpolitik, Heft 3, 1970, 11. Jg.
17 Willi Dziełak, Wolfgang Hindrichs, Helmut Martens, Verena Stanislawski, Wolfram Wassermann: Abschlußbericht, Band 1, Offene und verdeckte Konflikte im Betrieb, Bericht V: Sekundäranalysen zur gewerkschaftlichen Betriebpolitik, zur

gewerkschaftlichen Organisationsstruktur und zur gewerkschaftlichen Tarifpolitik, Sozialforschungsstelle Dortmund, Dortmund 1975, S. 181.
18 Wolfgang Streeck: Politischer Wandel und organisatorische Reformen. Zur Überwindung der gewerkschaftlichen Organisationskrise der sechziger Jahre. Diskussionspaper 78-40 des International Institute of Management – Wissenschaftszentrum Berlin, Berlin 1978, S. 12f. und Tabelle V.
19 Horst Föhr: Willensbildung in den Gewerkschaften und Grundgesetz, Berlin 1974, S. 22.
20 Ebenda, S. 17f.
21 Ebenda, S. 42ff.
22 Rolf Seitenzahl: Gewerkschaften zwischen Kooperation und Konflikt, Frankfurt/Köln 1976, S. 99.
23 Ebenda, S. 100f.
24 Horst Föhr, a. a. O., S. 26ff.
25 SPIEGEL-Gespräch mit Eugen Loderer: Wo ist Stärke, wo ist Schwäche? in: DER SPIEGEL, Nr. 12/13, 32. Jg., 27. 3. 1978, S. 25.
26 Theodor Cassau: Die Gewerkschaftsbewegung, Halberstadt 1925, S. 64f.
27 ebenda, S. 65f.
28 Bernhard Schildbach: Verfassung und Verwaltung der Freien Gewerkschaften in Deutschland, Leipzig 1910, S. 70.
29 Handbuch für die Bevollmächtigten des Deutschen Buchbinderverbandes, Berlin 1914, S. 50.
30 Claus Noé: Gebändigter Klassenkampf, Tarifautonomie in der Bundesrepublik Deutschland, Volkswirtschaftliche Schriften, Heft 141, Berlin 1970, S. 153f.
31 ebenda, S. 138.
32 Joachim Bergmann, Otto Jacoby, Walter Müller-Jentsch: Gewerkschaft in der Bundesrepublik, Frankfurt-Köln 1975, S. 308.
33 Adolf Brock: Einleitung zu: Gewerkschaften am Kreuzweg, Berlin 1973, S. 17.
34 Arthur Rosenberg: Entstehung der Weimarer Republik, Frankfurt 1961, S. 45.
35 Dieter Fricke: Zur Organisation und Tätigkeit der Deutschen Arbeiterbewegung (1890–1914), Leipzig 1962, S. 213.
36 Theodor Cassau, a. a. O., S. 74f.
37 Ulrich Brisch: Die Rechtstellung der Deutschen Gewerkschaften, Göttingen 1951, S. 19f.
38 Aus der Rede Gustav Noske's im Deutschen Reichstag am 15. 4. 1907, in: Geschichte der Deutschen Arbeiterbewegung, Band 2, hgg. vom Institut für Marxismus-Leninismus beim ZK der SED, Berlin (Ost) 1966, S. 363.
39 Arthur Rosenberg, a. a. O., S. 46f.
40 Günther Triesch: Die Macht der Funktionäre, Düsseldorf 1956, S. 18.
41 Kurt Hirche: Die Finanzen der Gewerkschaften, Düsseldorf-Wien 1972, S. 303.
42 Claus Noé, a. a. O., S. 114.
43 Adolf Brock: Was ist die Gewerkschaft, in: Lutz Mez/Manfred Wilke (Hg.): Der Atomfilz, Berlin 1977, S. 175.
44 Werner Thönnessen: Zur Öffentlichkeitsarbeit der Gewerkschaften, in: Arbeitsheft 702 der Industriegewerkschaft Metall, Gewerkschaften und Öffentlichkeits-

arbeit, Frankfurt, o. J. (1965 oder 1966), S. 39. Es handelt sich hierbei um den Abdruck eines Artikels aus den Gewerkschaftlichen Monatsheften 6/1965.

45 Norbert Trautwein: Überblick über Formen gewerkschaftlicher Bildungsarbeit, in: Hermann Brammerts, Gerhard Gerlach, Norbert Trautwein: Lernen in der Gewerkschaft, Frankfurt-Köln 1976, S. 25.
46 Fritz Vilmar: Basisdemokratische Gewerkschaftsreform, in: Gewerkschaftliche Monatshefte 4/1972, S. 21.
47 Horst Föhr, a. a. O., S. 57.
48 Claus Noé, a. a. O., S. 112.
49 Bernhard Schildbach, a. a. O., S. 39.
50 Vgl. Claus Noé, a. a. O., S. 109.
51 Horst Föhr, a. a. O., S. 53 f.
52 Bernhard Schildbach, a. a. O., S. 30 f.
53 Horst Föhr, a. a. O., S. 51 f.
54 Joachim Hirsch: Die öffentlichen Funktionen der Gewerkschaften, Stuttgart 1966, S. 160 f. Joachim Hirsch stützt sich auf die Arbeit von Günter Drewes: Die Gewerkschaften in der Verwaltungsordnung, Hannover 1958, der den Einfluß »der Gewerkschaften auf die Verwaltungsordnung« (S. 15) als Teilbereich der Gewerkschaftspolitik darstellte.
Aktuellen Aufschluß über diese Beteiligungen verspricht ein DFG-Forschungsprojekt, das Lutz Zündorf im April 1978 beantragt hat:
»Die korporative Repräsentation der Gewerkschaften in der BRD seit 1949«, Antrag auf Gewährung einer Sachbeihilfe, Manuskript, Münster 1978.
55 Joachim Hirsch, a. a. O., S. 166.
56 ebenda, S. 166 f.
57 Vgl. ebenda, S. 167 ff.
58 ebenda, S. 175 f.
59 ebenda, S. 179.
60 Ulrich Lohmar: Staatsbürokratie, München 1978, S. 113 ff.
61 Horst Föhr, a. a. O., S. 75.
62 Ebenda, S. 73.
63 Adolf Brock: Was ist die Gewerkschaft, a. a. O., S. 171.
64 Ebenda, S. 171 f.
65 Klaus von Beyme: Gewerkschaften und Arbeitsbeziehungen in kapitalistischen Ländern, München 1977, S. 76.
66 Adolf Braun: Die beste Organisation in: Adolf Braun: Die Gewerkschaften vor dem Kriege, Berlin 1921 (2. Aufl.), S. 71.
67 Heinz Oskar Vetter: Vorwort zu: Grundlagen der Einheitsgewerkschaft, hgg. von Ulrich Borsdorf, Hans O. Hemmer, Martin Martiny, Köln–Frankfurt 1977, S. 11.
68 Vgl. Institut der Deutschen Wirtschaft (Hg.): Auf dem Weg in den Gewerkschaftsstaat? Zweite überarbeitete Auflage, Köln 1974.
69 Manfred Löwisch: Gewerkschaften und pluralistische Gesellschaft, in: Macht und Verantwortung der Gewerkschaften, Köln 1974, S. 58 f.
70 Theo Pirker: Die blinde Macht, a. a. O., S. 21 ff.

71 Theo Pirker: Die verordnete Demokratie, Berlin 1977, S. 61.
72 Helmut Müssener: Exil in Schweden, München 1974, S. 130f.
73 Theo Pirker: Die blinde Macht, Band 1, a. a. O., S. 29f.
74 Hans Böckler: Einige Erläuterungen zur Absicht der Wiedererrichtung einer Gewerkschaft, in: Grundlagen der Einheitsgewerkschaft, a. a. O., S. 271f.
75 Theo Pirker: Die blinde Macht, Band 1, a. a. O., S. 38.
76 Vgl. Eberhard Schmidt: Die verhinderte Neuordnung 1945–1952, Frankfurt 1970, S. 48ff. und Helga Grebing: Zur Problematik der personellen und programmatischen Kontinuität in den Organisationen der Arbeiterbewegung in Westdeutschland 1945/46, in: Herkunft und Mandat, Beiträge zur Führungsproblematik in der Arbeiterbewegung, Frankfurt–Köln 1976, S. 187.
77 Gerhard Beier: Das Problem der Arbeiteraristokratie im 19. und 20. Jahrhundert, in: Herkunft und Mandat, a. a. O., S. 54.
78 Eberhard Schmidt: Die verhinderte Neuordnung 1945–1952, a. a. O., S. 100.
79 Max Weber: Soziologie der Herrschaft, in: Wirtschaft und Gesellschaft, a. a. O., S. 570.
80 Theo Pirker: Die blinde Macht, Band 1, a. a. O., S. 38.
81 Holger Christier: Sozialdemokratie und Kommunismus. Die Politik der SPD und der KPD in Hamburg 1945–1949, Hamburg 1975, S. 64f.
82 Johannes Kolb: Metallgewerkschaften in der Nachkriegszeit, Frankfurt 1970, S. 36.
83 DER SPIEGEL 49/1964, S. 79 f. Geschichte über: Henning Timpke: Dokumente zur Gleichschaltung des Landes Hamburg 1933.
84 Franz Spliedt: Die Gewerkschaften – Entwicklung und Erfolge – Wiederaufbau seit 1945, Hamburg, o. J. (1948), S. 99.
85 Ebenda, S. 89.
86 Johannes Kolb, a. a. O., S. 37.
87 Theo Pirker: Die verordnete Demokratie, a. a. O., S. 61.
88 Adolf Brock: Einleitung zu: Gewerkschaften am Kreuzweg, Ausgewählte Beiträge aus den ›Arbeitsheften der sozialwissenschaftlichen Vereinigung‹, hg. von Adolf Brock, Berlin 1973, S. 17f.
89 Theo Pirker: Die westdeutschen Gewerkschaften, in: Nach 25 Jahren, eine Deutschlandbilanz, (Hg.) Karl Dietrich Bracher, München 1970, S. 284.
90 Rolf Fischer: Das Pferd von hinten aufgezäumt – Anmerkungen zum Außerordentlichen-DGB-Kongreß, Gewerkschaftliche Monatshefte, 22. Jg. Heft 6, 1971, S. 336f.
91 Grundsatzprogramm des Deutschen Gewerkschaftsbundes 1963, in: Politik und Programmatik des Deutschen Gewerkschaftsbundes, hg. von Gerhard Leminsky, Bernd Otto, Köln 1974, S. 354.
92 ebenda, S. 46.
93 Deutsche Postgewerkschaft: Bericht zum ›Selbstverständnis der Gewerkschaften‹, in: Gewerkschaftliche Praxis, 16. Jg., Heft 6/7, Frankfurt 1971, S. 143. Vgl. hierzu auch Reinhard Crusius, Manfred Wilke: Bruch mit der Schönfärberei. Zur Debatte um ein neues gewerkschaftliches Selbstverständnis bei der Deutschen Postgewerkschaft, Gewerkschaftsspiegel, 17/1971.

Der Bericht zum »Selbstverständnis der Gewerkschaften« muß als der bedeutsamste Versuch innerhalb des DGB gewertet werden, eine möglichst ungeschminkte Bestandsaufnahme der gewerkschaftlichen Ist-Situation vorzunehmen, es ist bezeichnend für die Einheitsgewerkschaft DGB, daß dieser wichtige Bericht in den anderen Einzelgewerkschaften kaum rezipiert wurde und heute längst vergessen ist.

94 Siegfried Braun: Thesen zur Soziologie des Streiks, Hamburger Jahrbuch für Wirtschafts- und Gesellschaftspolitik, hgg. von Heinz-Dietrich Ortlieb, Bruno Molitor und Werner Krone, 17. Jahr, Tübingen 1972, S. 236.

95 IG Metall Vorstand an die Verwaltungsstellen und Bezirksleitungen der IG Metall, 9. 7. 1970 (Otto Brenner) zit. n. Eberhard Schmidt: Ordnungsfaktor oder Gegenmacht, S. 323 f.

96 Fritz Vilmar: Basisdemokratische Gewerkschaftsreform, in: Gewerkschaftliche Monatshefte, 22. Jg., Heft 4/1971, S. 224 f.

97 Fritz Vilmar: Strategien der Demokratisierung, Band 1: Theorie und Praxis, Darmstadt und Neuwied 1973, S. 41.

98 Walter Nickel: Zum Verhältnis Arbeiterschaft und Gewerkschaft, a. a. O., S. 202.

99 ebenda, S. 203.

100 Reinhard Hoffmann: Rechtsfortschritt durch gewerkschaftliche Gegenmacht, Frankfurt 1968, S. 7.

101 Reinhard Hoffmann: Zum Betriebsräteproblem heute, in: Reinhard Crusius, Günter Schiefelbein, Manfred Wilke (Hg.): Die Betriebsräte in der Weimarer Republik, 2. Band, Berlin 1978, S. XVIII.

102 Reinhard Hoffmann: Rechtsfortschritt durch gewerkschaftliche Gegenmacht, a. a. O., S. 16 f.

103 ebenda, S. 17.

104 Reinhard Hoffmann: Zum Betriebsräteproblem heute, a. a. O., S. XIX.

105 Joachim Bergmann, Otto Jacobi, Walter Müller-Jentsch: Gewerkschaften in der Bundesrepublik, a. a. O., S. 32.

106 ebenda, S. 33.

107 ebenda, S. 316 ff.

108 ebenda, S. 333.

109 Joachim Bergmann u. a.: Gewerkschaften in der Bundesrepublik, a. a. O., S. 321.

110 Siegfried Braun: Thesen zur Soziologie des Streiks, a. a. O., S. 251.

111 Theo Pirker: Vorwort zur Neuauflage »Die blinde Macht«, Band 1, Berlin 1979, S. XVI.

112 IG Metall Vorstand an die Verwaltungsstellen und Bezirksleitungen der IG Metall, 9. 7. 1970, a. a. O., S. 327 f.

113 Wolfgang Streeck: Politischer Wandel und organisatorische Reformen. a. a. O., S. 12.

114 Karl Zwing: Geschichte der deutschen freien Gewerkschaften. a. a. O., S. 70.

115 Paul Umbreit: 25 Jahre der Deutschen Gewerkschaften 1890–1915, Berlin 1915, S. 29 ff.

116 Gerhard Kessler: Arbeitgeberverbände, in: Handwörterbuch der Staatswissen-

schaften, hgg. von Ludwig Elster, Adolf Weber, Friedrich Wieser, 1. Band, Jena 1923, S. 719 ff.
117 ebenda, S. 727.
118 ebenda, S. 712.
119 Walther Herrmann: Arbeitgeberverbände, in: Handwörterbuch der Sozialwissenschaften, 1. Band, Stuttgart, Tübingen, Göttingen 1956, S. 285.
120 Paul Umbreit: 25 Jahre Deutscher Gewerkschaftsbewegung 1890–1915, a. a. O., S. 33.
121 A. Enderle, H. Schreiner, E. Weckerle, J. Walcher: Das rote Gewerkschaftsbuch, Berlin 1932, zit. nach dem Reprint Hamburg 1973, 3. Aufl., S. 85.
122 Max Weber: Herrschaftssoziologie, a. a. O., S. 570.
123 Theodor Brauer: Das Betriebsrätegesetz und die Gewerkschaften, Jena 1920, S. 52.
124 Philipp Alexander Koller: Das Massen- und Führer-Problem in den freien Gewerkschaften, Tübingen 1920, S. 2.
125 ebenda, S. 30.
126 ebenda, S. 31 f.
127 Vgl. Robert Michels: Zur Soziologie des Parteienwesens in der modernen Demokratie, Stuttgart 1925.
Zur Auseinandersetzung mit den Thesen Robert Michels vgl. auch Reinhard Crusius, Manfred Wilke: Elemente einer Theorie der Gewerkschaften im Spätkapitalismus, Berlin 1971, S. 63 ff.
128 Philipp Alexander Koller, a. a. O., S. 25.
129 Grundsatzprogramm des Deutschen Gewerkschaftsbundes von 1963, in: Politik und Programmatik des Deutschen Gewerkschaftsbundes, a. a. O., S. 46.
130 Gerhard Leminsky: Gewerkschaftsreform und Gesellschaftlicher Wandel, in: Gewerkschaftliche Monatshefte, 22. Jg., Heft 4/1971, S. 200.
131 Organisationsanalyse – zur Organisationsstruktur im DGB–Landesbezirk Niedersachsen/Bremen, ohne Verfasser, ohne Jahr, ohne Ort (meines Wissens erarbeitet von einer Projektgruppe Willy Pöhles, in den Jahren 1966–1968), S. 51.
132 Fritz Vilmar: Basisdemokratische Gewerkschaftsreform, a. a. O., S. 223.
133 Adolf Brock: Einleitung, in: Gewerkschaften am Kreuzweg, a. a. O., S. 15.
134 Gerhard Bosch: Wie demokratisch sind die Gewerkschaften, Berlin 1974, S. 117.
135 Fritz Vilmar: Basisdemokratische Gewerkschaftsreform, a. a. O., S. 223 f.
136 Günther Hartfiel: Zentralismus oder Föderalismus? – zur Problematik einer gewerkschaftsorganisatorischen Alternative, in: Gewerkschaftliche Monatshefte, 22. Jg., Heft 4/1971, S. 216.
137 Claus Noé: Gebändigter Klassenkampf, Tarifautonomie in der Bundesrepublik Deutschland, a. a. O., S. 185.
138 Günther Hartfiel, a. a. O., S. 217.
139 Heinz Vietheer: Zur Diskussion um die DGB-Reform, in: Gewerkschaftliche Monatshefte, 22. Jg., Heft 4/1971, S. 203 ff.
140 Otto Brenner: Was bedeutet Reform des DGB?, ebenda, S. 211.
141 Heinz Oskar Vetter: Die Bedeutung des DGB-Grundsatzprogramms für die Poli-

tik der deutschen Gewerkschaftsbewegung, in: Gewerkschaftstheorie heute, Referate und Diskussionsbeiträge einer öffentlichen Tagung der DGB-Bundesschule Bad Kreuznach vom 23.–25. 3. 1970, Sonderdruck der Gewerkschaftlichen Monatshefte, 21. Jg., Heft 6 und 7/1970, S. 15.

142 André Gorz: Die Strategie der Arbeiterbewegung im Neokapitalismus. Köln 1972.

143 Ossip K. Flechtheim: Die Gewerkschaften in der Krise – die Krise der Gewerkschaften, in: Lutz Mez, Manfred Wilke (Hg.): Der Atomfilz, a. a. O., S. 105.

144 Gerhard Beier: Elemente einer Theorie der gewerkschaftlichen Entwicklung – Autonomie, Funktion, Struktur und Aktion, in: Gewerkschaftliche Politik, Reform aus Solidarität, zum 60. Geburtstag von Heinz O. Vetter, hgg. von Ulrich Borsdorf, Hans O. Hemmer, Gerhard Leminsky und Heinz Markmann, Köln 1977, S. 217.

145 Robert Michels, a. a. O., vgl. bes. S. 46ff. Reinhard Crusius, Manfred Wilke: Elemente einer Theorie der Gewerkschaften im Spätkapitalismus, a. a. O., vgl. bes. S. 63ff.

146 Paul Kampffmeyer: Arbeiterbewegung und Sozialdemokratie, Berlin 1919, S. 129.

147 Robert Michels, a. a. O., S. 49.

148 Rudolf Bahro: Zur Kritik des real existierenden Sozialismus – 6 Vorträge über das Buch ›Die Alternative‹, in: Rudolf Bahro, eine Dokumentation, Köln–Frankfurt 1977, S. 21.

149 Rudolf Bahro: Die Alternative, Köln–Frankfurt 1977, S. 321ff.

150 Theo Pirker: Kulturelle Voraussetzung der Planungsmöglichkeiten, in: Der Griff nach der Zukunft, (Hg.) Robert Jungk und Hans Josef Mundt, München, Wien, Basel 1964, S. 438.

151 Rudolf Bahro: Die Alternative, a. a. O., S. 178.

152 Theo Pirker: Vorwort zur Neuauflage, Die blinde Macht, a. a. O., S. XI.

153 Niccolo Macchiavelli: Der Fürst, Stuttgart 1961, S. 133.

154 Theo Pirker: Kulturelle Voraussetzungen der Planungsmöglichkeiten, a. a. O., S. 443ff.

155 Protokoll eines Gesprächs mit Ulrich Mignon und Lothar Pinkall vom 3. 12. 1975.

156 Fritz Vilmar: Thesen zum parteipolitischen Engagement der Gewerkschaften, in: Gewerkschaftliche Monatshefte, 18. Jg., Heft 12/1967.

157 Theo Pirker: Die unangebrachte politische Zurückhaltung der Gewerkschaften, in: Sonderheft Bundesrepublik der Frankfurter Hefte, 31. Jg., Heft 4, 1976, S. 94f.

158 Theo Pirker: Die blinde Macht, Band 1, a. a. O., S. 11.

159 Robert Michels, a. a. O., S. 175.

160 Werner Thönnessen: Diskussionsbeitrag, in: Aufgabe Zukunft: Qualität des Lebens, Beiträge zum 4. Internationalen Arbeitstag der Industriegewerkschaft Metall für die Bundesrepublik Deutschland, 11.–14. 4. 1972 in Oberhausen, Band 9, Zukunft der Gewerkschaften, Redaktion: Günter Friedrichs, Frankfurt/Köln 1972, S. 191f.

161 Gerhard Beier: Elemente einer Theorie der gewerkschaftlichen Entwicklung – Autonomie, Funktion, Struktur und Aktion, a. a. O., S. 196.

162 Siegfried Braun: Die Gewerkschaft als »Verband von Arbeitsplatzbesitzern«, in: Alfred Horné (Hg.): Zwischen Stillstand und Bewegung, Frankfurt 1965, S. 31.
163 Handbuch für die Bevollmächtigten des Deutschen Buchbinder-Verbandes, a. a. O., S. 46.
164 Egon Lutz: Zwischen Kampf und Kooperation – kritische Bemerkungen aus gewerkschaftlicher Sicht, in: Werner Mühlbradt, Egon Lutz: Der Zwang zur Sozialpartnerschaft, Neuwied und Berlin 1969, S. 164 ff.
165 Heinz Hartmann, H. W. Hetzler, Willy Pöhler und Otto Neuloh: Industrial Relations im kommenden Jahrzehnt, in: Soziale Welt, Jg. 21/22, 1970/71, Heft 4, S. 438.
166 Emil Lederer: Die wirtschaftlichen Organisationen, Leipzig/Berlin 1913, S. 13 f.
167 Waldemar Reuter: Lobbyismus oder verantwortliche Mitarbeit der Verbände? in: Die Stellung der Verbände im demokratischen Rechtsstaat, Tagung der Evangelischen Akademie Bad Boll mit dem DGB-Bundesvorstand, Abteilung Beamte, 30. 10. – 1. 11. 1967, Düsseldorf 1968, S. 73 f.
168 Otwin Massing: Parteien und Verbände als Faktoren des politischen Prozesses. Aspekte politischer Soziologie, in: Politikwissenschaft, eine Einführung in ihre Probleme, hgg. von Gisela Kress, Dieter Senghaas, Frankfurt 1972, S. 239.
169 Max Weber: Soziologische Kategorienlehre, in: Wirtschaft und Gesellschaft, 5. Auflage, Tübingen 1972, S. 25.
170 Karlheinz Messelken: Die politische Ökonomie des Parlamentarismus, in: Hamburger Jahrbuch für Wirtschafts- und Gesellschaftspolitik, 19. Jahr, hgg. von Heinz-Dietrich Ortlieb, Bruno Molitor und Werner Krone, Tübingen 1974, S. 252.
171 Eli Ginzberg: Der Arbeiterführer, Köln 1951, S. 219 f.
172 Max Weber: Soziologische Grundbegriffe, a. a. O., S. 39.
173 Heinz O. Vetter: Die Einheitsgewerkschaft als ständige Aufgabe, in: Gewerkschaftliche Monatshefte, 30. Jg., 4/1979, S. 194.
174 Dieter von Schmädel: Führung im Interessenverband, Berlin 1968, S. 22 f.
175 Klaus von Beyme: Gewerkschaften und Arbeitsbeziehungen in kapitalistischen Ländern, a. a. O., S. 101.
176 Kurt Hirche: Die Finanzen der Gewerkschaften, Düsseldorf und Wien 1972, S. 179.
178 Vgl. Wolfgang Schneider: Betriebsratwahlen 1975, in: Gewerkschaftliche Monatshefte, 26. Jg., Heft 10/75, S. 602.
179 Hans Paul Bahrdt: Industriebürokratie, Stuttgart 1972, S. 23 f.
180 ebenda, S. 1.
181 Theo Pirker: Das »Ende der Arbeiterbewegung«, Ms, Berlin 1978, S. 8.
182 Adolf Brock: Zur Stellung und Funktion der westdeutschen Gewerkschaften, Manuskript, Bremen 1976, S. 23.
183 Joachim Bergmann: Thesen zur innergewerkschaftlichen Demokratie, in: Adolf Brock: Zur Stellung und Funktion der westdeutschen Gewerkschaften, a. a. O., Anhang S. 8.
184 Adolf Brock: Zur Stellung und Funktion der westdeutschen Gewerkschaften, a. a. O., S. 26.

185 Hellmut G. Haasis: Kritik und Alternative gewerkschaftlicher Tarifpolitik am Beispiel der Industriegewerkschaft Druck und Papier, 1945 bis 1975, in: Paul Mattic, Alfred Sohn-Rethel, Hellmut G. Haasis: Beiträge zur Kritik des Geldes, Frankfurt 1976, S. 169f.
186 Otto Brenner: Die Gewerkschaften in Staat und Wirtschaft, in: Otto Brenner: Gewerkschaftliche Dynamik in unserer Zeit, Frankfurt 1966, S. 5.
187 Wolfgang Abendroth: Die deutschen Gewerkschaften, Heidelberg 1954, S. 42ff.
188 Bruno Poersch: Locale oder centrale Gewerkschaftsorganisation? in: Socialistische Monatshefte, 4. Jg., 1900, S. 131ff., die Rechtschreibung im Zitat wurde der heutigen Form angeglichen.
189 Theodor Cassau, a. a. O., S. 169f.
190 Max Weber: Die Typen der Herrschaft, in: Wirtschaft und Gesellschaft, a. a. O., S. 156.
191 Ludwig Heyde: Führerproblem, in: Internationales Handwörterbuch des Gewerkschaftswesens, Band 1, hgg. von Ludwig Heyde, Berlin 1931, S. 546ff.
192 Wolfgang Abendroth: Die deutsche Gewerkschaft, a. a. O., S. 42.
193 Wolfgang Abendroth: Innerparteiliche und innerverbandliche Demokratie als Voraussetzung der politischen Demokratie, in: Wolfgang Abendroth: Wirtschaft, Gesellschaft und Demokratie in der Bundesrepublik, Frankfurt 1965, Fußnote 150, S. 123.
194 Adolf Brock: Arbeiterbildung in Deutschland unter den Bedingungen des Kapitalismus, Manuskript, Bremen 1977, S. 49.
195 Rupert Breitling: Die Verbände in der Bundesrepublik, Meisenheim am Glan 1955, S. 58f.
196 Vgl. Correspondenzblatt der Generalkommission der Gewerkschaften Deutschlands, 2/1911, zit. n. Herkunft und Mandat, Frankfurt–Köln 1976, S. 5f.
197 Adolf Braun: Demokratie und Bürokratie in den Gewerkschaften, in: Adolf Braun: Die Gewerkschaften vor dem Kriege, Berlin 1921, S. 89.
198 Joachim Bergmann, Walter Müller-Jentsch: Gewerkschaften in der BRD, Teil II, Gewerkschaftliche Lohnpolitik im Bewußtsein der Funktionäre, Manuskript, Frankfurt 1975, S. 23.
199 ebenda, S. 43f.
200 ebenda, S. 51.
201 Ulrich Lohmar: Innerparteiliche Demokratie, Stuttgart 1963, S. 47ff.
202 ebenda, S. 55ff.
203 ebenda, S. 58ff.
204 Ludwig Rosenberg: Entscheidung für morgen – Gewerkschaftspolitik heute, Düsseldorf 1969, S. 94.
205 Adolf Braun, a. a. O., S. 93f.
206 A. Enderle, H. Schreiner, E. Weckerle, J. Walcher: Das rote Gewerkschaftsbuch, a. a. O., S. 88f.
207 Adolf Hitler: Mein Kampf, München 1934, S. 679.
208 Herbert Dewald: Kampf dem Betriebsfaschismus, in: Kampf dem Faschismus, hgg. von Kommunistischer Bund, Hamburg 1973, S. 127f.

209 Fremdwörterbuch, Leipzig 1966, S. 231.
210 Wörterbuch der Marxistisch-Leninistischen Soziologie, hg. von Georg Assmann, Wolfgang Eichhorn I, Erich Hahn, Günter Heyden, Horst Jetzschmann, Albrecht Kretzschmar, Manfred Puschmann, Horst Taubert, Rudi Weidig, Berlin (Ost) 1977, S. 325.
211 Vgl. Stichwort Funktionär in: SBZ von A bis Z, hgg. vom Bundesministerium für Gesamtdeutsche Fragen, 10. Aufl., Bonn 1966, S. 157.
212 Auf dem Weg in den Gewerkschaftsstaat? hgg. vom Institut der Deutschen Wirtschaft, Köln 1974, S. 171.
Vgl. zu den »Feindbildern« über den Gewerkschaftsfunktionär: Hans-O. Hemmer, Ulrich Borsdorf: »Gewerkschaftsstaat« – zur Vorgeschichte eines aktuellen Schlagworts, in: Gewerkschaftliche Monatshefte, 25. Jg., 10/1974, S. 640 ff.
213 Karl Otto Hondrich: Die Ideologien von Interessenverbänden, Berlin 1963, S. 127 ff.
214 Vgl. hierzu: Christian Fenner: Demokratischer Sozialismus und Sozialdemokratie, Frankfurt/New York 1977, S. 149 ff.
215 Ulrich Borsdorf: Deutsche Gewerkschaftsführer – biographische Muster, in: Gewerkschaftliche Politik: Reform aus Solidarität, zum 60. Geburtstag von Heinz O. Vetter, hgg. von Ulrich Borsdorf, Hans-O. Hemmer, Gerhard Leminsky, Heinz Markmann, Köln 1977, S. 39 ff.
216 Gertraut Witt: Rote Schutzengel sind passé, in: Vorwärts, 9. 2. 1978.
217 Reiner Horak, Werner Michalski, Karl-Heinz Noga: Die berufliche und soziale Situation von Gewerkschaftssekretären. Am Beispiel des DGB und seiner Einzelgewerkschaften im Kreis Hamburg. Kleine Schriften der Hochschule für Wirtschaft und Politik, 6, Hamburg 1973, S. 7.
218 ebenda, S. 15.
219 Gertraut Witt, a. a. O.
220 Reiner Horak u. a.: a. a. O., S. 44 f.
221 Vgl. Selig Perlmann: Eine Theorie der Gewerkschaftsbewegung, Berlin 1950, S. 116.
222 Vgl. Heinz-Josef Varein: Freie Gewerkschaften, Sozialdemokratie und Staat, Düsseldorf 1956, S. 45 und 140.
223 Siegfried Braun: Die Gewerkschaften als »Verband von Arbeitsplatzbesitzern«, a. a. O., S. 33 f.
224 Eugen Kogon: Manager und Kollektive in der Wirtschaft, in: Arbeiter, Manager, Kultur, 2. Europäisches Gespräch, Köln 1952, S. 6.
225 ebenda, S. 9.
226 James Burnham: Das Regime der Manager, Stuttgart 1948, S. 100.
227 John Kenneth Galbraith: Die moderne Industriegesellschaft, München/Zürich 1968, zit. n. Ausgabe der Büchergilde Gutenberg, Frankfurt, Wien, Zürich 1969, S. 76 f.
228 ebenda, S. 87.
229 Vgl. Horst Kern: Mitbestimmung und technische Entwicklung, Gewerkschaftliche Monatshefte, 20. Jg., Heft 4/1969, S. 221 ff.
230 Helge Pross: Manager und Aktionäre in Deutschland, Frankfurt 1965, S. 21 f.

231 Max Weber: Soziologie der Herrschaft, in: Wirtschaft und Gesellschaft, a. a. O., S. 548.
232 ebenda, S. 572.
233 James Burnham, a. a. O., S. 183.
234 Ludwig Rosenberg: Sinn und Aufgabe der Gewerkschaften, Düsseldorf 1973, S. 43 f.
235 André Gorz: Technokratie und Arbeiterbewegung, in: Texte zur Technokratiediskussion, hg. von Claus Koch, Dieter Senghaas, Frankfurt 1970, S. 151.
236 ebenda, S. 152 f.
237 Alfred Horné: Der beklagte Sieg, Gespräch über die Mitbestimmung, Villingen 1964, S. 203 f.
238 Reiner Horak u. a.: a. a. O., S. 20.
239 Gertraut Witt: a. a. O.
240 Hans Paul Bahrdt: Automation – Konsequenzen der veränderten Berufsstruktur, in: Automation, Risiko und Chance, Band 2, (Hg.) IG Metall, Redaktion: Günter Friedrichs, Frankfurt 1965, S. 1051 ff.
241 Goetz Briefs: Gewerkschaftswesen und Gewerkschaftspolitik, a. a. O., S. 1146.

Klaus von Beyme

Gewerkschaften und Arbeitsbeziehungen in kapitalistischen Ländern
1977. 381 Seiten. Kart.

Ökonomie und Politik im Sozialismus
Ein Vergleich der Entwicklung in den sozialistischen Ländern
1975. 411 Seiten mit 110 Tabellen. Geb.

Die parlamentarischen Regierungssysteme in Europa
2. durchgesehene und ergänzte Aufl. 1973. 1025 Seiten. Leinen

Das politische System der Bundesrepublik Deutschland
Eine Einführung. 1979. Serie Piper 186. 242 Seiten. Kart.

Sozialismus oder Wohlfahrtsstaat?
Sozialpolitik und Sozialstruktur der Sowjetunion im Systemvergleich
1977. Serie Piper 170. 144 Seiten. Kart.

Vom Faschismus zur Entwicklungsdiktatur
Machtelite und Opposition in Spanien
1971. PSW 7. 208 Seiten. Kart.

Piper

Politische Bücher   (Eine Auswahl)

Kurt Sontheimer
Grundzüge des politischen Systems der Bundesrepublik Deutschland
7. völlig neu bearbeitete Aufl., 34. Tsd. 1979.
PSW 2. 272 Seiten. Kart.

Handbuch des politischen Systems der Bundesrepublik Deutschland
Herausgegeben von Kurt Sontheimer und Hans-Helmut Röhring
2. Aufl., 11. Tsd. 1978. 761 Seiten. Kart.

Kurt Sontheimer
Die verunsicherte Republik
Die Bundesrepublik nach 30 Jahren
1979. Serie Piper 189. 149 Seiten. Kart.

Hermann Scheer
Parteien contra Bürger?
1979. 226 Seiten. Kart.

Politik und Kommunikation
Über die öffentliche Meinungsbildung. Herausgegeben von Wolfgang R. Langenbucher. 1979. PSW 40. 262 Seiten. Kart.

Wie integriert ist die Bundeswehr?
Zum Verhältnis von Militär und Gesellschaft in der Bundesrepublik
Herausgegeben von Ralf Zoll. 1979. PSW 41. 255 Seiten. Kart.

Piper